Kohlhammer

Psychologie in der Sozialen Arbeit

Herausgegeben von Franz J. Schermer

Der Vermittlung psychosozialer Kenntnisse kommt im Studium der Sozialpädagogik und Sozialarbeit/Soziale Arbeit eine grundlegende Bedeutung zu. Es werden erstmals die dabei relevanten Inhalte der verschiedenen psychologischen Teildisziplinen dargestellt.
Die Auswahl der Theorien und Befunde orientiert sich systematisch an den Zielsetzungen des Fachhochschulstudiums. Wissenschaftliche Fundierung, Praxistauglichkeit und Praxisbewährung bilden die entscheidenden inhaltlichen Auswahlkriterien.

Die einzelnen Bände behandeln die Themen:
Band 1 Grundlagen der Psychologie
Band 2 Klinische Psychologie
Band 3 Sozialpsychologie
Band 4 Entwicklungspsychologie
Band 5 Methoden der Verhaltensänderung: Basisstrategien
Band 6 Methoden der Verhaltensänderung: Komplexe Interventionsprogramme

Sie führen systematisch und voraussetzungsfrei in die verschiedenen Teildisziplinen ein. Der Studierende erhält eine klare Orientierung über Begrifflichkeiten, Theorien und deren Anwendungsmöglichkeiten. Neben dem notwendigen Grund- und Anwendungswissen erwirbt er ein Verständnis für die Rolle und Bedeutung der Psychologie im Praxisfeld der Sozialen Arbeit. Die Bände sind hervorragend zur Einarbeitung und zur Prüfungsvorbereitung geeignet.

Die **Autoren** lehren Psychologie in den Fachbereichen Sozialwesen und Sozialpädagogik verschiedener Fachhochschulen und sind in Lehre, Forschung und Praxis ausgewiesen. Der **Herausgeber** lehrt Allgemeine Psychologie und Klinische Psychologie im Studiengang Soziale Arbeit der Fachhochschule Würzburg-Schweinfurt (Fachbereich Sozialwesen/Pflegemanagement).

Georg-Wilhelm Rothgang

Entwicklungspsychologie

2., überarbeitete Auflage

Verlag W. Kohlhammer

2., überarbeitete Auflage 2009

Alle Rechte vorbehalten
© 2003/2009 W. Kohlhammer GmbH Stuttgart
Gesamtherstellung:
W. Kohlhammer Druckerei GmbH+Co. KG, Stuttgart
Printed in Germany

ISBN 978-3-17-020399-0

Inhalt

Vorwort zur 1. Auflage

In der Reihe „Psychologie in der Sozialen Arbeit" sind bereits drei Bände erschienen. Sie alle hatten das Ziel, in verschiedene, für die Praxis der Sozialen Arbeit grundlegende psychologische Teildisziplinen einzuführen und neben dem notwendigen Grund- und Anwendungswissen auch ein Verständnis für die Rolle und die Bedeutung der Psychologie im Praxisfeld der Sozialen Arbeit zu vermitteln. Diesem Ziel sieht sich auch der vorliegende Band zur Entwicklungspsychologie verpflichtet. Mit diesem Lehrbuch sollen vornehmlich Studierende der Sozialen Arbeit aber auch interessierte Praktiker und Laien eine erste Einführung in das Gebiet der Entwicklungspsychologie erhalten und exemplarisch erfahren, wie in der Entwicklungspsychologie gedacht, geforscht und argumentiert wird. Das so vermittelte Basiswissen soll die Leserinnen und Leser motivieren und befähigen, sich dann mit jenen Teilgebieten der Entwicklungspsychologie intensiver zu befassen, die für ihr jeweiliges Interessen- und Praxisgebiet relevant sind.

Es wird also keine umfassende Beschreibung der Entwicklungspsychologie angestrebt. Mit entsprechendem Aufwand ist dies zwar grundsätzlich machbar, aber gleichwohl wenig sinnvoll für einen Einstieg in die Entwicklungspsychologie. Es gibt bereits zahlreiche Lehrbücher der Entwicklungspsychologie, die gerade auch wegen ihres Umfangs von vielen hundert oder gar tausend Seiten beeindrucken. Versucht man sich allerdings in die Lage von Leserinnen und Lesern zu versetzen, die sich durch derartige Werke mit geradezu enzyklopädischer Ausrichtung hindurcharbeiten müssen, um einen ersten Zugang zur Entwicklungspsychologie zu gewinnen, so entstehen doch ernsthafte Zweifel, ob am Ende der Wald vor lauter Bäumen noch gesehen wird.

Ein Lehrbuch, das sich vornehmlich an Studierende richtet, sollte auch deren Zeitbudget berücksichtigen. So sehr man dies als Fachvertreter auch bedauern mag, es dürfte der Regelfall sein, dass im Studium der Sozialen Arbeit für die Lehre in einzelnen wissenschaftlichen Grundlagenfächern immer nur Anteile im einstelligen Prozentbereich an der Gesamtstundenzahl ausgewiesen sind. An meiner eigenen Hochschule entfallen z. B. auf die Lehrveranstaltung zur Entwicklungspsychologie gerade eben zwei Stunden für ein Semester. Eine starke Auswahl und Akzentuierung einzelner Teilbereiche der Entwicklungspsychologie ist demnach unausweichlich.

Auch mögliche Beiträge der Entwicklungspsychologie zur Lösung der äußerst vielfältigen und sehr heterogenen Aufgaben der Sozialen Arbeit können in diesem Rahmen nur exemplarisch aufgezeigt und verdeutlicht werden. Dabei wird versucht, Problemstellungen aus der Praxis aufzugreifen, die den Leserinnen und Lesern aus ihren Alltagserfahrungen bekannt sind oder in die sie sich vermutlich gut hineinversetzen können. Damit verbindet sich die Hoffnung, dass das exemplarische Aufzeigen des Anwendungsbezugs der Entwicklungspsychologie deutlich werden lässt, dass dieses Teilgebiet der Psychologie für die Praxis der Sozialen Arbeit nicht nur hilfreich, sondern unverzichtbar ist.

Die Fertigstellung eines Manuskripts ist immer auch Anlass, vielen Menschen für ihre Anregungen, Ermutigungen und Hilfen zu danken. Hier sind zunächst die Studierenden vieler Semester zu nennen, die durch kritisches Nachfragen mich wiederholt veranlasst haben, die Aufbereitung und Darstellung entwicklungspsychologischer Erkenntnisse neu zu konzipieren und didaktisch besser zu vermitteln. Bedanken möchte ich mich auch bei dem Herausgeber der Reihe, Herrn Prof. Dr. Schermer, für die stets wohlwollende und ermutigende Unterstützung, mit der er die Entstehung dieses Bandes begleitet hat. Herrn Dr. Poensgen vom Kohlhammer Verlag danke ich für die große Geduld und Nachsicht bei wiederholten Terminverzögerungen, die ich zu vertreten hatte. Mein Dank gilt auch Frau Lange, die mein Manuskript in eine druckfähige Form gebracht hat.

Schließlich möchte ich mich ganz herzlich bei meiner Familie bedanken, die meine Arbeit an dem Buch über einen längeren Zeitraum, als ursprünglich geplant und zugesagt, immer verständnisvoll begleitet hat.

Nürnberg, im Sommer 2003   Georg-Wilhelm Rothgang

Vorwort zur 2. Auflage

Die Entwicklungspsychologie hat sich in den letzten fünf Jahren nicht grundlegend verändert. Erfreulicherweise ist die 1. Auflage des vorliegenden Lehrbuchs von den Leserinnen und Lesern gut aufgenommen worden. Somit bestand kein Anlass die Konzeption in wesentlichen Punkten zu verändern. Dennoch gehen die Änderungen über eine bloße Aktualisierung der Literaturangaben hinaus: So wird in der vorliegenden Ausgabe den Überlegungen einer Psychologie der Lebensspanne mehr Platz eingeräumt. Ziel bleibt es nach wie vor, den Studierenden einen ersten Einblick in die Entwicklungspsychologie zu ermöglichen. Damit verbindet sich unverändert die Hoffnung, dass durch die Vermittlung von entwicklungspsychologischem Basiswissen auch Motivation geweckt wird zu einer vertieften, eigenständigen Auseinandersetzung mit der Entwicklungspsychologie und zu einer Übertragung entwicklungspsychologischer Erkenntnisse in die Praxis der Sozialen Arbeit. Für die Unterstützung bei der Erstellung der 2. Auflage möchte ich mich bei Herrn Dr. Poensgen und Frau Merkel vom Kohlhammer Verlag sowie bei Frau Lange herzlich bedanken.

Wenn im Text durchgängig männliche Personenbezeichnungen verwendet werden, so vor allem aus Gründen der leichteren Lesbarkeit. Selbstverständlich sind dabei immer auch die weiblichen Personen angesprochen. Ich bitte für diese Vorgehensweise um Verständnis.

Nürnberg, im Sommer 2008   Georg-Wilhelm Rothgang

1 Gegenstand und Aufgaben der Entwicklungspsychologie

1.1 Alltagsvorstellungen von menschlicher Entwicklung

Mit menschlicher Entwicklung beschäftigen Sie sich – so kann man mit Sicherheit annehmen – nicht erst, seit Sie dieses Buch aufgeschlagen und zu lesen begonnen haben. Ohne große Phantasie kann man sich vielfältige Alltagssituationen vorstellen, in denen das Thema „menschliche Entwicklung" eine Rolle spielt: Denken Sie zum Beispiel an die Überraschung, die sich einstellt, wenn man die enormen Veränderungen und Fortschritte eines Kindes bemerkt, das man längere Zeit nicht mehr gesehen hat, oder an das Grübeln darüber, ob denn das Spielzeug, das man einem Kind mitgebracht hat, noch altersgemäß ist, oder an die Diskussion mit den besorgten Eltern, ob die Unterbringung des Kindes bei einer Tagesmutter dem Kind schaden könne. Vielleicht erinnern Sie sich auch an kontroverse Diskussionen, in denen Sie als Jugendliche(r) von Ihren Eltern gefordert haben, nicht mehr wie ein Kind behandelt zu werden und selbst entscheiden zu können, was Sie tun, während Ihre Eltern von mangelnder Lebenserfahrung und fehlender Reife sprachen. Überlegungen zur menschlichen Entwicklung sind wohl auch beim Eingehen einer festen Partnerschaft mitbeteiligt, geht man doch für gewöhnlich davon aus, dass sich der Partner/die Partnerin nicht negativ verändern oder entwickeln werde, oder hofft darauf, dass aktuell noch störende Eigenschaften im Laufe der Zeit schon noch verschwinden werden. Dass sich beide Prognosen mitunter als fehlerhaft erweisen, ist ein Beleg für die Schwierigkeit, künftige Entwicklungen vorherzusagen. Dies ist ein Thema, mit dem wir uns noch ausführlich beschäftigen werden.

Die wenigen Beispiele dürften gezeigt haben, dass das Reden und Nachdenken über menschliche Entwicklung zum Alltag gehört und nicht von der Entwicklungspsychologie erst als Thema eingeführt werden muss. Es werden also auch bereits vor einer intensiven Beschäftigung mit entwicklungspsychologischen Überlegungen und Erkenntnissen Vorstellungen über menschliche Entwicklung existieren. Um derartige Vorstellungen kennen zu lernen, bitte ich gewöhnlich die Studierenden zu Beginn meiner Lehrveranstaltung zur Entwicklungspsychologie zunächst aufzuschreiben, was ihnen spontan zum Begriff „menschliche Entwicklung" einfällt. (Wenn Sie möchten, können Sie sich in einem kleinen Selbstversuch daran beteiligen, indem Sie erst dann weiterlesen, wenn Sie Ihre eigenen spontanen Einfälle notiert haben.)

In der Tabelle 1.1 sind die Ergebnisse einer Befragung der Studierenden eines Semesters zusammenfassend dargestellt. An der Befragung nahmen insgesamt 112 Studierende teil. Die Einzelnennungen wurden nach ihrer inhaltlichen Ähnlichkeit zu Gruppen zusammengefasst.

Tab. 1.1: Alltagsverständnis von „menschlicher Entwicklung"

Entwicklungsphasen	**151 Nennungen**

Entwicklungsphasen **151 Nennungen**
vorgeburtliche Phase (5)
Kindheit allgemein (12); Säuglingsalter/frühe Kindheit (35); Schulkindphase (5)
Jugendalter (22); Pubertät (11)
Erwachsenenalter (20)
Alter/Tod (15)
Hinweis auf Entwicklungsphasen ohne nähere Angaben (16)

Entwicklungsbereiche **126 Nennungen**
psychische/geistige/seelische Entwicklung (32); körperliche/physische
Entwicklung (27); Veränderung ohne nähere Angabe/Verhaltensänderung (22)
Erwerb von Fähigkeiten, Fertigkeiten, Kenntnissen (15)
Persönlichkeitsentwicklung (20)
Entwicklung einzelner Funktionen (z.B. Sprache, Wahrnehmung etc.) (20)

Entwicklungseinflüsse **94 Nennungen**
Umgebung/Umwelt allgemein (25); Erziehung (11); Schule und Bildung (11);
Gruppen/Bezugsgruppen/Freunde (9); Familie (7); weitere umweltbezogene
Nennungen (z.B. Beruf, Kulturkreis etc.) (11)
Vererbung/Gene (7);
Individueller Einfluss auf die Entwicklung (5)
Sonstige Einflüsse (3)

Entwicklungsmechanismen **93 Nennungen**
Lernen (63); Reifung (12); Wachstum (16); Prägung (2)

Entwicklungszeiträume **33 Nennungen**
Geburt bis Tod (9); Säugling bis alter Mensch (6); Säugling bis erwachsener
Mensch (5); Befruchtung bis Tod (4); lebenslange Entwicklung (4); Embryo
bis alter Mensch/Tod (2);
Kind bis Alter (2); Embryo bis Pubertät (1)

Entwicklungsziele **31 Nennungen**
Selbständigkeit/Eigenverantwortlichkeit/Unabhängigkeit (9); Reife (7);
Erwachsenwerden (5); eine Persönlichkeit werden (4); Sonstige Ziele (6)

Evolution/Stammesgeschichte des Menschen **25 Nennungen**

Gesellschaftliche/kulturelle Entwicklung **23 Nennungen**

Fehlentwicklungen/Entwicklungsstörungen/ **15 Nennungen**
Entwicklung als Abbau

Sonstige Antworten **29 Nennungen**

Befragt wurden 112 Studierende ohne Vorkenntnisse im Bereich Entwicklungspsychologie. Es wurden insgesamt 629 Nennungen abgegeben.

Sofern Sie sich an dem kleinen Selbstversuch beteiligt haben, werden Sie einige Ihrer Assoziationen in der Auflistung der Tabelle 1.1 wiedergefunden haben, während Sie andere Nennungen spontan nicht mit dem Entwicklungsbegriff verbunden hätten. Betrachten wir die Ergebnisse noch etwas genauer, so erhalten wir einen interessanten Einblick in das Alltagsverständnis von menschlicher Entwicklung:

Zunächst einmal ist festzustellen, dass sich mit „menschlicher Entwicklung" zahlreiche, inhaltlich durchaus unterschiedliche Vorstellungen verbinden, so dass man nicht von einem einheitlichen Entwicklungsverständnis sprechen kann. Dies ist nicht nur im Alltagssprachgebrauch so, sondern wir werden dies auch später bei einem Vergleich wissenschaftlicher Definitionsversuche feststellen. Betrachten wir die erste Gruppe der in Tabelle 1.1 zusammengefassten Assoziationen, so fällt auf, dass Entwicklung offensichtlich nicht als ein kontinuierlich verlaufendes, sondern eher gegliedertes Geschehen erlebt wird, in dem sich einzelne Stufen oder Phasen unterscheiden lassen. Ob dies unmittelbar so erlebt wird oder ob einer eher kontinuierlich fließenden Entwicklung nachträglich eine Ordnung und Struktur zugeschrieben wird, lässt sich auf der vorliegenden Datenbasis nicht entscheiden. Jedenfalls spielt im Fortgang der Entwicklung die Kindheit eine herausgehobene Rolle. Nicht nur, dass sich fast die Hälfte der 151 Nennungen, die hier unter der Rubrik „Entwicklungsphasen" zusammengefasst wurden, auf diesen Lebensabschnitt beziehen, sondern es werden für den Bereich der Kindheit noch weitere Untergliederungen vorgenommen (Säuglingsalter – frühe Kindheit – Schulkindalter), während das Jugend-, Erwachsenen- und hohe Lebensalter weniger oft erwähnt und auch weniger gegliedert erlebt wird. Diese Fokussierung auf Kindheit und Jugend mag sicher auch bedingt sein durch die unübersehbaren, gravierenden, schnellen Veränderungen des Erlebens und Verhaltens, die für diese Lebensphase kennzeichnend sind. Wohl auch deshalb war in der Geschichte der wissenschaftlichen Entwicklungspsychologie anfangs eine sehr starke Ausrichtung des Interesses auf Kindheit und Jugend festzustellen, eine Einseitigkeit, die erst in den letzten Jahrzehnten u.a. mit der Konzipierung einer Psychologie der Lebensspanne (z. B. Baltes, 1978, 1979, 1990; Brandstädter & Lindenberger, 2007) allmählich überwunden wird.

Die Vielfalt der Nennungen zu den Entwicklungsbereichen macht deutlich, unter welch unterschiedlichen Aspekten menschliche Entwicklung betrachtet und beschrieben werden kann. Der Versuch, die Gesamtheit menschlichen Erlebens und Verhaltens erfassen zu wollen, führt zu einem Dilemma, das viele Lehrbücher der Entwicklungspsychologie durch eine immense Ausweitung ihres Seitenumfangs aufzulösen versuchen, ohne sich letztlich gegen den Vorwurf erfolgreich wehren zu können, wichtige Bereiche menschlicher Entwicklung doch nicht oder nicht ausreichend berücksichtigt zu haben.

Besonders bemerkenswert sind die in der Tabelle 1.1 unter dem Stichwort „Entwicklungseinflüsse" zusammengefassten Antworten. Von den 94 Nennungen beziehen sich 81 (86 %) auf Umwelteinflüsse, während genetische Grundlagen der Entwicklung kaum eine Rolle spielen. Etwas verkürzt könnte man also davon sprechen, dass angehende Sozialpädagoginnen und Sozialpädagogen menschliche Entwicklung als das Ergebnis von Umwelteinwirkungen verstehen, die man dann im Rahmen der beruflichen Praxis mitgestalten möchte. Passend zu dieser Sichtweise wird dann bei dem Entwicklungsmechanismus folgerichtig auch das Lernen am häufigsten genannt. Da sich die hier andeutende Sichtweise menschlicher Entwicklung in dieser Deutlichkeit mit wissenschaftlichen Erkenntnissen nicht so ohne weiteres vereinbaren lässt, wird uns die Frage, inwieweit menschliche Entwicklung durch äußere Einwirkungen beeinflusst wird und wo die Grenzen der Veränderbarkeit des Menschen liegen, im Rahmen dieses Lehrbuchs noch viel beschäftigen.

Wenn es um den Zeitrahmen geht, in dem menschliche Entwicklung abläuft, scheint es im Alltagsverständnis durchaus unterschiedliche Sichtweisen zu geben, sowohl was den Beginn (Zeugung, Embryonalstadium, Geburt) als auch das Ende menschlicher Entwicklung (Pubertät, Erwachsenenalter, hohes Lebensalter, Tod) betrifft, wenn auch nicht zu übersehen ist, dass die Vorstellung einer lebenslangen Entwicklung dominiert. Die Frage nach dem Beginn und dem Ende der Entwicklung und ihre Beantwortung hat große Auswirkungen auf Wissenschaft und Praxis gleichermaßen. Wer davon ausgeht, dass menschliche Entwicklung mit der Geburt beginnt und mit der „Reife", dem Erwachsenenalter o.ä. endet, wird ganz andere wissenschaftliche Fragen stellen oder sein praktisches Handeln ganz anders ausrichten, als jemand, der von einer lebenslangen Entwicklung ausgeht.

Abschließend sei noch auf das Ergebnis hingewiesen, dass sich nur 15 Nennungen auf Abbauprozesse und Fehlentwicklungen beziehen, was darauf hindeutet, dass Entwicklung eher mit positiven Veränderungen assoziiert wird. Gerade in der Sozialen Arbeit wird man sich aber gerade auch mit Fehlentwicklungen und Entwicklungsstörungen zu beschäftigen haben.

1.2   Wissenschaftliche Definitionsversuche

„Es gibt nicht *die* Entwicklungspsychologie und damit einen einheitlichen Entwicklungsbegriff, sondern mehrere Entwicklungspsychologien mit unterschiedlichen Entwicklungsbegriffen, die sich darin unterscheiden, wie sie Forschungsprobleme formulieren und diese untersuchen" (Trautner, 2006, S. 60; Hervorhebung im Original).

Zur Veranschaulichung einige Definitionen aus der Geschichte der Entwicklungspsychologie:

„Seelische Entwicklung ist nicht ein bloßes Hervortreten-Lassen angeborener Eigenschaften, aber auch nicht ein bloßes Empfangen äußerer Einwirkungen, sondern das Ergebnis einer Konvergenz innerer Angelegtheiten mit äußeren Entwicklungsbedingungen." (Stern, 1914/1952, S. 26)

Diese relativ früh in der Geschichte der Entwicklungspsychologie formulierte Konvergenzannahme, die Entwicklung abhängig sieht sowohl von Umwelteinflüssen als auch von Anlagebedingungen, hat erstaunlicherweise – so würde man zumindest aus heutiger Perspektive sagen – nicht die zu erwartende breite Zustimmung gefunden. Es war vielmehr so, dass sich zwei Traditionen unterscheiden lassen, die Entwicklung entweder als abhängig von den Anlagen oder als abhängig von der Umwelt verstehen, wie die beiden nachfolgenden Definitionen zeigen:

So versteht Remplein (1949) unter Entwicklung

„eine nach immanenten Gesetzen (Bauplan) sich vollziehende Differenzierung (Ausgliederung) einander unähnlicher Teile bei zunehmender Strukturierung und Zentralisierung." (zitiert nach Thomae, 1959, S. 6.)

Eine gegensätzliche Position vertritt Sherif:

„Die Verhaltens- und Persönlichkeitsentwicklung des Menschen ist allein eine Funktion der auf ihn einwirkenden sozio-kulturellen Reize." (Sherif, 1951; zitiert nach Ausubel & Sullivan, 1974, S. 55)

Man kann nun auch versuchen, aus diesem Dilemma so gegensätzlicher Definitionen dadurch herauszukommen, dass man auf Annahmen über die Ursachen der Entwicklung verzichtet, wie dies Thomae (1959, S. 10) getan hat:

Er versteht Entwicklung „als Reihe von miteinander zusammenhängenden Veränderungen, die bestimmten Orten des zeitlichen Kontinuums eines individuellen Lebenslaufes zuzuordnen sind."

Mit der von Thomae vorgeschlagenen Definition menschlicher Entwicklung befindet man sich auf einer rein deskriptiven Ebene. Allerdings wirkt diese Definition ziemlich inhaltsleer und fordert geradezu den Versuch einer präzisierenden Beschreibung des Entwicklungsgeschehens heraus, wie dies mit dem sog. engen und weiten Entwicklungsbegriff versucht werden kann. Nach dem engen Entwicklungsbegriff ist die Entwicklung durch folgende Merkmale zu charakterisieren:

- **Universalität**: Die im Entwicklungsgeschehen zu beobachtenden Veränderungen sind für alle Menschen relativ identisch. Individuelle Unterschiede gibt es allenfalls hinsichtlich der Geschwindigkeit, mit der diese Veränderungen ablaufen und hinsichtlich des schließlich erreichten Niveaus.

- **Sequentialität:** Die Veränderungen laufen über abgrenzbare Phasen oder Stufen hinweg.
- **Irreversibilität:** Die im Entwicklungsprozess erreichten Veränderungen sind nicht umkehrbar, werden also nicht mehr verändert und gehen auch nicht mehr verloren.
- **Unidirektionalität:** Die Entwicklungsveränderungen gehen nur in eine Richtung, auf einen bestimmten Endzustand hin, der als qualitativ höherwertig im Vergleich zum Ausgangszustand verstanden wird.
- **Qualitativ-strukturelle Veränderungen:** Die in der Entwicklung zu beobachtenden Veränderungen können kontinuierlich oder diskontinuierlich sein, d.h., einem allmählichen, schrittweisen Wandel unterworfen sein oder aus plötzlichen Entwicklungsfortschritten bestehen. Eine rein quantitative Beschreibung reicht also nicht aus.

Für diese Sichtweise gibt es eine Reihe von Belegen, wenn man insbesondere die frühkindliche Entwicklung betrachtet: So kann man zwei Grundrichtungen der fötalen und frühkindlichen Entwicklung unterscheiden, die bei allen Kindern gleich verlaufen: **Cephalo-caudale Entwicklungsrichtung**, d.h. die Organe und Funktionen der Kopfregion entwickeln sich zuerst, der Unterkörper und die Fußregion zuletzt. **Proximo-distale Entwicklungsrichtung**, d.h. Organe und Funktionen, die der Zentralachse des Körpers näher sind, entwickeln sich früher als die weiter entfernten (Bsp.: Bewegungen mit dem ganzen Arm vor

Tab. 1.2 : Die Entwicklung der Haltung und Lokomotion (modifiziert nach Mussen, 1986, S. 33)

Motorisches Verhalten	Alter in Monaten
In Bauchlage Kinn hochheben	1
In Bauchlage Brust hochheben	2
Auf dem Rücken liegend Versuch, nach Gegenständen zu greifen	3
Sitzen mit Hilfestellung	4
Auf dem Schoß sitzend können Gegenstände erfasst werden.	5
Freies Sitzen	7
Stehen mit Hilfestellung	8
Stehen mit Festhalten z.B. an Möbeln	9
Krabbeln	10
Laufen an der Hand	11
Alleine stehen	14
Alleine laufen	15

Bewegungen mit der Hand). Auch bei genauerer Betrachtung der motorischen Entwicklung in den beiden ersten Lebensjahren kann man die Merkmale des engen Entwicklungsverständnisses sehr gut demonstrieren. Die Entwicklung ist auf **ein Ziel** hin (aufrechte Fortbewegung) ausgerichtet und durchläuft **bei allen Säuglingen mehrere irreversible Stufen**, die in Tabelle 1.2 dargestellt sind, wobei die Zahlenangaben nur ungefähre Richtwerte darstellen, die **interindividuelle Unterschiede** aufweisen können.

Auch am Anfang der Sprachentwicklung können wir universelle, d. h. bei allen Kindern in gleicher Weise feststellbare, irreversible Abläufe beobachten, wie die nachfolgende Tabelle 1.3 zeigt:

Tab. 1.3: Entwicklung der Sprache (Daten entnommen aus Atzesberger, 1978, S. 23 und Grimm & Wilde, 1998, S. 449)

Alter (ungefährer Beginn)	Sprachverhalten und sprachbezogenes Verhalten
1. Woche	Reaktion auf eine vertraute Stimme
0;1–0;2	Lächeln
0;2	Schaubedürfnis und Drehen des Kopfes zur Schallquelle
0;2	Lallbeginn
0;6–0;9	Lallmonologe, Echolalie
0;6	Nachahmung (auch von Geräuschen)
0;9	Dressate
0;10	Verstehen von Aufforderungen
0;10–1;2	Einwortsätze
1;6	Zwei- und Mehrwortsätze/ 1. Fragealter
2;0	Erster Formengebrauch
2;6	Satzverbindungen
2;6	Sprechen über Abwesendes
3;0	Satzgefüge
2;6–3;6	„richtiges" Sprechen

(Die Altersangaben sind wie folgt zu lesen: Jahre; Monate. Beispiel: Die Angabe 1;6 bedeutet 1 Jahr und 6 Monate.)

Die aufgezeigte Abfolge der Sprachentwicklung ist unabhängig von der (Mutter-) Sprache, die zu erwerben ist (**Universalität der Entwicklung**). Allerdings ist an den Zahlenangaben ein wesentliches Kennzeichen menschlicher Entwicklung abzulesen, nämlich die interindividuelle Unterschiedlichkeit in der Entwicklungsgeschwindigkeit. Immerhin können beim erstmaligen Auftreten einzelner Verhaltensweisen Zeitrahmen von mehreren Monaten beobachtet werden. Gleichwohl bleibt festzuhalten, dass die Entwicklung der Sprache in **eine** Richtung geht (**Unidirektionalität**): von vorsprachlichen, für die Sprachentwicklung allerdings sehr wichtigen Verhaltensweisen über Einwortsätze, Mehrwortsätze hin zu grammatikalisch durchkonstruierten sprachlichen Äußerungen. Ehe die ersten Wörter produziert werden können, treten eine Reihe von Verhaltensweisen auf, die den Spracherwerb vorbereiten, unterstützen und fördern. Die auf das kindliche Lächeln gewöhnlich erfolgende soziale Zuwendung der Umgebung wird in der Regel begleitet von sprachlichen Äußerungen. Man redet erfreut und liebevoll auf das Kind ein und gibt damit sprachliche Anregungen, die eingebettet sind in den positiven sozialen Kontakt, der für die Sprachentwicklung so wichtig ist. Das Schaubedürfnis, also die visuelle Orientierung des Kindes hin zu Schallquellen, die zunächst nur akustisch wahrgenommen werden, ist für den Spracherwerb deshalb von Bedeutung, weil damit das Hervorbringen sprachlicher Äußerungen über einen weiteren Sinneskanal wahrgenommen werden kann. Am Beispiel der Sprachentwicklung kann auch die **Sequentialität** der Entwicklung verdeutlicht werden: Nach den ersten Lall-Lauten (Konsonant-Vokal-Verbindungen wie zum Beispiel mo, no, do), die um den 2. Lebensmonat herum auftreten, nimmt diese Art von lautlichen Äußerungen immer mehr zu, so dass ab dem 6. Lebensmonat intensive Lall-Monologe (Aneinanderreihungen von Lall-Lauten) zu beobachten sind. Gleichzeitig tritt dann auch das Phänomen der Echolalie auf: Das Kind bringt eher zufällig durch Lippen- und Zungenbewegungen einen neuen Laut hervor, nimmt dies überrascht wahr und versucht dann gezielt, die selbst produzierten Laute wieder nachzuahmen. In dieser Echolalie zeigt sich die zunehmend besser funktionierende Verbindung von Lautanalyse und gezielter Produktion von Lauten. Dabei kann man allerdings feststellen, dass zunächst die Sprachsensorik funktioniert, also sprachliche Gebilde korrekt analysiert werden können, ehe die Sprachmotorik gezielt gesteuert werden kann. Das Kind versteht früher Dressate (auf die Frage „Wie groß bist du?" hebt das Kind die Arme) oder auch andere sprachliche Aufforderungen, ehe es selbst im engeren Sinne sprechen kann. Die **Irreversibilität** der Entwicklung lässt sich bei der Sprachentwicklung ebenfalls klar aufzeigen. Wenn die ersten Worte gesprochen werden, die gewöhnlich die Funktion eines ganzen Satzes haben, wird es im weiteren Verlauf des Lebens kaum mehr zu einem Zurückkehren zur Phase des Lallens kommen (zumindest nicht dauerhaft); ein Kind, das im Alter von drei Jahren in ganzen Sätzen spricht, wird in der Regel nicht auf die Stufe der Einwortsätze zurücksinken (regredieren). Dies bedeutet allerdings nicht, dass es nicht doch zumindest temporär zum Zurücksinken auf eine frühere Stufe der Sprachentwicklung kommt, wenn ein Kind zum Beispiel nach der Geburt eines jüngeren Geschwisters wieder in die „Babysprache" zurückfällt, um sich auf diese Weise die Aufmerksamkeit und Zuwendung der Eltern und der Umgebung zu „erkämpfen".

Mit dem engen Entwicklungsbegriff wird aber nur ein Teil der Entwicklungsrealität beschrieben, wie einfache Alltagsbeobachtungen zeigen: Bereits Kinder unterscheiden sich sehr stark in dem, was sie über ihre Umwelt wissen und was sie an ihrer Umwelt fasziniert. Während die einen die möglichst exakte Kenntnis von PS-Zahlen und Höchstgeschwindigkeiten von Autos für interessant und wichtig halten, finden andere niemals einen Zugang zu diesem Bereich der Technik und können ihrerseits nicht verstehen, wie jemand ohne tägliches Fußballspiel auskommen und glücklich leben kann, während wieder andere viel Zeit in das Erlernen eines Musikinstruments investieren. Noch deutlicher werden die Grenzen des engen Entwicklungsverständnisses, wenn man die Veränderungen im Erwachsenenalter betrachtet. Die sehr unterschiedlichen beruflichen und privaten Erfahrungen lassen höchst unterschiedliche Interessen und Freizeitaktivitäten entstehen oder haben Einfluss auf die körperliche und geistige Leistungsfähigkeit, die individuellen Wertvorstellungen und Zielsetzungen. Dieser Vielgestaltigkeit menschlicher Entwicklung wird der **weite Entwicklungsbegriff** gerecht, der durch folgende Merkmale gekennzeichnet ist (vgl. Filipp & Doenges, 1983, S. 210):

- **Multidimensionalität:** Es gibt nicht einen, für alle Merkmalsbereiche gleichen Entwicklungsverlauf, der durch die Abfolge „Wachstum – Konsolidierung – Stabilität – Abbau" beschrieben werden kann. Unterschiedliche Merkmale werden sich auch unterschiedlich verändern und dies auch zu unterschiedlichen Zeiten.
- **Multidirektionalität:** Für die Entwicklungsveränderungen lassen sich keine universell gültigen Endpunkte oder Zielzustände festlegen. Entwicklung insbesondere im Erwachsenenalter kann verschiedene Richtungen nehmen und sich auch im interindividuellen Vergleich ganz unterschiedlich darstellen.
- **Multikausalität:** Entwicklungsveränderungen haben gewöhnlich nicht nur eine Ursache, sondern in der Regel mehrere Ursachen.

1.3 Aufgaben der Entwicklungspsychologie im Überblick

Die Entwicklungspsychologie hat die Veränderungen des Erlebens und Verhaltens zu beschreiben, zu erklären, vorherzusagen und Hinweise zu geben, wie diese Veränderungen beeinflusst werden können (vgl. Schermer, 2005).

1.3.1 Beschreibung der Veränderungen

Grundsätzlich interessiert sich die Entwicklungspsychologie sowohl für die charakteristischen Veränderungen, die Menschen im Verlaufe ihres Lebens durchmachen (sog. **intraindividuelle Veränderungen**), als auch für die Unterschiede, die dabei zwischen den Individuen auftreten (sog. **interindividuelle Unterschiede** in den Veränderungen). Die Beschreibung dieser Veränderungen ist nun keineswegs so einfach, wie es zunächst den Anschein haben mag. Da es unmöglich ist, alle nur denkbaren Veränderungen im Verlaufe menschlichen Lebens beschreiben zu wollen, stellen sich verschiedene Probleme:

- **Welche Veränderungen** sollen bei einer Beschreibung überhaupt erfasst werden? Soll man die Veränderungen der intellektuellen Leistungsfähigkeit, des Gedächtnisses, der Hilfsbereitschaft, der Aggressivität erfassen oder welcher Merkmale sonst?
- **Wie** können die ausgewählten Merkmale sinnvoll **definiert** werden? Was soll z. B. unter intellektueller Leistungsfähigkeit, Aggressivität, Hilfsbereitschaft verstanden werden? Welches Merkmal man auch betrachtet, man wird mit Sicherheit eine weitgehende definitorische Uneinigkeit feststellen, die zwar häufig beklagt, gleichzeitig aber auch kontinuierlich vergrößert wird, indem jeder, der etwas auf sich hält, seine eigene – selbstredend besonders treffende – Definition beisteuert. Dies kann in Wissenschaft und Praxis gleichermaßen festgestellt werden. Daraus ergibt sich die Notwendigkeit, bei der Beschäftigung mit Beschreibungen menschlicher Entwicklung immer erst zu klären, was denn überhaupt beschrieben werden soll.
- **Wie** können die Veränderungen der ausgewählten Merkmale **operationalisiert**, d. h. beobachtbar und messbar gemacht werden? Welche Verfahren sollen z. B. zur Erfassung der intellektuellen Leistungsfähigkeit, der Aggressivität, der Hilfsbereitschaft usw. eingesetzt werden? Jede Beobachtung, in der Wissenschaft ebenso wie in der Praxis der Sozialen Arbeit, muss die Kriterien der Objektivität, Reliabilität und Validität erfüllen. Unter Objektivität wird verstanden, dass die Beobachtungen unabhängig von der Person sein müssen, die eine Beobachtung durchführt und auswertet. Mit Reliabilität ist die Genauigkeit einer Beobachtung gemeint, d. h., dass der Ausprägungsgrad eines Merkmals auch exakt erfasst wird. Bei dem Kriterium der Validität geht es schließlich um die Frage, ob man tatsächlich das beobachtet, was man zu beobachten vorgibt. Da man psychische Merkmale gewöhnlich nicht direkt beobachten kann, sondern aus dem Verhalten erschließen muss, ist die Forderung, dass Validität gegeben sein muss, besonders schwer zu erfüllen. Es ist eben nicht selbstverständlich, dass z. B. ein Intelligenztest tatsächlich die intellektuelle Leistungsfähigkeit und nicht die Prüfungsängstlichkeit misst. Ohne hier weiter auf die Methoden der Entwicklungspsychologie einzugehen (siehe hierzu ausführlicher u. a. Schölmerich & Wessels, 1998; Petermann & Rudinger, 2002; Trautner, 2003), wird deutlich, dass die Beschreibung der Entwicklung eine keineswegs einfache Aufgabe darstellt.
- **Welche Lebensabschnitte** sollen berücksichtigt werden? Sollen die ausgewählten, definierten und operationalisierten Merkmale über die gesamte Lebensspanne hinweg beobachtet und beschrieben werden, oder soll man sich auf einzelne Lebensabschnitte, z. B. Kindheit, beschränken?
- **Welche Entwicklungsbedingungen** sollen miterfasst werden? Veränderungen des Erlebens und Verhaltens ereignen sich nicht im luftleeren Raum, son-

dern in ganz bestimmten Umwelten und unter jeweils gegebenen sonstigen Entwicklungsbedingungen, deren Merkmale auf jeden Fall auch zu erfassen sind, wenn die Beschreibung der Veränderungen des Erlebens und Verhaltens nicht zum Selbstzweck werden soll, sondern als Ausgangspunkt für Erklärungen dienen soll, warum bestimmte Veränderungen überhaupt auftreten.

Vor dem Hintergrund der eben geschilderten, schwierigen, aber auch nahezu unbegrenzten Beschreibungsmöglichkeiten wird es gut nachvollziehbar, dass in der Entwicklungspsychologie eine nicht mehr überschaubare Fülle von Einzeldaten produziert wurde und fortlaufend weiter produziert wird, die folgende Einschätzung zunächst als sehr zutreffend erscheinen lässt: „Dem Neuling muss der Bereich der Entwicklungspsychologie tatsächlich wie ein ‚Babel' vorkommen – voller Aktivität, aber anscheinend ohne Richtung, Integration und klares Ziel" (Wohlwill 1977, S.18). Bei genauerer Betrachtung wird man allerdings bemerken, dass die Beschreibung menschlicher Entwicklung keineswegs voraussetzungslos und nur dem Zufall gehorchend erfolgt, sondern immer bestimmte Modellvorstellungen und theoretische Annahmen über die menschliche Entwicklung zur Grundlage hat. Da aber nun in der Entwicklungspsychologie sehr unterschiedliche Vorstellungen über die Natur menschlicher Entwicklung vertreten werden, wie anhand der vergleichenden Darstellung wissenschaftlicher Definitionsversuche gezeigt werden konnte, muss das Bild, das die Entwicklungspsychologie bietet, zwangsläufig etwas verwirrend sein.

Die Klärung der Frage, wie denn nun menschliche Entwicklung zu beschreiben ist, spielt nicht nur eine Rolle im wissenschaftlichen Diskussionsprozess, sondern bestimmt auch den Alltag des Handelns in der Sozialen Arbeit. Soll beispielsweise die Lebensgeschichte eines Klienten erfasst und hinsichtlich ihrer Bedeutung für das aktuelle Verhalten eingeschätzt werden, wird man keineswegs alle lebensgeschichtlichen Einflüsse und Veränderungen registrieren und beschreiben können, sondern wird sich auf jene beschränken müssen, deren Zusammenhang mit dem aktuellen Verhalten theoretisch gut begründet ist und die einer Erfassung überhaupt zugänglich sind. Eine sinnvolle Beschreibung der Entwicklung sollte also nicht isoliert betrieben werden, sondern ist abzusichern durch theoretische Erkenntnisse und Überlegungen.

1.3.2   Erklärung der Veränderungen

Als zweite Hauptaufgabe hat die Entwicklungspsychologie der Frage nachzugehen, warum es zu Veränderungen im Verlaufe des Lebens kommt, d. h. zu erklären, von welchen Bedingungen (z. B. genetische, familiale, schulische, kulturelle Einflüsse) und Mechanismen (z. B. Lernen, Reifung) die intraindividuellen Veränderungen und die dabei zu beobachtenden interindividuellen Unterschiede der Veränderungen abhängen.

Eine einfache Erklärung von Entwicklungsveränderungen kann im Nachweis regelhafter Wenn-Dann-Beziehungen zwischen Entwicklungsbedingungen und Verhaltensänderungen bestehen. Derartige Erklärungen erster Ordnung (vgl. Schermer, 2005 S. 31–33) liefern allerdings keine kausalen Erklärungen. Ein einfaches Beispiel soll dies veranschaulichen:

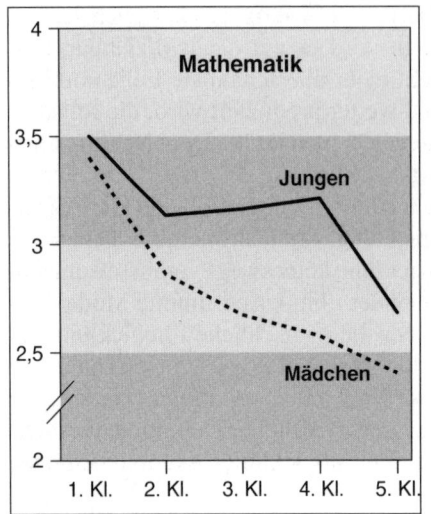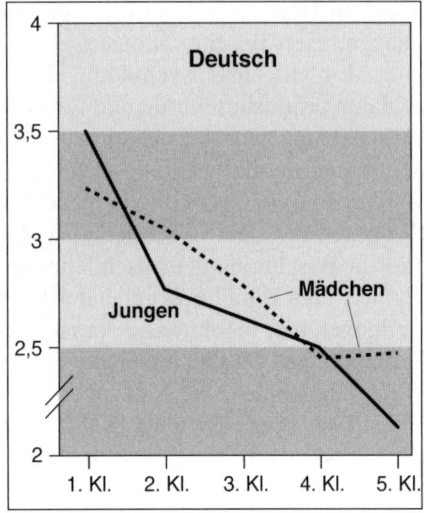

Abb. 1.1: Entwicklung der Lernfreude in den Fächern Deutsch und Mathematik (nach Fend, 2000, S. 353)

Wie der Abbildung zu entnehmen ist, nimmt die Lernfreude in den ersten vier Schuljahren kontinuierlich ab. Warum es zu diesem für unser Bildungssystem wenig erfreulichen Ergebnis kommt, wissen wir damit allerdings noch nicht. Es sind ganz unterschiedliche Erklärungen denkbar: Die Lehrpläne werden den Interessen der Kinder nur wenig gerecht, so dass die anfängliche Schulbegeisterung schnell absinkt. Die Leistungsanforderungen nehmen in den genannten Jahrgangsstufen so stark zu, dass die Wahrscheinlichkeit motivationsmindernder Misserfolgserlebnisse entsprechend ansteigt. Geschlechtsspezifische Unterschiede, die besonders deutlich im Fach Mathematik auftreten, könnten eventuell damit zu tun haben, dass Mädchen in diesem Fach besonders wenig gefördert werden, weil immer noch Vorurteile im Hinblick auf die Begabung von Mädchen für Mathematik bestehen. Dies waren nur einige denkbare Hypothesen zur Erklärung der gefundenen Zusammenhänge, die sicher noch zu überprüfen und auch zu ergänzen wären, wenn man daran denkt, dass die Leistungsbereitschaft in den weiteren Jahrgangsstufen noch weiter absinkt, wobei ein besonders deutlicher Einbruch in der 7. Jahrgangsstufe verzeichnet wird. Gleichzeitig nehmen die Disziplinprobleme in den Jahrgangsstufen 6–9 kontinuierlich zu (siehe ausführlicher hierzu Fend, 2000, S. 352–355). Wie dieses Beispiel der abnehmenden Lernfreude und Lernbereitschaft deutlich gemacht haben dürfte, ist der

Nachweis von Wenn-Dann-Beziehungen durch die Untersuchung der Gründe für die gefundenen Zusammenhänge zu vertiefen, insbesondere dann, wenn man praktische Konsequenzen ableiten will.

Wenn wir nach kausalen Erklärungen, sog. Erklärungen zweiter Ordnung (vgl. Schermer, 2005, S. 33–36), für Entwicklungsveränderungen suchen, werden wir in der Regel keine einfache Beziehung in der Art finden, dass **eine** Bedingung **ein** bestimmtes Verhalten hervorruft. Gewöhnlich wird es so sein, dass zahlreiche miteinander zusammenhängende Faktoren ein bestimmtes Verhalten verursachen. Das Gemeinte soll an einem ganz einfachen Beispiel veranschaulicht werden. Wie nicht erst die aktuelle bildungspolitische Diskussion im Zusammenhang mit der PISA-Studie gezeigt hat, hängt der Schulerfolg eines Kindes oder Jugendlichen nicht von **einem** Faktor (z. B. Fleiß oder Intelligenz) ab, sondern von einem Geflecht unterschiedlicher Einflussfaktoren, die selbst wiederum miteinander zusammenhängen. Die Abbildung 1.2 enthält im Überblick die Variablengruppen, die nach vorliegenden empirischen Erkenntnissen auf den Schulerfolg Einfluss nehmen.

Der Schulerfolg hängt sowohl von Merkmalen des Schülers als auch seiner Umwelt ab. Einige Beispiele für die genannten Variablengruppen:

- **Vorwissen und Vorkenntnisse:** Schulische Anforderungen können insbesondere am Beginn der schulischen Laufbahn dann leichter bewältigt werden, wenn das Kind über Kenntnisse verfügt und auch auf Strategien des Wissenserwerbs zurück greifen kann, die auch in der Schule gefordert werden. Dies wiederum dürfte abhängig sein von der vorschulischen Förderung innerhalb und außerhalb der Familie.
- **Kognitive Merkmale:** Intellektuelle Leistungsfähigkeit im sprachlichen und nichtsprachlichen Bereich, Informationsverarbeitungsfähigkeiten und Gedächtniskompetenzen und -strategien
- **Nichtkognitive Merkmale:** Leistungsmotivation, leistungsfördernde Kausalattribuierung (die Ergebnisse des Handelns werden durch die eigene Person und nicht durch die Umwelt verursacht erlebt), Interessen, Schul- und Prüfungsangst, Selbstkonzept)
- **Einflüsse der Familie:** Erziehungsziele und -praktiken, die auch mit den schulischen Zielen in Einklang stehen, Unterstützung und Hilfestellungen durch die Familie bei schulischen Anforderungen

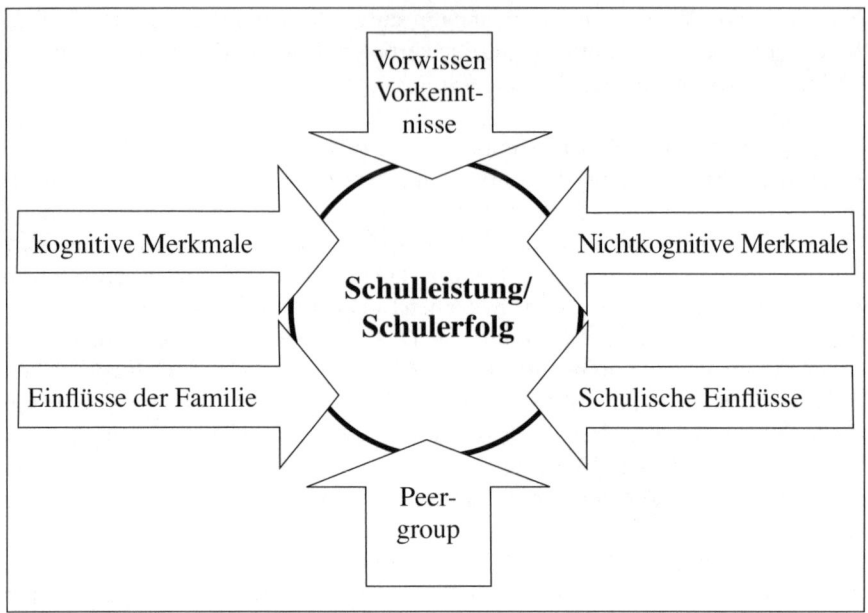

Abb. 1.2: Einflussfaktoren auf den Schulerfolg (zusammengestellt nach Heller, 1995, S. 984 f.)

- **Schulische Einflüsse:** Hier könnten Schulklima, Lehrerverhalten, Lehrpläne und Schulorganisation genannt werden. Dabei werden curriculare Anforderungen (Köller & Baumert, 2002) eine zentrale Rolle spielen.
- **Peergroup-Einflüsse:** Die Peergroup (Gruppe der Gleichaltrigen) mit negativen oder positiven Einstellungen zur Schule) gewinnt mit zunehmendem Alter immer mehr an Bedeutung.

An diesem Beispiel dürfte bereits deutlich geworden sein, dass einfache Erklärungen für die in der Entwicklung zu beobachtenden Veränderungen nicht zu erwarten sind. So ist auch in absehbarer Zeit nicht auf *die* Theorie der menschlichen Entwicklung zu hoffen, sondern man wird sich in der Entwicklungspsychologie weiterhin mit einer bunten Mischung von Modellvorstellungen, Theoriefragmenten und umfassenden Entwürfen zufrieden geben müssen, die man nicht einfach nach völlig richtig oder völlig falsch sortieren kann. Selbst wenn man aus wissenschaftstheoretischer Sicht erhebliche Bedenken gegen einen bestimmten Theorieansatz (z. B. die Psychoanalyse und ihr Entwicklungsmodell) haben mag, wird man auf eine Darstellung nicht verzichten können, weil in der Praxis der Sozialen Arbeit häufig damit gearbeitet wird. In der vorliegenden Einführung werden deshalb unterschiedliche Entwicklungsmodelle ebenso vorgestellt, wie auch der Versuch unternommen wird, die verschiedenen Denkrichtungen in der Entwicklungspsychologie zu diskutieren und die wesentlichen Einflussfaktoren auf die Entwicklung zumindest im Überblick darzustellen.

1.3.3 Vorhersage der Veränderungen

Die entwicklungspsychologische Beschreibung und Erklärung von Entwicklungsveränderungen kann helfen zu verstehen, warum sich Menschen zu bestimmten Zeitpunkten ihres Lebens in bestimmter Weise verhalten, weil mit einer entwicklungspsychologischen Perspektive nicht nur die aktuelle Situation, sondern auch die Vergangenheit ins Blickfeld genommen wird. So ist zum Beispiel das Verhalten jugendlicher Gewalttäter eben nicht nur aus ihrer aktuellen Situation heraus zu analysieren (z. B. fehlende berufliche Perspektiven, Eingebundensein in eine antisoziale Peergroup), sondern auch auf dem Hintergrund ihrer bisherigen Lebensgeschichte. In der Praxis wird man sich damit aber nicht zufrieden geben können. Es wird auch die Frage interessieren, ob sich hier eine möglicherweise lebenslang persistente Antisozialität zeigt (siehe Moffitt, 1993) oder ob das auffällige Verhalten auf die Adoleszenz beschränkt ist. So wie hier geht es in vielen Bereichen der Praxis um die Vorhersage künftiger Entwicklungen.

Bei Entwicklungsprognosen geht es im Prinzip darum, zu einem Zeitpunkt (t) möglichst exakt vorherzusagen, welche Merkmalsausprägungen und Verhaltensweisen Individuen zu einem Zeitpunkt (t + x) aufweisen werden. Diese **Prognose** kann dann auf zwei **Grundlagen** beruhen:

- Theoretisch fundiertes und empirisch gesichertes Wissen über den Zusammenhang zwischen Entwicklungsbedingungen und bestimmten Erlebens- und Verhaltensweisen.
- Theoretisch fundiertes und empirisch gesichertes Wissen über den Zusammenhang zwischen aktuellen, zum Prognosezeitpunkt feststellbaren Merkmalen und künftigen Merkmalen.

Diese wenigen Hinweise zur dritten Aufgabe der Entwicklungspsychologie – der Prognose von künftigen Veränderungen – sollen zunächst genügen, weil wir uns im 8. Kapitel mit diesem für die Praxis der Sozialen Arbeit so wichtigen Teilgebiet der Entwicklungspsychologie noch ausführlich beschäftigen werden. In der Sozialen Arbeit ist die Beschäftigung mit Entwicklungsprognosen deshalb so bedeutsam, weil das berufliche Handeln häufig gerade damit begründet wird, dass man künftige Entwicklungen beeinflussen muss, sei es, dass man künftige Entwicklungen verhindern oder auch erst ermöglichen will.

1.3.4 Einflussnahme auf die Veränderungen

Aus der Perspektive der Praxis Sozialer Arbeit wird man sich primär für jene Beiträge der Entwicklungspsychologie interessieren, die Hinweise, Anregungen und Begründungen liefern für eine möglichst optimale Gestaltung von Entwicklungsbedingungen, die Vermeidung von Fehlentwicklungen (Prävention) und gegebenenfalls die Korrektur von Fehlentwicklungen. Bis vor wenigen Jahren musste man allerdings in Lehrbüchern der Entwicklungspsychologie (Keller,

1998; Mietzel, 1989, 1992; Oerter & Montada, 1995; Trautner, 1991, 1992; Wendt, 1997) eine Schwerpunktsetzung feststellen, die gerichtet war auf eine große Fülle von Daten zur Beschreibung der Entwicklung sowie auf umfangreiche theoretische Überlegungen und Diskussionen, während der Prognose der Entwicklung schon deutlich weniger Raum gewidmet wurde. Die vierte Aufgabe der Entwicklungspsychologie, die Diskussion der Möglichkeiten zur Beeinflussung der Entwicklung, führte dabei mitunter eher ein Schattendasein. Nun mag auch hier gelten, dass es allemal einfacher ist, die Welt zu beschreiben und gegebenenfalls zu erklären als zu verändern. Ob nun schwierig oder nicht, die Soziale Arbeit wird sich gerade auch mit der zuletzt genanten Aufgabe beschäftigen müssen. Mit einer sich allmählich entwickelnden angewandten Entwicklungspsychologie, die sich nicht beschränkt auf die Beschreibung und Erklärung von Entwicklung, sondern sich vielmehr auch der „Erschließung von menschlichen Ressourcen, der Förderung entwicklungsbezogener Prozesse und der Prävention von entwicklungsbedingten Beeinträchtigungen [widmet]" (Petermann & Schneider, 2008, S. 2), ergeben sich für unterschiedlichste Arbeitsfelder der Sozialen Arbeit vielfältige entwicklungspsychologisch fundierte und praktisch umsetzbare Beiträge. Ohne Anspruch auf Vollständigkeit seien einige Arbeitsfelder genannt:

- Frühförderung/Frühdiagnostik: Rollett (2002), Petermann & Macha (2008), Sarimski (2008)

- Vorschulische Förderung: Schmidt-Denter (2002), Strehmel (2008)

- Entwicklungsberatung: Gräser (2007), Ziegenhain (2008)

- Jugendarbeit Bliesener (2008), Pinquart & Silbereisen (2008)

- Familien- und Eheberatung Bodenmann (2008), Felser (2007), Kracke & Noack (2008), Pinquart & Silbereisen (2007), Walper & Bröning (2008)

- Arbeit mit alten Menschen: Kruse (2002), Staudinger & Schindler (2002), Kruse (2007), Staudinger (2008)

Die erwähnten Beiträge der angewandten Entwicklungspsychologie können natürlich nicht unmittelbar in praktisches Handeln umgesetzt werden, sondern sind im Sinne der unabdingbaren Interdisziplinarität der Sozialen Arbeit abzugleichen, zu ergänzen und zu erweitern durch soziologische, rechtliche, medizinische und pädagogische Überlegungen (siehe hierzu Petermann & Schneider, 2008, S. 13).

2 Entwicklungspsychologie und die Praxis Sozialer Arbeit

2.1 Gesetzliche Grundlagen der Sozialen Arbeit und Entwicklungspsychologie

Die Wichtigkeit fundierter Kenntnisse über menschliche Entwicklung für die Praxis Sozialer Arbeit soll exemplarisch aufgezeigt werden anhand einiger Regelungen des KJHG (SGB VIII), wobei die einschlägigen rechtlichen Bestimmungen ohne Anspruch auf Vollständigkeit und nur insoweit dargestellt werden, als ein expliziter Bezug zum Thema „menschliche Entwicklung" deutlich wird. Zentral für das Kinder- und Jugendhilfegesetz ist der Rechtsanspruch jedes jungen Menschen auf Förderung seiner Entwicklung, wobei die Jugendhilfe zur Verwirklichung dieses Rechts beitragen soll, indem sie junge Menschen in ihrer Entwicklung fördert und daran arbeitet, Benachteiligungen zu vermeiden oder abzubauen.

§ 1
Recht auf Erziehung, Elternverantwortung, Jugendhilfe

(1) Jeder junge Mensch hat ein Recht auf Förderung seiner Entwicklung und auf Erziehung zu einer eigenverantwortlichen und gemeinschaftsfähigen Persönlichkeit.
(2) [...]
(3) Jugendhilfe soll zur Verwirklichung des Rechts nach Absatz 1 insbesondere
1. junge Menschen in ihrer individuellen und sozialen Entwicklung fördern und dazu beitragen, Benachteiligungen zu vermeiden oder abzubauen [...]

In § 8 des KJHG wird gefordert, dass Jugendliche ihrem Entwicklungsstand entsprechend an allen Entscheidungen der öffentlichen Jugendhilfe zu beteiligen sind. Aus entwicklungspsychologischer Sicht wird hier eine doppelte, keineswegs einfach zu erfüllende Anforderung gestellt: Einmal die Feststellung oder auch Diagnose des individuellen Entwicklungstandes und zum anderen die Ausrichtung des Vorgehens an eben diesem diagnostizierten Entwicklungsstand. Zudem haben Kinder und Jugendliche das Recht, sich in allen Angelegenheiten der Erziehung und Entwicklung an das Jugendamt zu wenden. Hier wird nochmals sehr umfassend auf das Recht auf Information, Beratung und Hilfe verwiesen. Diesen Anforderungen wird man nur dann gerecht werden können, wenn man über fundierte Kenntnisse des Entwicklungsverlaufs und seiner Bedingungen verfügt.

§ 8
Beteiligung von Kindern und Jugendlichen

(1) Kinder und Jugendliche sind entsprechend ihrem Entwicklungsstand an allen sie betreffenden Entscheidungen der öffentlichen Jugendhilfe zu beteiligen. Sie sind in geeigneter Weise auf ihre Rechte im Verwaltungsverfahren sowie im Verfahren vor dem Vormundschaftsgericht und dem Verwaltungsgericht hinzuweisen.
(2) Kinder und Jugendliche haben das Recht, sich in allen Angelegenheiten der Erziehung und Entwicklung an das Jugendamt zu wenden [...]

Die Notwendigkeit fundierter entwicklungspsychologischer Kenntnisse zeigt sich darüber hinaus auch in spezifischen Bestimmungen für einzelne Arbeitsfelder und Arbeitsformen der Sozialen Arbeit. Einige Beispiele mögen dies noch verdeutlichen:

§ 11
Jugendarbeit

(1) Jungen Menschen sind die zur Förderung ihrer Entwicklung erforderlichen Angebote der Jugendarbeit zur Verfügung zu stellen. Sie sollen an den Interessen junger Menschen anknüpfen und von ihnen mitbestimmt und mitgestaltet werden [...]

§ 13
Jugendsozialarbeit

(1) Jungen Menschen, die zum Ausgleich sozialer Benachteiligungen oder zur Überwindung individueller Beeinträchtigung in erhöhtem Maße auf Unterstützung angewiesen sind, sollen im Rahmen der Jugendhilfe sozialpädagogische Hilfen angeboten werden, die ihre schulische und berufliche Ausbildung, Eingliederung in die Arbeitswelt und ihre soziale Integration fördern.
(2) Soweit die Ausbildung dieser jungen Menschen nicht durch Maßnahmen und Programme anderer Träger und Organisationen sichergestellt wird, können geeignete sozialpädagogisch begleitete Ausbildungs- und Beschäftigungsmaßnahmen angeboten werden, die den Fähigkeiten und dem Entwicklungsstand dieser jungen Menschen Rechnung tragen.

§ 16
Allgemeine Förderung der Erziehung in der Familie

(1) Müttern, Vätern, anderen Erziehungsberechtigten und jungen Menschen sollen Leistungen der allgemeinen Förderung der Erziehung in der Familie angeboten werden. Sie sollen dazu beitragen, daß Mütter, Väter und andere Erziehungsberechtigte ihre Erziehungsverantwortung besser wahrnehmen können.

(2) Leistungen zur Förderung der Erziehung in der Familie sind insbesondere

1. Angebote der Familienbildung, die auf Bedürfnisse und Interessen sowie auf Erfahrungen von Familien in unterschiedlichen Lebenslagen und Erziehungssituationen eingehen, die Familie zur Mitarbeit in Erziehungseinrichtungen und in Formen der Selbst- und Nachbarschaftshilfe besser befähigen sowie junge Menschen auf Ehe, Partnerschaft und das Zusammenleben mit Kindern vorbereiten,

2. Angebote der Beratung in allgemeinen Fragen der Erziehung und Entwicklung junger Menschen [...]

§22
Grundsätze der Förderung von Kindern in Tageseinrichtungen

(1) In Kindergärten, Horten und anderen Einrichtungen, in denen sich Kinder für einen Teil des Tages oder ganztags aufhalten (Tageseinrichtungen), soll die Entwicklung des Kindes zu einer eigenverantwortlichen und gemeinschaftsfähigen Persönlichkeit gefördert werden [...]

§ 29
Soziale Gruppenarbeit

Die Teilnahme an sozialer Gruppenarbeit soll älteren Kindern und Jugendlichen bei der Überwindung von Entwicklungsschwierigkeiten und Verhaltensproblemen helfen. Soziale Gruppenarbeit soll auf der Grundlage eines gruppenpädagogischen Konzepts die Entwicklung älterer Kinder und Jugendlicher durch soziales Lernen in der Gruppe fördern.

Verweise auf das Thema „menschliche Entwicklung" und die Bedeutung entwicklungspsychologischer Kenntnisse lassen sich in zahlreichen weiteren Regelungen des KJHG finden (siehe §§ 30, 32, 34, 36, 41). Die angeführten Beispiele machen jedoch bereits ausreichend deutlich, dass man in der Praxis der Sozialen Arbeit allein schon auf der Grundlage des KJHG – weitere rechtliche Regelungen könnten entsprechend analysiert werden – in vielfacher Weise mit entwicklungspsychologischen Fragestellungen konfrontiert ist. Soziale Arbeit muss demnach:

- Entwicklung von Kindern und Jugendlichen fördern
- Benachteiligungen in der Entwicklung verhindern oder abbauen
- den individuellen Entwicklungsstand von Kindern und Jugendlichen feststellen
- Maßnahmen und Entscheidungen auf den Entwicklungsstand der Betroffenen abstimmen
- Ansprechpartner sein in Fragen der Erziehung und Entwicklung
- Beratungs- und Bildungsangebote zu Erziehung und Entwicklung machen
- Entwicklungsschwierigkeiten vermindern und Entwicklung fördern

2.2   Mögliche Praxisbeiträge der Entwicklungspsychologie

Es gehört nach dem eben Gesagten zu den Aufgaben von Psychologie und So-
zialarbeit/Sozialpädagogik, auf Menschen unterschiedlichen Alters und ihre Lebensbedingungen gestaltend und verändernd einzuwirken, sei es bei der Planung
von Interventionen zur Verhinderung von Fehlentwicklungen (Prävention), zur
Modifikation fehlgelaufener Entwicklungen (Korrektur) oder zur allgemeinen
Förderung der Entwicklung (Optimierung). Hierbei sollte jeweils auf der Grundlage entwicklungspsychologischer Erkenntnisse und unter Rückgriff auf den
Wissensbestand anderer Disziplinen (z. B. Soziologie, Pädagogik) entschieden
werden, wann (Lebensalter), bei wem (Betroffener und/oder materielle und/oder
soziale Umwelt) und wie (Art der Intervention) einzugreifen ist. So kann man in
Anlehnung an Montada (1987, 1995c) mehrere denkbare Beiträge der Entwicklungspsychologie zur Praxis der Sozialen Arbeit unterscheiden:

2.2.1   Orientierung über den Lebensverlauf

In der Sozialen Arbeit hat man es häufig mit Altersgruppen zu tun, denen man
selbst nicht mehr (Kinder, Jugendliche) oder noch nicht (alte Menschen) angehört.
Dennoch würde wohl niemand unterstellen, dass man sich mit fremden, völlig
unbekannten Lebensabschnitten beschäftigt. Kann man doch darauf verweisen,
dass man selbst ja auch einmal Kind und Jugendlicher war und Kinder und Jugendliche sowie alte Menschen auch aus mehr oder weniger intensiver alltäglicher
Beobachtung kennt. Der Wert des eigenen Erlebens, der eigenen Erfahrungen
und der eigenen Lebensgeschichte für das praktische Handeln in der Sozialen
Arbeit soll keineswegs gering geschätzt werden. Dennoch wird davon auszugehen sein, dass diese eigenen Erfahrungen zwangsläufig subjektiv gefärbt sein
werden. Professionelles Handeln erfordert, dass der subjektive Wissensbestand
kontinuierlich reflektiert und überprüft wird. Der Wert entwicklungspsychologischer Beschreibungen des Lebensverlaufs ist gerade darin zu sehen, dass sie
helfen, eigene Erfahrungen zu überdenken und durch systematisch gewonnene
empirische Erfahrungen und theoretische Überlegungen zu ergänzen. In dieser
Weise abgesicherte Kenntnisse über alterstypische Erlebens- und Verhaltensweisen liefern dann die Grundlage für die Gestaltung altersangemessener
Entwicklungsbedingungen und -anforderungen sowie für die Diagnose von
Entwicklungsauffälligkeiten und bieten Anhaltspunkte für die Beurteilung der
Altersangemessenheit pädagogischer Interventionen. Da in einem einführenden
Lehrbuch der Entwicklungspsychologie einzelne Lebensphasen nicht detailliert
dargestellt werden können, kann hier nur auf die einschlägige Literatur verwiesen
werden. Einen ersten Einblick vermitteln:

- **Kindheit:** Ausubel & Sullivan (1974); Bischof-Köhler (1998); Hasselhorn &
  Silbereisen (2008); Hurlock (1970); Kagan (1987); Menzen (1996); Mietzel
  (1989); Mussen, Conger, Kagan & Huston (1999); Nickel (1979); Oerter

(1995, 2002); Rauh (1995, 2002); Rossmann (1996); Stone & Church (1978); Weinert (1998)

- **Jugendalter:** Ewert (1983); Fend (2000); Liepmann & Stiksrud (1985); Menzen (1996); Mietzel (1989); Oerter & Dreher (1995, 2002); Olbrich & Todt (1984); Schumann-Hengsteler & Trautner (1996); Silbereisen & Schmitt-Rodermund (1998); Stiksrud & Wobit (1985)
- **Erwachsenenalter**: Faltermaier, Mayring, Saup & Strehmel (2002); Filipp & Schmidt (1995); Filipp & Staudinger (2005); Hasselhorn (1998); Heckhausen & Mayr (1998); Hoff (1995); Krampen & Reichle (2002); Lehr (1972); Lindenberger (2002); Mayring & Saup (1990); Mietzel (1992); Oerter (1978); Olbrich & Brüderl (1995); Schmitz-Scherzer, Kruse & Olbrich(1990); Whitbourne & Weinstock (1982)

Die Beschäftigung mit dem Ablauf der Entwicklung ist für die Soziale Arbeit auch deshalb von zentraler Bedeutung, weil die Soziale Arbeit gerade dann gefordert ist, wenn es zu Auffälligkeiten in der Entwicklung kommt. Auf der Grundlage der Kenntnisse der normalen Entwicklung lassen sich Abweichungen und Auffälligkeiten der Entwicklung eher und besser erkennen. Die Entwicklungspsychopathologie, die sich mit der Entstehung, den Ursachen und dem Verlauf von Entwicklungsstörungen beschäftigt, hat als relativ junge Disziplin in den letzten 20 Jahren einen gewaltigen Aufschwung genommen. Zum Verständnis der theoretischen Überlegungen und der empirisch gewonnenen Erkenntnisse der Entwicklungspsychopathologie und der klinischen Entwicklungspsychologie, die sich insbesondere mit Interventionen bei Entwicklungsauffälligkeiten beschäftigt, sind Kenntnisse der „normalen" Entwicklung unabdingbar. Da in diesem einführenden Lehrbuch auf Entwicklungspsychopathologie bzw. die klinische Entwicklungspsychologie nicht detailliert eingegangen werden kann, muss auf die einschlägige Literatur verwiesen werden, die gerade auch für die Soziale Arbeit wichtige Grundlagen liefert: Achenbach (1982), Esser & Gerhold (1998), Lewis & Miller (1990), Oerter, von Hagen, Röper & Noam (1999), Petermann (2002), Röper, von Hagen & Noam (2001).

2.2.2 Ermittlung von Entwicklungsbedingungen

Die Kenntnis altersspezifischer Entwicklungsverläufe liefert, wie oben erwähnt, die Grundlage für die Diagnose von Entwicklungsauffälligkeiten und trägt dazu bei, abschätzen zu können, inwieweit Angebote und Maßnahmen der Sozialen Arbeit überhaupt altersgemäß sind. Aber erst Kenntnisse über die in der Person und/oder Umwelt liegenden Entstehungsbedingungen von Entwicklungsveränderungen schaffen die Basis für die Möglichkeit einer gezielten Einflussnahme auf die individuelle Entwicklung. Erst wenn man auf der Grundlage theoretischer Überlegungen und empirischer Überprüfungen mit einiger Sicherheit weiß, welche Einflussfaktoren welche Entwicklungsveränderungen bedingen, kann man daran gehen, über eine Modifikation von Entwicklungsbedingungen, sofern dies möglich und ethisch vertretbar ist, eine Veränderung des Erlebens und

Verhaltens zu erreichen. Es ist aber hier nochmals darauf hinzuweisen, dass die Entwicklungspsychologie keine einfachen Erklärungen anbieten kann, die dann gleichsam rezepthaft in praktisches Handeln umgesetzt werden können. Entwicklungspsychologie kann in der Sozialen Arbeit bei der Suche nach Erklärungen für gegebene Verhaltensweisen und ihre Bedingungen zusammen mit anderen wissenschaftlichen Disziplinen wie zum Beispiel der Soziologie lediglich den Rahmen und die Richtung vorgeben, den stets neu zu leistenden Suchprozess aber nicht ersetzen.

2.2.3   Erstellung von Entwicklungsprognosen

Die Frage künftiger Entwicklungsveränderungen und damit die Notwendigkeit, Entwicklung vorherzusagen, haben im erzieherischen Alltag ebenso einen hohen Stellenwert wie in der Praxis der Sozialen Arbeit. Eltern wollen etwa wissen, wie sie ihr Kind besonders fördern können und welche negativen Einflüsse sie vermeiden müssen, damit ihr Kind ganz bestimmte Ziele erreicht. Oder Eltern machen sich Sorgen über Verhaltensauffälligkeiten ihres Kindes und fragen nach, ob sie darauf vertrauen können, dass das auffällige Verhalten (z. B. ein frühkindliches Stottern) von selbst wieder zurückgeht oder ob therapeutische und sonstige Hilfen angesagt sind. Maßnahmen der Frühförderung beruhen ebenso auf Prognosen wie Entscheidungen darüber, ob das Kindeswohl unter gegebenen Umständen gefährdet ist oder nicht, in welche Pflegefamilie ein Kind gegeben wird, damit eventuelle Vorschädigungen abgebaut werden können usw. Eine Jugendstrafe wird u. a. dann verhängt, wenn schädliche Neigungen in einer Tat hervortreten, wobei man dann davon ausgeht, dass es sich dabei um eine offensichtlich relativ stabile, sich auch in der Zukunft und unter gegebenen Umständen wahrscheinlich nicht von selbst verändernde Persönlichkeitsstruktur handelt, die nur durch härteste Maßnahmen (Jugendstrafe) zu beeinflussen ist. Zusammenfassend kann man also festhalten, dass Kenntnisse über die Stabilität oder Instabilität von Erlebens- und Verhaltensweisen und die Bedingungen, die eine Stabilität oder Veränderung begünstigen oder verhindern, für eine Begründung der Notwendigkeit von Präventions- oder Interventionsmaßnahmen unabdingbar sind.

Wenn entwicklungspsychologische Erkenntnisse im beruflichen Handeln berücksichtigt werden, sind noch folgende Aspekte zu beachten: Aus entwicklungspsychologischen Erkenntnissen lassen sich Wert- und Zielentscheidungen im Hinblick auf die individuelle Entwicklung und ihre Beeinflussung zwar nicht zwingend ableiten, entwicklungspsychologische Erkenntnisse können aber wichtig sein für die kritische Reflexion pädagogischer Entwicklungs- und Interventionsziele. In der Praxis der Sozialen Arbeit werden Fragen der Evaluation beruflichen Handelns, der Qualitätssicherung und Qualitätsentwicklung immer wichtiger. Wenn in der Sozialen Arbeit auf Entwicklungsprozesse präventiv, korrigierend oder optimierend eingewirkt wird, ist deshalb immer auch zu überprüfen, ob die gewählten Interventionen sich als mittel- und langfristig (z. B. Spätfolgen) wirksam erwiesen haben. Hierzu muss die Entwicklungspsychologie ihr methodisches Rüstzeug zur Verfügung stellen.

2.3   Probleme des Theorie-Praxis-Bezugs

Wenn es um die Umsetzung theoretischer Erkenntnisse in die Praxis geht, wird gerne darauf verwiesen, dass es nichts Praktischeres gebe als eine gute Theorie. Dieser dem Sozialpsychologen Lewin zugeschriebene Satz mag Theoretiker freuen oder auch beruhigen, sofern sie sich überhaupt um die Anwendung ihrer Erkenntnisse Sorgen machen. Ob Praktiker damit zu überzeugen sind, sei hier dahingestellt. Möglicherweise werden damit aber auch unangemessene Erwartungen an die Wissenschaft aufgebaut, die nicht zu erfüllen sind und in Enttäuschungen münden, die dann zu einem theorielosen Agieren in der Praxis führen. Damit dies im Hinblick auf die Entwicklungspsychologie nicht geschieht, soll hier anhand einiger Überlegungen von Dollase (1985, S. 44 ff.) diskutiert werden, worin die Chancen, aber auch die Grenzen einer Umsetzung wissenschaftlicher Erkenntnisse in die Praxis Sozialer Arbeit liegen.

2.3.1   Erwartungsproblem

Von der Entwicklungspsychologie – in gleicher Weise gilt dies wohl auch für andere sozialwissenschaftliche Disziplinen – werden von der Praxis häufig einfache Antworten auf komplexe Fragestellungen und Probleme erwartet. Dies zeigt sich besonders deutlich, wenn Studierende aus ihrem persönlichen Erfahrungsfeld z. B. an den Vertreter des Faches Entwicklungspsychologie Fragen stellen und dann eine kurze, schnelle Antwort erwarten. Einige Beispiele: „Mein Patenkind wächst zweisprachig auf. Ist das zu begrüßen, oder schadet das seiner Entwicklung?" – „Mein Kind weigert sich neuerdings, die Hausaufgaben für die Schule zu machen. Wie kommt das? Mein Kind ging doch in den ersten Klassen sehr gern zur Schule." – „Im Praktikum habe ich es mit einigen Jugendlichen zu tun, die richtig stolz darauf sind, dass sie ihre CDs im Kaufhaus klauen. Woher kommt das? Stehen die am Beginn einer kriminellen Karriere? Was kann ich dagegen tun?" Ohne genaue Analyse der vorgetragenen Einzelfälle wird man die gewünschten Erklärungen und Diagnosen wohl ebenso wenig geben können wie eindeutige Handlungsanweisungen. Man kann jedoch die vorliegenden theoretischen und empirischen Erkenntnisse zur Zweisprachigkeit, zur Veränderung der Leistungsbereitschaft in Abhängigkeit von der Klassenstufe und zum Auftreten abweichenden Verhaltens im Jugendalter heranziehen, um damit den durch nichts ersetzbaren Suchstrategien im Einzelfall Orientierung und Richtung zu geben.

2.3.2 Komplexitätsproblem

Menschliches Erleben und Verhalten wird von zahlreichen, miteinander in vielfältiger Weise zusammenhängenden und interagierenden Faktoren beeinflusst. Die Wissenschaft muss daher vereinfachen, d. h. sie muss Komplexität reduzieren, um überhaupt theoretische Modelle entwickeln und empirische Überprüfungen vornehmen zu können. Greifen wir eines der oben genannten Beispiele auf. So wäre es zum Beispiel illusorisch, alle nur denkbaren individuellen, familialen, schulischen und gesamtgesellschaftlichen Faktoren bei einer Veränderung der Leistungsbereitschaft in der Schule in Abhängigkeit von der Klassenstufe erfassen zu wollen. Daraus folgt, dass wissenschaftliche Aussagen und Erkenntnisse immer nur in ganz bestimmten Situationen und unter ganz bestimmten Bedingungen gelten können, die im jeweils gegebenen Praxisfall nicht oder zumindest nicht vollständig vorliegen müssen. Dies ist aber nicht nur im Hinblick auf entwicklungspsychologische Erkenntnisse so, sondern gilt wohl für jede wissenschaftliche Aussage.

2.3.3 Wahrscheinlichkeitsproblem

*„Es gibt in der Entwicklungspsychologie (wie in der Soziologie, Psychologie, Wirtschaftswissenschaften etc.) nie Gesetze, die für alle Menschen perfekt gelten. Man muss sich also mit **allgemeinen** Aussagen über Gruppen von Menschen und mit **durchschnittlichen Angaben** begnügen, die mit einer gewissen **Wahrscheinlichkeit** für den Einzelfall gelten."*
(Dollase, 1985, S. 46 f.; Hervorhebungen im Original)

In gleicher Weise gilt dies auch für empirisch nachgewiesene Zusammenhänge. Ein Beispiel: Entgegen einem häufig geäußerten Vorurteil muss die Unterbringung von Kindern in Kinderkrippen keineswegs zu negativen Konsequenzen führen, sondern es werden durchaus positive Auswirkungen von Krippenerfahrung auf die kognitive Entwicklung, das Spiel- und Neugierverhalten sowie das Sozialverhalten berichtet (siehe ausführlicher hierzu z. B. Beller, 1995). Daraus kann aber nun nicht abgeleitet werden, dass bei jedem Kind unabhängig von seiner Persönlichkeit und seinen Lebensumständen sowie den Bedingungen der jeweils gegebenen Krippenunterbringung diese positiven Konsequenzen zu erwarten sind. Der Hinweis, dass theoretische und empirische Erkenntnisse nicht vorschnell auf den Einzelfall übertragen werden sollten, mindert keineswegs den Wert der Wissenschaft für die Praxis, sondern verweist darauf, dass die Entwicklungspsychologie nicht den Einzelfall beschreiben und erklären kann, mit dem sich der Praktiker konfrontiert sieht. Wissenschaft kann jedoch helfen bei einer gründlichen Analyse und Diagnose und steuert Erklärungsmuster bei, die das Lösen von Problemen in der Praxis nicht zu einem Stochern im Nebel werden lassen, das bestenfalls noch von vorschnell verallgemeinerten, subjektiven Erfahrungen geleitet wird.

2.3.4 Fehlende transhistorische Gültigkeit

Erkenntnisse und Aussagen der Entwicklungspsychologie bleiben nicht für alle Zeiten gültig, sondern müssen immer vor dem Hintergrund der geschichtlichen, sozio-kulturellen Situation gesehen werden, in der entwicklungspsychologische Forschung betrieben wurde. Durch geschichtliche Veränderungen verändern sich auch die Rahmenbedingungen menschlicher Entwicklung. Dem kann die Wissenschaft bestenfalls mit einer gewissen zeitlichen Verzögerung Rechnung tragen, indem sie ihre Aussagen und Erkenntnisse immer wieder auf ihre Gültigkeit hin überprüft. In der Praxis ist demnach immer kritisch zu fragen, ob vorliegende Aussagen angesichts historischer Veränderungen noch Gültigkeit beanspruchen können. Diese Forderung nach fortwährender Überprüfung und Aktualisierung von Wissensbeständen gilt aber in gleicher Weise auch für das im Rahmen beruflicher Tätigkeit angesammelte Praxiswissen oder die sog. Berufserfahrung.

2.3.5 Pragmatische Hindernisse

Trautner (2003, S. 166) nennt eine Reihe von weiteren Gründen für die unzureichende Anwendung entwicklungspsychologischer Erkenntnisse im Rahmen angewandter Psychologie. Diese Überlegungen lassen sich, leicht modifiziert, durchaus auch auf das Feld der Sozialen Arbeit übertragen:

- „Die für Praktiker wenig verständliche Wissenschaftssprache": Es ist wohl häufig nicht nur eine unnötig verkomplizierte Wissenschaftssprache allein, die vom Praktiker mühsame, vermeidbare und daher motivationsmindernde Übersetzungsarbeit verlangt, ehe man sich inhaltlich mit den wissenschaftlichen Aussagen beschäftigen kann. Es fehlt ganz häufig auch an Medien, über die ein Austausch zwischen Wissenschaft und Praxis erfolgen könnte. Folge ist, dass Wissenschaft und Praxis nicht selten nebeneinander her arbeiten, sich gegenseitig wenig zur Kenntnis nehmen.

- „Eine Unterschätzung der Problemlösekompetenz von Psychologen bei gleichzeitig unangemessen hohen Ansprüchen und Erwartungen": Ob sich nun praktisch arbeitende Psychologen oder Sozialarbeiter höheren Erwartungen ausgesetzt sehen, ist hier nicht zu klären. Zu beobachten ist jedenfalls, dass von der Sozialen Arbeit häufig unverzügliche Problemlösungen erwartet werden, bei gleichzeitig unzureichenden personellen und finanziellen Ressourcen. Diese Diskrepanz mindert ganz wesentlich die Bereitschaft, „bewährte" Wege zu verlassen, neue wissenschaftliche Erkenntnisse aufzugreifen und in praktisches Handeln umzusetzen. Zudem sieht sich die Soziale Arbeit mit der Anforderung konfrontiert, neben (entwicklungs-) psychologischen Ansätzen auch die Erkenntnisse anderer wissenschaftlicher Disziplinen in ihre praktische Arbeit zu integrieren.

- „Das im Vergleich zur Grundlagenforschung geringe Prestige angewandter Forschung": Zweifellos gibt es für eine empirisch fundierte Angewandte Entwicklungspsychologie erhöhten Forschungsbedarf, damit Praktiker mehr wissenschaftliche Unterstützung für ihre Problemstellungen und ihre Fragen finden. Die Übertragung wissenschaftlicher Erkenntnisse in die Praxis wird aber häufig auch dadurch blockiert, dass die Praxis einfache, schnell umsetzbare Aussagen der Wissenschaft erwartet, die diese nicht geben kann. Daraus resultiert dann häufig Resignation und ein Verzicht auf eine wissenschaftliche Fundierung praktischen Handelns.

- „Mangelnde Verdeutlichung des ökonomischen Nutzen psychologischer Maßnahmen": Ob es sich nun um psychologische Maßnahmen oder Maßnahmen der Sozialen Arbeit handelt, sie müssen finanziert werden. Den Nachweis, dass sich eine aus wissenschaftlichen Erkenntnissen abgeleitete Maßnahme „lohnt", dass die eingesetzten finanziellen Mittel „gut angelegt" sind, wird der jeweils handelnde Praktiker gewöhnlich eher mit Plausibilitätsüberlegungen statt mit empirisch gesicherten Erkenntnissen führen müssen – solange nicht mehr „Wirkungsforschung" betrieben wird, die aufzeigt, wie sich gezielte Interventionen mittel- und langfristig auf die Entwicklung auswirken.

- „Die Abstinenz von Psychologen gegenüber der Politik": Ob sich Praktiker der Sozialen Arbeit mehr in politische Entscheidungsprozesse einmischen als Psychologen sei hier dahingestellt. Unbestreitbar ist, dass man wissenschaftliche Erkenntnisse nur dann in die Praxis umsetzen kann, wenn man die Entscheidungsträger in der Politik und die allgemeine Öffentlichkeit fortwährend von der Notwendigkeit und Wichtigkeit einer wissenschaftlichen Fundierung praktischen Handelns überzeugt. Hierzu dürfte in Psychologie und Sozialer Arbeit gleichermaßen ein erhöhter Handlungsbedarf bestehen.

Die Überlegungen der vorangehenden Abschnitte hatten das Ziel, vor unangemessenen und überhöhten Erwartungen der Praxis an die Entwicklungspsychologie zu warnen. Entwicklungspsychologie kann nicht mit fertigen Erklärungen und Lösungen für jedes beliebige Problem der Sozialen Arbeit dienen. Der Wert entwicklungspsychologischer Erkenntnisse für die Praxis liegt darin, dass sie Praktikern entwicklungspsychologische Erklärungsmuster zur Verfügung stellt und damit deren Kompetenzen bei der Problemanalyse und Problemlösung verbessert. Den mühsamen Prozess des Beobachtens, Datensammelns und Interpretierens sowie die schwierige Ableitung von pädagogischen Handlungsstrategien kann die Entwicklungspsychologie nicht ersetzen, wohl aber erleichtern und strukturieren.

3   Entwicklung als quantitative Veränderung

Die Beschreibung menschlicher Entwicklung ist keineswegs eine exklusive Aufgabe der Entwicklungspsychologie. Eigentlich wird jeder Leser dieses Buches aus seinen alltäglichen Beobachtungen und Erfahrungen auch Vorstellungen zur menschlichen Entwicklung abgeleitet haben und in mehr oder weniger differenzierter Weise angeben können, welche Verhaltensweisen für Kleinkinder, Schulkinder, Jugendliche, junge Erwachsene und alte Menschen er für kennzeichnend hält.

Während sich literarische Beschreibungen der Entwicklung (siehe S. 46ff.) und Alltagsbeschreibungen vornehmlich sprachlicher Mittel bedienen, können wir in der Entwicklungspsychologie zwei grundlegende Beschreibungsweisen unterscheiden: Zum einen werden die mengenmäßigen, in Zahlen zu fassenden Veränderungen (z. B. Zunahme der Körpergröße, des Wortschatzes, der intellektuellen Leistungsfähigkeit) erfasst (sog. **quantitative Beschreibung**). Zum anderen stehen qualitativ unterscheidbare, sprachlich zu umschreibende, sog. diskrete Entwicklungsmerkmale im Mittelpunkt mit dem Ziel zu erfassen, wann und in welcher Abfolge diese Merkmale auftreten (z. B. in der motorischen Entwicklung das Auftreten von Sitzen, Stehen und Laufen oder das Auftreten unterschiedlicher Formen des Spiels im Vorschulalter) (sog. **qualitative Beschreibung**). Bei dieser qualitativen Beschreibung kann es sich sowohl um Abfolgen handeln, in denen neue Merkmale und Verhaltensweisen frühere ersetzen (grammatikalisch durchkonstruierte Sätze ersetzen Einwortsätze) (sog. **disjunktive Sequenzen**), als auch um Abfolgen, in denen neue Verhaltensweisen zu alten hinzukommen, ohne diese zu ersetzen (z. B. unterschiedliche Formen der Fortbewegung wie vorwärts laufen, auf einem Bein hüpfen, rückwärts laufen, Treppen aufwärts und dann abwärts steigen usw.) (sog. **kumulative Sequenzen**). Die quantitative Beschreibung der Entwicklung wird zunächst einmal im Mittelpunkt der Betrachtung stehen.

3.1   Entwicklung als Wachstum

Eine sinnvolle Beschreibung der menschlichen Entwicklung kann sich nicht auf einen Beschreibungsaspekt allein konzentrieren, gleichwohl soll hier zunächst einmal die quantitative Beschreibung der Entwicklung im Mittelpunkt stehen. Der zentrale Begriff bei der quantitativen Beschreibung von Entwicklung ist der Begriff des Wachstums, wobei unter Wachstum die mengenmäßigen Veränderungen sowohl von physischen (z. B. Körpergröße) als auch von psychischen Merkmalen (Kenntnisse, Fertigkeiten, Gewohnheiten, Gedächtnisinhalte usw.) im Verlaufe des Lebens verstanden werden soll. Wenn man nun diese mengenmäßigen Veränderungen mit dem Lebensalter in Verbindung setzt, erhält man sog. Wachstumskurven, von denen nun einige exemplarisch dargestellt werden sollen.

3.1.1   Exemplarische Darstellung von Wachstumskurven

Entwicklung ist kein kontinuierlicher, mit stets gleicher Geschwindigkeit ablaufender Veränderungsprozess, wie die Wachstumskurven für das Längenwachstum in den ersten 18 Lebensjahren in der Abbildung 3.1 deutlich zeigen.

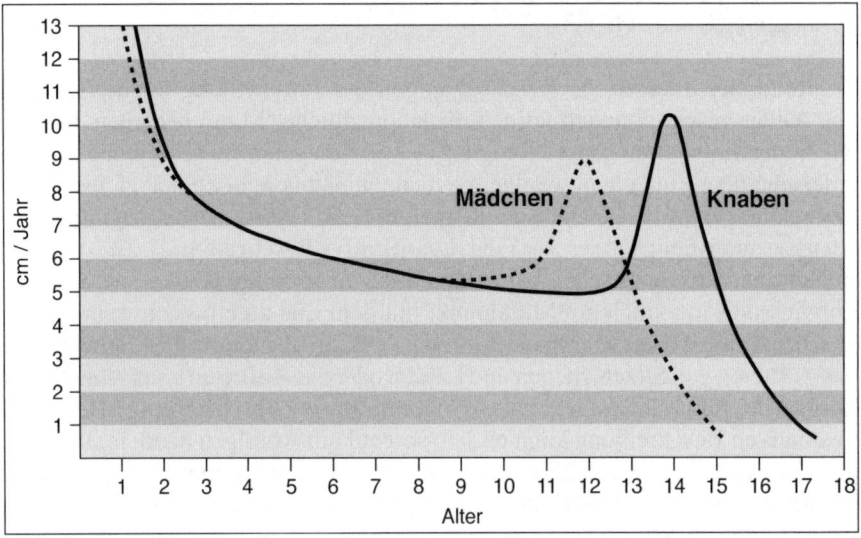

Abb. 3.1: Durchschnittlicher Größenzuwachs von Mädchen und Jungen in den ersten 18 Lebensjahren (nach Bee, 1992 und nach Rossmann, 1996, S. 135)

Die beiden Kurven machen anschaulich deutlich, wie die körperliche Entwicklung von Jungen und Mädchen zunächst weitgehend übereinstimmend verläuft, ehe dann der Wachstumsschub der Pubertät zunächst bei Mädchen und dann mit einer zeitlichen Verzögerung von etwa zwei Jahren auch bei Jungen einsetzt. Diese Beobachtungen sind sicherlich nicht überraschend oder neu, doch lässt sich am Beispiel dieser Wachstumskurven verdeutlichen, wie körperliche und psychische Entwicklung zusammenhängen: Das schnelle Körperwachstum kann Jugendliche vor erhebliche Probleme stellen, weil das Wachstum asynchron erfolgt: Zuerst wachsen Hände und Füße, danach Hüften, Brust und Schultern und dann erst der Rumpf. Verbunden mit der starken Streckung des Gesichts führt dies dazu, dass sich Jugendliche häufig so gar nicht mit den in den Medien präsentierten Schönheitsidealen im Einklang sehen und erhebliche Probleme haben, den eigenen Körper zu akzeptieren. Hinzu kommt noch, dass die interindividuellen Unterschiede im Entwicklungstempo während der Pubertät sehr groß sein können, was in den oben abgebildeten Wachstumskurven nicht zu erkennen ist, weil diese Kurven nur Durchschnittswerte angeben. So kann die Pubertätsentwicklung bei Mädchen um bis zu sechs Jahre variieren. Ähnlich sind die Verhältnisse bei den Jungen (siehe hierzu ausführlicher Largo 1987). Diese hohe interindividuelle Variabilität bedeutet für alle, die in Jugendarbeit und Schule mit Jugendlichen zu tun haben, dass man selbst bei nur einem Altersjahrgang von Jugendlichen mit erheblichen Entwicklungsunterschieden zu rechnen hat. Zudem kann das so unterschiedliche Entwicklungstempo zu erheblicher Unzufriedenheit und Verunsicherung der Jugendlichen führen und muss pädagogisch aufgegriffen und bearbeitet werden.

Ebenso wie für körperliche Merkmale kann auch für psychische Merkmale der Entwicklungsverlauf durch Wachstumskurven sehr anschaulich dargestellt werden, wie nachfolgende Abbildung zur Entwicklung des Wortschatzes zeigt:

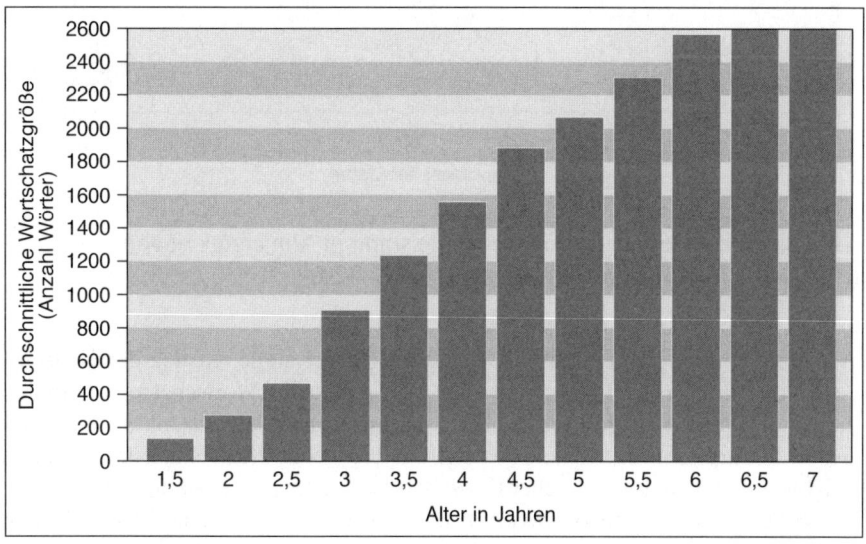

Abb. 3.2: Durchschnittlicher Wortschatzumfang in Abhängigkeit vom Alter (nach Mönks & Knörs, 1996, S. 122)

Die Darstellung zeigt eindrucksvoll, mit welch großer Geschwindigkeit der Wortschatzerwerb vonstatten geht: Erste Wortäußerungen treten um das erste Lebensjahr herum auf, und am Ende des zweiten Lebensjahres beherrscht das Kind schon deutlich über 200 Wörter. Der sich abflachende Kurvenverlauf im 6. und 7. Lebensjahr zeigt an, dass ein Grundwortschatz für den Alltagssprachgebrauch in ausreichendem Maße vorhanden ist, ohne dass der Wortschatzerwerb damit abgeschlossen wäre. Er setzt sich vielmehr kontinuierlich fort durch die Anforderungen in Schule und Beruf, durch die Entwicklung altersspezifischer Sprachstile (z.B. Jugendsprache), durch die sprachlichen Besonderheiten spezifischer Subkulturen (z.B. Drogenszene) usw.

Einen ähnlich steilen Anstieg der Leistungsfähigkeit in der Kindheit finden wir zum Beispiel auch bei Gedächtnisleistungen, wie aus Abbildung 3.3 hervorgeht:

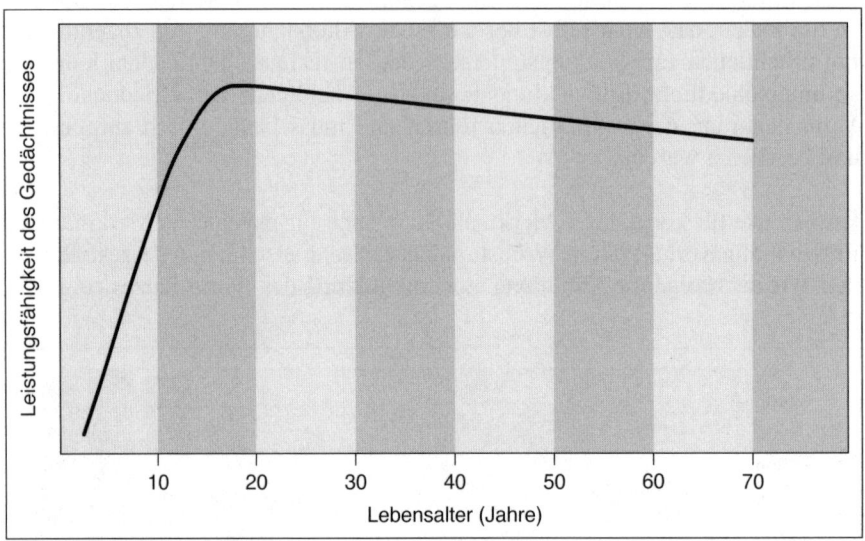

Abb. 3.3: Veränderung der Gedächtnisleistung in Abhängigkeit vom Lebensalter (modifiziert nach Knopf 1998, S. 520)

Wie der Abbildung zu entnehmen ist, zeigt sich der steile Anstieg der Gedächtnisleistung im Vergleich zum schnellen Wachstum des Wortschatzes um einige Jahre zum älteren Kind hin verschoben, was damit zu erklären ist, dass Kinder erst Gedächtnisstrategien entwickeln müssen, um ihre Gedächtnisleistung entsprechend steigern zu können. Ein ähnlicher Kurvenverlauf konnte auch für die Veränderung der intellektuellen Leistungsfähigkeit nachgewiesen werden. Daraus ist jedoch nicht abzuleiten, wie später noch darzustellen sein wird (siehe S. 42), dass sich hier ein genereller, die Entwicklung grundsätzlich charakterisierender Verlauf zeigt.

3.1.2 Grenzen des Wachstumskonzepts

Die sehr anschauliche Beschreibung von Entwicklungsverläufen durch Wachstumskurven kann unter Umständen zu einer Überschätzung ihrer Aussagekraft und zu einer fehlerhaften Verwendung führen. Deshalb ist auf folgende Punkte hinzuweisen:

1. Aus Wachstumskurven können nur sehr eingeschränkt Aussagen über die Entwicklung einzelner Individuen abgeleitet werden: Weichen Individuen von den in Wachstumskurven dargestellten Durchschnittswerten ab, kann ohne Kenntnis der Streuung der zur Mittelwertbildung herangezogenen Einzelwerte nicht auf Entwicklungsauffälligkeiten (z. B. Entwicklungsrückstände) geschlossen werden. Eine starke Abweichung vom Mittelwert ist wesentlich bedeutsamer, wenn die Streuung klein ist (d. h. alle Einzelwerte sehr eng um den Mittelwert liegen), als wenn die Streuung groß ist. Mit diagnostischen Aussagen auf der Grundlage von Wachstumskurven muss man also sehr zurückhaltend sein. Am ehesten kann man dann diagnostische Schlüsse ziehen, wenn neben der Durchschnittskurve auch angegeben wird, in welchem Bereich der größte Teil der Einzelwerte (z. B. 90 %) liegt. Weiterhin ist zu bedenken, dass individuelle Wachstumskurven nicht mit den aus Mittelwerten gebildeten Wachstumskurven übereinstimmen werden, da sich die Entwicklungsveränderungen verschiedener Individuen hinsichtlich ihrer Geschwindigkeit, ihrem Niveau und dem Zeitpunkt ihres Auftretens unterscheiden werden.

2. Wachstumskurven können definitionsgemäß qualitative Veränderungen in der Entwicklung nicht erfassen: Mit geringen quantitativen Veränderungen können aber erhebliche, für die Entwicklung sehr bedeutsame qualitative Veränderungen einhergehen. Dazu zwei Beispiele: Wenn ein Kind seinen Wortschatz um die korrekte Verwendung des Wortes „nein" erweitert hat, liegt nur eine unwesentliche Vergrößerung des Wortschatzes vor, die kommunikativen Möglichkeiten des Kindes und die Gestaltung seiner sozialen Beziehungen können sich dadurch wesentlich verändern. Die geringfügige Zunahme der Körpergröße um wenige Zentimeter kann für ein Kind bedeuten, dass es nun endlich über die Tischkante blicken kann und wesentlich besser mitbekommt, was in seiner Umgebung passiert.

3. Bei der Interpretation von Wachstumskurven ist zu bedenken, dass mit der Bezugnahme auf das Lebensalter nichts erklärt wird: Das Lebensalter ist keine psychologische Größe sondern gibt lediglich die seit der Geburt abgelaufene Zeit an. Die Erklärung für beobachtete Veränderungen kann aber nicht aus dem bloßen Zeitablauf, sondern nur aus den Prozessen abgeleitet werden, die während dieser Zeit auf das Individuum eingewirkt haben. Ein Beispiel: Ein Kind kann nicht mit etwa einem Jahr seine ersten Wörter sprechen, weil es ein Jahr alt ist, sondern weil Reifungsprozesse im Gehirn stattgefunden haben, weil die Nervenbahnen vom Gehirn zu den ausführenden Sprechorganen ausgereift sind und diese auch funktionsfähig sind und weil das Kind während seines ersten Lebensjahres von Seiten der Umwelt vielfältige sprachliche Anregungen erhalten hat und ausreichende kognitive Fähigkeiten hat, diese Anregungen auch zu verarbeiten. Bei der Verknüpfung von bestimmten Merkmalsausprägungen mit einem bestimmten Lebensalter wird zudem nicht berücksichtigt, dass altersgleiche Personen große interindividuelle Unterschiede aufweisen können. Außerdem kann aus Wachstumskurven nicht geschlossen werden, dass beobachtete Entwicklungsveränderungen fest und unveränderlich mit einem bestimmten Lebensalter verbunden seien.

Unter anderen Entwicklungsbedingungen können durchaus andere zeitliche Abläufe beobachtet werden. Wenn in Deutschland Kinder in der Regel erst mit sechs Jahren beginnen, das Lesen zu lernen, so ist dies dadurch zu erklären, dass Kinder überlicherweise in diesem Alter eingeschult werden und in der Schule in der Kulturtechnik des Lesens unterwiesen werden. Ein Lesen-lernen wäre aber durchaus auch früher möglich.

3.2   Multidirektionalität der Entwicklung

Die Darstellung der Entwicklung in Wachstumskurven könnte leicht zu der irrtümlichen Annahme führen, im lebenslangen Entwicklungsgeschehen würde es nur eine einzige Richtung geben und Entwicklung sei nach der folgenden einfachen Abfolge zu charakterisieren: Wachstum in Kindheit und Jugend – Konsolidierung im Erwachsenenalter mit anschließendem allmählichen Abbau. Baltes (1990) hat dagegen in seiner Entwicklungspsychologie der Lebensspanne darauf hingewiesen, dass Entwicklung kein einheitlicher, für unterschiedliche Dimensionen (z. B. Wahrnehmung, Intelligenz, emotionale Steuerung) synchron ablaufender Veränderungsprozess ist (Multidimensionalität). Unterschiedliche Dimensionen oder Verhaltensweisen können ganz unterschiedliche Entwicklungsverläufe zeigen. Er ergänzt dies noch durch den Hinweis auf die Multidirektionalität, die ebenfalls für die Entwicklung kennzeichnend ist. „Die Richtung der ontogenetischen Veränderungen variiert nicht nur beträchtlich zwischen verschiedenen Verhaltensbereichen (z. B. Intelligenz versus Emotion), sondern auch innerhalb derselben Verhaltenskategorie. In ein und demselben Entwicklungsabschnitt und Verhaltensbereich können manche Verhaltensweisen Wachstum und andere Abbau zeigen." (Baltes 1990, S. 4). Er veranschaulicht die Multidimensionalität und die Multidirektionalität am Beispiel unterschiedlicher Bereiche der Intelligenz:

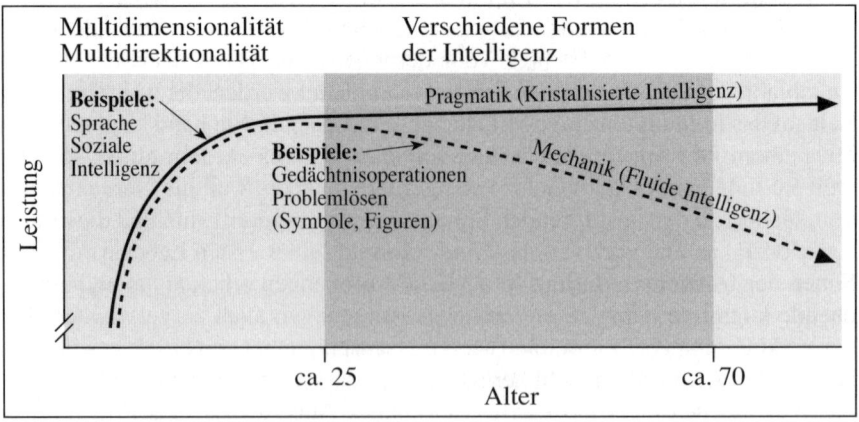

Abb. 3.4: Multidimensionalität und Multidirektionalität der Intelligenzentwicklung (nach Baltes, 1990, S. 5)

Während die Fähigkeit, Informationen schnell zu verarbeiten (sog. fluide Intelligenz), die beispielshalber bei Gedächtnisprozessen oder bei Klassifikationsaufgaben eine zentrale Rolle spielt, im Verlaufe des Erwachsenenalters allmählich absinkt, kann man bei der sozialen und sprachlichen Intelligenz dieses Absinken nicht beobachten. Zunehmendes Lebensalter kann man also nicht einfach mit abnehmender Kompetenz gleichsetzen. Nach Auffassung von Baltes setzt sich über die ganze Lebensspanne hinweg Entwicklung immer aus Gewinn (Wachstum) und Verlust (Abbau) zusammen.

3.3   Entwicklung als Gewinn und Verlust

Zunächst möchte ich zwei ganz einfache Beispiele für Gewinn- und Verlustprozesse in der Entwicklung darstellen.

Die zunehmend bessere Beherrschung der Muttersprache, die wir bei Kindern im Laufe der Entwicklung beobachten können, geht einher mit dem Verlust der Leichtigkeit, mit der eine weitere Sprache erlernt werden kann. Erwachsene verlaufen sich bei einem Spaziergang in der Regel zwar weniger leicht als Kinder, doch wird dieser Fortschritt oder Gewinn „erkauft" mit dem Verlust der Beachtung der kleinen, interessanten Dinge am Wegesrand. Gewinne und Verluste im Verlaufe der Entwicklung sind aber nun keineswegs nur ein Kennzeichen der Entwicklung des Kindes hin zum Erwachsenen, sondern während der gesamten Lebensspanne zu beobachten. Nach Baltes (1990, S. 8) geht es in der ontogenetischen Entwicklung darum, wie Individuen auf die Angebote, Anforderungen, Aufgaben ihrer Umwelt reagieren, welche Anpassungsprozesse dabei ablaufen und mit welchem Erfolg. Im Hinblick auf diese adaptive Kapazität, so meint Baltes, werden sich im Verlauf des Lebens immer positive und negative Veränderungen ergeben.

> *„Unter diesem Blickwinkel ist Entwicklung zu allen Zeitpunkten im Lebenslauf ein gemeinsames Produkt von Wachstums- (Gewinn) und Abbauprozessen (Verlust). Weiterentwicklung schließt demnach neben der Zunahme immer auch den Verlust von adaptiver Kompetenz ein. Kein Entwicklungsschritt im Leben bedeutet nur Gewinn."* (Baltes, 1990, S. 8 f.)

Diese Gewinn- und Verlustprozesse in der menschlichen Entwicklung laufen nicht einfach unverbunden nebeneinander her, sondern sind aufeinander bezogen, wobei in der Regel mit dem Lebensalter die Verlustanteile zunehmen und die Gewinnanteile abnehmen. Dies hängt u. a. damit zusammen, dass in der Entwicklung fortlaufend Entscheidungen darüber getroffen werden müssen, wofür man seine Ressourcen (Zeit, Anstrengung, Kenntnisse, Fertigkeiten, Begabungen) einsetzt, und dass die einsetzbaren Ressourcen nicht über die gesamte Lebensspanne hinweg erhalten bleiben. Gelingende Entwicklung besteht darin, die individuellen, persönlichen Entscheidungen so zu treffen und sich so zu verhalten, dass Gewinnanteile möglichst optimiert und die unvermeidbaren Verlust-anteile minimiert werden. Mit dieser Thematik beschäftigen sich im Rahmen der Psychologie der Lebensspanne die sog. SOK-Modelle (z.B. Freund, 2007). Man spricht deshalb von SOK-Modellen, weil bei den Zielen, die Menschen für ihre Entwicklung auswählen und verfolgen, Prozesse der Selektion, Optimierung und Kompensation darüber entscheiden, ob Gewinne erzielt und Verluste möglichst gering gehalten werden. Ausgehend von einem Beispiel sollen diese Prozesse kurz beschrieben werden, weil diese Überlegungen auch für die Beratungspraxis in der Sozialen Arbeit erhebliche Bedeutung haben.

Gehen wir von einem Jugendlichen aus, der als sehr begabter Fußballspieler von einer Profikarriere träumt; als Gitarrist in seiner Band überhaupt nicht weg-zudenken ist, gerne mit seiner Clique häufig ausgehen möchte und schließlich nach erfolgreichem Abitur und Studium später in die Anwaltskanzlei seines Vaters eintreten möchte. Die genannten Prozesse der Selektion, Optimierung und Kompensation könnten nun wie folgt aussehen:

• **Selektion** besteht darin, dass aus einem Spektrum bestimmte Möglichkeiten ausgewählt werden, auf die man sich konzentriert. Damit erhöht sich die Erfolgswahrscheinlichkeit für die gewählten Alternativen, während nicht gewählte Alternativen über kurz oder lang nicht mehr zur Verfügung stehen – also einerseits Gewinn, aber andererseits auch Verlust.
Verdeutlicht am Beispiel: Der Jugendliche entscheidet sich für Schule und Band, dann wird die Profikarriere bald in weite Ferne rücken. Selektion könnte aber auch darin bestehen, dass primär mögliches Scheitern (Verluste) vermie-den werden soll („kein Risiko eingehen"), damit verzichtet man andererseits auf mögliche Gewinne. Wenn der Jugendliche seinen Traum vom Fußballprofi aufgibt, kann der Traum zwar nicht durch eine schwere Sportverletzung ver-nichtet werden, aber die Möglichkeiten eines positiven Ausgangs fallen auch weg (Verlust wird vermieden, aber Gewinn nicht erzielt).

• **Optimierung** bedeutet, dass man sich besonders intensiv den gewählten Zielen zuwendet und alle vorhandenen und noch zu erwerbenden Ressourcen für die Zielerreichung einsetzt (Gewinn). Dabei besteht dann immer die Gefahr, dass zwar einerseits das gewählte Ziel erreicht wird (Gewinn), andererseits werden aber die nicht im Vordergrund stehenden Ziele vernachlässigt (Verlust).
Der Jugendliche aus dem Beispiel konzentriert sich auf die Fußballkarriere, verliert aber dadurch den Kontakt zu seiner Clique und gerät in Schul-schwierigkeiten.

• **Kompensation** wird dann notwendig, wenn die bisherigen Ressourcen zur Zielerreichung nicht mehr ausreichen oder nicht mehr zur Verfügung ste-hen. Man könnte dann externe Hilfsmittel oder Unterstützung durch andere Personen in Anspruch nehmen.
Der Jugendliche aus dem Beispiel merkt, dass er den Ansprüchen des Profifußballs mit seinen bisherigen Möglichkeiten und Ressourcen nicht ge-

recht werden kann. Er könnte seine bisher vernachlässigte Kondition durch intensives Training verbessern oder auch die persönliche Einzelbetreuung durch einen Trainer anstreben, um einem möglichen Scheitern beim angestrebten Ziel entgegenzuwirken und durch die Aktivierung bisher nicht abgerufener Ressourcen einen möglichen Entwicklungsverlust zu minimieren.

Das eben gewählte Beispiel wurde bewusst als Kontrast zum Alltag der Sozialen Arbeit gewählt. Wir haben es in der Sozialen Arbeit in der Regel eben nicht (nur) mit Menschen zu tun, die aus einem Bündel von Möglichkeiten Ziele für ihre Entwicklung auswählen können und dann aus der Fülle ihrer Ressourcen eine gewinnoptimierende und verlustreduzierende Strategie bei der Gestaltung ihrer eigenen Entwicklung verfolgen können. Es hängt eben nicht nur von den subjektiven Entscheidungsprozessen der Menschen ab, ob ihre Entwicklung nun erfolgreich verläuft oder nicht, ob eher Gewinne oder Verluste zu erwarten sind, sondern häufig auch von unzureichenden subjektiven Voraussetzungen (Ressourcen) und einer häufig sehr prekären objektiven Lebenslage. Für einen Jugendlichen ohne Schulabschluss in einer strukturschwachen Region und für eine Soziale Arbeit, die zum Beispiel im Rahmen der Jugendberufshilfe unterstützend wirken will, geht es zunächst einmal nicht um Selektion und Optimierung, sondern darum, Grundlagen für Entscheidungen und Lebensentwürfe zu schaffen, die Gewinne versprechen und Verluste minimieren.

4 Entwicklung als qualitative Veränderung

4.1 Kurzer literaturgeschichtlicher Exkurs

Dass sich nicht nur die Entwicklungspsychologie mit der Beschreibung menschlicher Entwicklung beschäftigt, zeigt ein kurzer Blick in die Literaturgeschichte. Dort findet man vielfältige, kenntnisreiche und mit Gewinn zu lesende Beschreibungen menschlicher Entwicklung. Man denke etwa an die großen Entwicklungsromane wie „Simplicissimus" (Grimmelshausen), „Der grüne Heinrich" (G. Keller), „Der Zauberberg" (Th. Mann), „Die Blechtrommel" (G. Grass). Es wird aber auch in Epigrammen, also sozusagen in Kurzform, menschliche Entwicklung beschrieben:

Des Menschen Alter
Ein Kind vergibt sich selbst; ein Knabe kennt sich nicht. Ein Jüngling acht
sich schlecht; ein Mann hat immer Pflicht.
Ein Alter nimmt Verdruß; ein Greis wird wieder Kind: Was meinst du, was
doch dies für Herrlichkeiten sind!
(Friedrich von Logau)

Grabschrift
Als Knabe verschlossen und trutzig,
Als Jüngling anmaßend und stutzig,
Als Mann zu Taten willig,
Als Greis leichtsinnig und grillig!-
Auf deinem Grabstein wird man lesen:
Das ist fürwahr ein Mensch gewesen
(Johann Wolfgang von Goethe)

„Der Lebenslauf des Menschen gleicht mittelmäßigen Gedichten; Genügt
dir auch die Form vielleicht, auf Poesie musst du verzichten."
(Friedrich Halm)

Als abschließende Beispiele sollen – einer Idee von Faltermeier, Mayring, Saup & Strehmel (2002, S. 37) folgend – noch zwei interessante literarische Beschreibungen der Entwicklung genannt werden:

Wie jede Blüte welkt und jede Jugend
Dem Alter weicht, blüht jede
  Lebensstufe,
Blüht jede Weisheit auch und jede Tugend

Zu ihrer Zeit und darf nicht
  ewig dauern.
Es muss das Herz bei jedem Lebensrufe
Bereit zum Abschied sein und Neubeginn,
Um sich in Tapferkeit und ohne Trauern
In andre, neue Bindungen zu geben.
Und jedem Anfang wohnt ein
  Zauber inne,
Der uns beschützt und der uns hilft,
  zu leben.

Wir sollen heiter Raum um Raum
  durchschreiten,
An keinen wie an einer Heimat hängen,
Der Weltgeist will nicht fesseln uns
  und engen,
Er will uns Stuf' um Stufe heben, weiten.

Kaum sind wir heimisch einem
  Lebenskreise
Und traulich eingewohnt, so droht
  Erschlaffen;
Nur wer bereit zum Aufbruch ist und
  Reise,
Mag lähmender Gewöhnung sich
entraffen.

Es wird vielleicht auch noch die
  Todesstunde
Uns neuen Räumen jung entgegensenden,
Des Lebens ruf an uns wird niemals
  enden...
Wohlan denn, Herz, nimm Abschied
  und gesunde!
(Hermann Hesse, 1941)

„Die ganze Welt ist Bühne,
Und alle Fraun und Männer bloße
  Spieler.
Sie treten auf und gehen wieder ab,
Sein Leben lang spielt einer manche
  Rollen
Durch sieben Akte hin: zuerst das Kind,
Das in der Wärtrin Armen greint
  und sprudelt

Der weinerliche Bube, der mit Ranzen
Und glattem Morgenantlitz wie
  die Schnecke
Ungern zur Schule kriecht. Dann der
  Verliebte,
Der wie ein Ofen seufzt, mit Jammerlied
Auf seiner Liebsten Brau'n. Dann
  der Soldat,
Voll toller Flüche, wie ein Pardel bärtig
Auf Ehre eifersüchtig, schnell zu Händeln,
Bis in die Mündung der Kanone suchend
Die Seifenblase Ruhm. Und dann
  der Richter
Im runden Bauche, mit Kapaun gestopft,
Mit strengem Blick und regelrechtem
  Bart,
Voll weiser Sprüch und neuester
  Exempel
Spielt seine Rolle so. Das sechste Alter
Macht den besockten, hagern Pantalon:
Brill auf der Nase, Beutel an der Seite,
Die jugendliche Hose wohl geschont,
'ne Welt zu weit für die verschrumpften
  Lenden –
Die tiefe Männerstimme, umgewandelt
Zum kindischen Diskante, pfeift
  und quäkt
In seinem Ton. Der letzte Akt, mit dem
Die seltsam wechselnde Geschichte
  schließt,
Ist zweite Kindheit, gänzliches Vergessen:
Ohn Augen, ohne Zahn, Geschmack
  und alles"
(William Shakespeare „Wie es euch gefällt", II. Akt, 7. Szene)

4.2   Entwicklung als Differenzierung

4.2.1   Exemplarische Darstellung von Differenzierungsprozessen

Bei der körperlichen Entwicklung können wir beobachten, wie aus der befruchteten Eizelle immer mehr verschiedenartige Gewebe und Organe entstehen. Wir können aber auch in der psychischen Entwicklung eine Verfeinerung der Erlebens- und Verhaltensweisen beobachten, also die Entwicklung als einen Differenzierungsvorgang beschreiben. „Differenzierung einer Persönlichkeit bedeutet nicht nur eine Zunahme der Mannigfaltigkeit von Verhaltensweisen, Erlebnismöglichkeiten und Erkenntnisvorgängen, sondern bedeutet auch eine Wandlung im Sinne einer Formung und feineren Ausgestaltung der psychischen Bereiche." (Duhm, 1959, S. 237). Differenzierungsvorgänge können in der motorischen, der sprachlichen, der emotionalen, der geistigen und sozialen Entwicklung ebenso beobachtet werden wie in der Entwicklung von Bedürfnissen und Interessen. Einige Beispiele für Differenzierungsprozesse:

Die Motorik des neugeborenen Kindes ist zunächst auf grobe Gesamtbewegungen der Arme und Beine sowie auf Reflexe beschränkt. Reflexe sind motorische Abläufe, die durch äußere Reize ausgelöst in immer der gleichen Weise ablaufen. Beispiel: Greifreflex (Bei Berühren der Handinnenfläche schließt sich die Hand, und das berührende Objekt wird festgehalten.), Saugreflex (Durch Berühren der Lippen werden beim Säugling Saugbewegungen ausgelöst.), Schluckreflex (Durch Nahrung im Mund kommt es zu Schluckbewegungen.). Die zahlreichen Reflexe des Neugeborenen sind teilweise Restbestände aus der Evolution ohne klar erkennbare Funktion, teilweise aber auch überlebensnotwendige motorische Reaktionen (z. B. Saug- und Schluckreflex). Reflexe haben darüber hinaus eine wichtige diagnostische Bedeutung, weil u. a. aus ihrem Ausprägungsgrad Rückschlüsse auf Störungen des zentralen Nervensystems gezogen werden können. Aber bereits im ersten Lebensjahr werden die meisten Reflexe abgebaut, und es werden verschiedene motorische Koordinationsleistungen gezeigt wie Sitzen, Robben, Krabbeln, Stehen. Oder nehmen wir das Greifen, das für das menschliche Verhalten so wichtig ist, weil wir nur dann, wenn wir Gegenstände unserer Umwelt mit unseren Händen ergreifen können, sie auch nutzen, mit ihnen experimentieren und sie auch verändern und auch im übertragenen Sinn „begreifen" können. Die Fähigkeit des Greifens ist nicht von Beginn an vorhanden, sondern wird erst im ersten Lebensjahr allmählich herausgebildet, wobei in einem komplexen Koordinationsvorgang das visuelle Erfassen eines Gegenstandes mit dem motorischen Vollzug des Greifens abgestimmt werden muss. Dies gelingt in etwa ab dem 4. Lebensmonat, wobei da noch die ganze Handfläche zum Greifen eingesetzt wird (palmares Greifen). Mit etwa 36 Wochen können dann Gegenstände mit gestrecktem Daumen und gestrecktem Zeigefinger (Pinzettengriff) erfasst werden, und mit etwa 52 Wochen gelingt dann die Koordination des gekrümmten Daumens und des Zeigefingers (Zangengriff), und es können auch kleine Gegenstände von einer Unterlage weggenommen werden. Aber auch im Bereich der Fortbewegung können wir Differenzierungsprozesse beobachten. Nachdem es meist um das erste Lebensjahr herum zum freien Laufen kommt, werden in den nächsten Lebensjahren ganz unterschiedliche Formen der aufrechten Fortbewegung erworben: Rennen, Hüpfen, Springen, Treppensteigen, Rennen und dabei einen Ball am Fuß führen usw. Die Verfeinerung und Differenzierung motorischen Verhaltens setzt sich auch im weiteren Leben fort, wobei wir in Abhängigkeit von Begabung und Übung interindividuell – im Alltag in vielfältiger Weise beobachtbar – sehr unterschiedliche Grade motorischer Geschicklichkeit feststellen können.

Differenzierungsprozesse lassen sich auch bei der emotionalen Entwicklung nachweisen, d. h., dass sich aus zunächst unspezifischen Erregungszuständen im Verlaufe der Entwicklung immer komplexere, feinere emotionale Reaktionen herausbilden. Die erste systematische Untersuchung zu diesem Entwicklungsaspekt stammt von Bridges (1932), die 62 Kleinkinder im Alter von einem Monat bis zu zwei Jahren über mehrere Monate hinweg beobachtete und zu dem nachfolgend dargestellten Ablauf der emotionalen Entwicklung kam. Auch wenn zwischenzeitlich Konsens darüber besteht, dass Neugeborene differenzierte emotionale Reaktionen als nur „allgemeine Erregung" zeigen und die Arbeit von Bridges unter methodischen Aspekten zu kritisieren ist, bleibt doch festzuhalten, dass die Grundrichtung der emotionalen Entwicklung von eher unspezifischen Ausgangszuständen zu komplexeren, differenzierteren emotionalen Reaktionen führt.

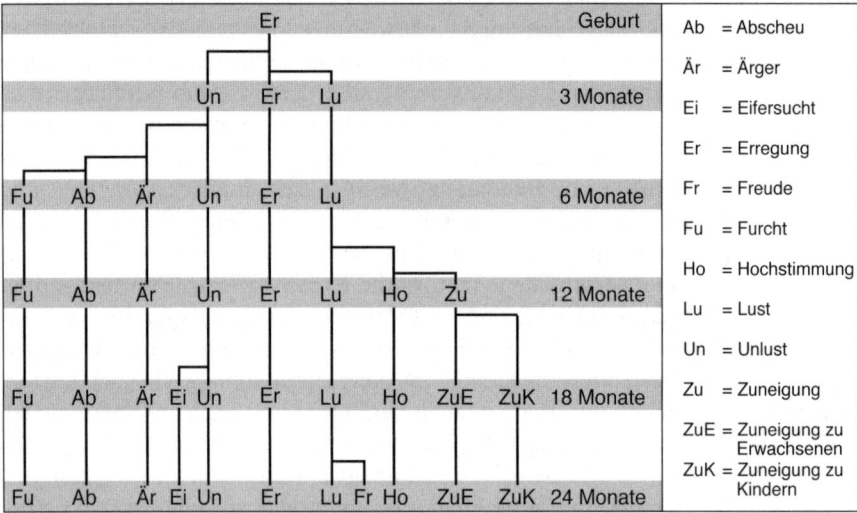

Abb. 4.1: Differenzierung der emotionalen Reaktionen (nach Bridges, 1932; modifiziert nach Scherer & Wallbott, 1995, S. 324)

4.2.2 Entwicklung als Differenzierung des Lebensraums

Der Differenzierungsaspekt spielt auch in den Überlegungen von Lewin (1982) zur menschlichen Entwicklung eine zentrale Rolle, wenn er davon spricht, dass Entwicklung als eine Differenzierung des Lebensraums betrachtet werden kann. Dieses Konzept des Lebensraums hat die ökologische Betrachtungsweise menschlicher Entwicklung (siehe hierzu Bronfenbrenner, 1977, 1978) wesentlich beeinflusst und soll daher kurz dargestellt werden. Nach dieser ökologischen Perspektive ist individuelle Entwicklung nicht isoliert zu betrachten, sondern immer im Kontext der je gegebenen Umwelt zu sehen, wobei die Einzelelemente des Gesamtsystems sich wechselseitig beeinflussen.

Diesen Zusammenhang beschreibt Lewin (1982, S. 376 f.) folgendermaßen: „Zusammenfassend kann man sagen, dass Verhalten und Entwicklung vom Zustand der Person und der Umwelt abhängen: V = f(P,U). In dieser Gleichung müssen die Person (P) und ihre Umwelt (U) als wechselseitig abhängige Variablen betrachtet werden. Mit anderen Worten, um das Verhalten zu verstehen oder vorherzusagen, müssen Person und Umwelt als *eine* Konstellation interdependenter Faktoren betrachtet werden. Die Gesamtheit dieser Faktoren nennen wir Lebensraum (L) dieses Individuums und schreiben V = f(P,U) = f(L). Der Lebensraum umschließt also beides, Person und jeweilige Umwelt" (Hervorhebung im Original). Diese systemische Betrachtungsweise ist auch von der Sozialen Arbeit zu fordern, wenn sie ihrem Auftrag gerecht werden will, menschliches Verhalten zu verstehen und gegebenenfalls zu beeinflussen. Bei Lewin kommt noch eine weitere Überlegung hinzu: Dieser das Verhalten und die Entwicklung bestimmende Lebensraum – Lewin spricht auch von Feld und meint damit die Gesamtheit der wechselseitig abhängigen Aspekte des Lebensraums – ist nun nicht isoliert von der Person zu betrachten, sondern immer aus der Perspektive der jeweiligen Person:

> *„Eine Grundvoraussetzung für die richtige Anleitung eines Kindes oder für das theoretische Verständnis seines Verhaltens ist die Unterscheidung zwischen der Situation, wie sie Lehrer, Eltern oder der Experimentator sehen, und der Situation, die für das Kind als sein Lebensraum besteht.* ***Objektivität*** *in der Psychologie erfordert die Darstellung des Feldes genau so, wie es für den jeweiligen Menschen zu diesem bestimmten Zeitpunkt besteht."* *(Lewin, 1982, S. 377; Hervorhebung im Original.)*

Dieses hier geforderte Hineinversetzen in die subjektive Wahrnehmung und Bewertung des aktuell gegebenen Lebensraums ist sicherlich nicht nur bedeutsam, um kindliches Verhalten, sondern menschliches Verhalten ganz allgemein verstehen und beeinflussen zu können, und gehört damit zu **den** zentralen Anforderungen auch an die Soziale Arbeit. Dieser Lebensraum wird nun, wie die nachfolgende Abbildung zeigt, im Verlaufe der Entwicklung immer weiter ausdifferenziert.

Die Differenzierung besteht also zunächst einmal darin, dass im Verlaufe der Entwicklung der Lebensraum größer wird und immer mehr unterschiedliche Bereiche oder Regionen unterschieden werden können. Das Kind „erobert" immer mehr Bereiche seiner Umwelt: Kinderzimmer, Wohnung, unmittelbare Umgebung der Wohnung, Weg zum Kinderspielplatz, Kindergarten und Schule, Stadtviertel usw. Neben den Familienmitgliedern lernt das Kind weitere Personen kennen und unterscheiden (Verwandte, Nachbarn, Freunde und Bekannte usw.). Daneben nehmen auch die Fähigkeiten, Fertigkeiten und Kenntnisse zu, und das Individuum bildet immer mehr unterschiedliche Bedürfnisse aus.

Die Differenzierung bezieht sich aber auch auf die Realitäts- und Irrealtiätsdimension. Die beiden Ebenen rücken zunehmend auseinander, d.h. dass im Laufe der Entwicklung die Ebene der Wünsche, Phantasien, Befürchtungen, der

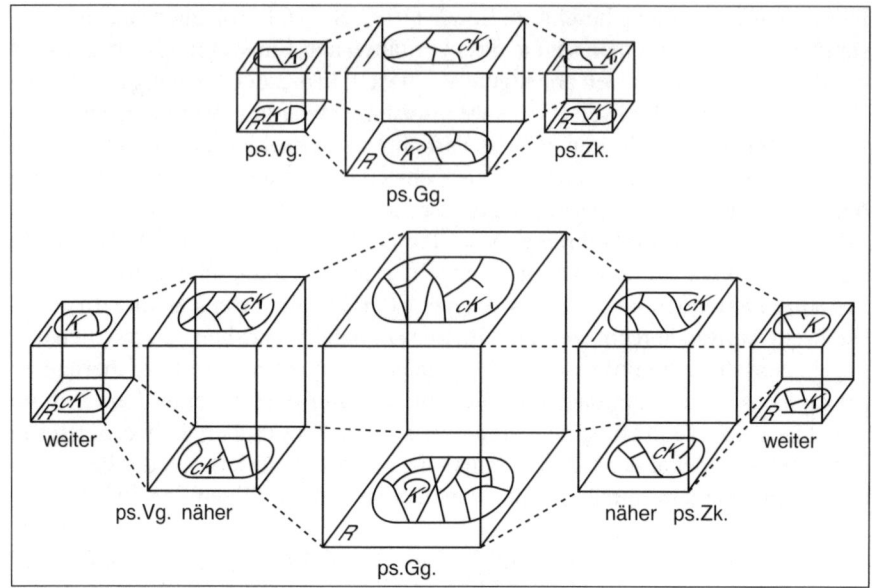

Abb. 4.2: Differenzierung des Lebensraums (entnommen aus Lewin, 1982, S. 385)

In der Abbildung ist oben der Lebensraum eines jüngeren Kindes und unten der Lebensraum eines älteren Kindes dargestellt.

(K = Kind; R = Realitätsebene; I = Irrealitätsebene; ps. Vg. = psychologische Vergangenheit; ps. Gg. = psychologische Gegenwart; ps. Zk. = psychologische Zukunft)

Tagträume und des Spiels immer besser von der Realitätsebene, der Wirklichkeit, unterschieden werden kann.

Aber auch hinsichtlich der Zeitdimension ergibt sich eine Differenzierung. Zeit ist ja nicht nur eine physikalische Größe, sondern wird auch subjektiv erlebt. Bei dieser innerpsychischen Repräsentanz der Zeit lassen sich nach Lewin Veränderungen beobachten, die man auch als ein Differenzierungsgeschehen bezeichnen kann. Die vom Individuum erlebte zeitliche Perspektive weitet sich aus und wird zunehmend mit Inhalten gefüllt. Während das kleine Kind zunächst nur im „Hier und Jetzt", in der Gegenwart lebt, beginnt das Kind mit zunehmendem Alter allmählich auch über das gestern Gewesene und das morgen zu Erwartende nachzudenken, wobei sich der Blick in die Vergangenheit und in die Zukunft zunehmend ausweitet. Mag zunächst die Zukunftsperspektive auch noch beim nächsten Fest oder Ereignis enden (Geburtstag, Urlaub, Weihnachten), so kann man doch beobachten, dass kindliche Pläne, Wünsche, Phantasien schrittweise weiter in die Zukunft reichen (Bsp.: „Wenn ich in die Schule komme ..."; „Wenn ich groß bin ..."). Gleichzeitig wird auch die bisherige Lebensgeschichte für das Kind interessanter und zum Thema. Soweit die eigene Vergangenheit nicht aus dem eigenen Erleben und der eigenen Erinnerung mit Inhalten gefüllt werden kann, versuchen Kinder häufig auch durch aktive Nachfrage etwa bei den Eltern, ihre eigene Vergangenheit zu rekonstruieren („Wie war das, als ich ganz klein war ...").

4.3 Kognitive Entwicklung als qualitativer Entwicklungsprozess

Mit der Darstellung der Erkenntnisse Piagets zur Denkentwicklung (Piaget, 1947, 1975a, 1975b, 1980) soll nicht nur das Verstehen menschlicher Entwicklung als ein qualitativer Veränderungsprozess weiter vorangetrieben und vertieft werden, sondern es wird damit auch einer der profiliertesten Vertreter einer kognitiven Entwicklungspsychologie vorgestellt, der gerade auch für die Praxis außerordentlich anregend ist, weil er die im Verlaufe der Entwicklung sich immer wieder verändernden Denkstrukturen herausarbeitet und deutlich macht, dass sich die Denkweisen des Kindes von jenen der Erwachsenen grundsätzlich unterscheiden. Er zeigt auf, wie das Kind durch seine aktive, selbstgesteuerte Auseinandersetzung mit der Realität schrittweise zu immer umfassenderen Erkenntnissen über die Wirklichkeit kommt. Denkstrukturen werden immer wieder neu geordnet und ermöglichen damit neue geistige Leistungen, die auf vorangehenden Stufen nicht möglich waren. Dieser wiederholten qualitativen Neustrukturierung des Denkens oder der kindlichen Weltsicht würde man nicht gerecht werden, wenn man das kindliche Denken einfach als defizitär oder ärmer verglichen mit dem Denken der Erwachsenen betrachten würde. Das kindliche Denken ist anders als das Denken der Erwachsenen. Aus einer reinen Erwachsenenperspektive können Kinder demnach nicht verstanden werden, oder mit den Worten von Piaget:

> *„Wenn man Menschen bilden will, so ist nichts nützlicher als Studium der Gesetze ihrer Entwicklung." (Piaget, 1986. S. 11)*

Man könnte dies noch allgemeiner formulieren: Wenn man – wie in der Sozialen Arbeit – mit Menschen arbeiten, auf sie einwirken und sie beeinflussen will, muss man sich damit beschäftigen, wie sie zu dem werden, was sie sind.

Bei der Denkentwicklung unterscheidet Piaget die folgenden vier Stadien:

1. Stadium der sensomotorischen Intelligenz (ca. 0–2 Jahre)
2. Stadium des voroperationalen Denkens (ca. 2–7 Jahre)
3. Stadium der konkreten Operationen (ca. 7–11 Jahre)
4. Stadium der formalen Operationen (ab ca. 11 Jahren)

Die Fülle der von Piaget vorgelegten Beschreibungen dieser vier Phasen kann hier auch nicht annähernd wiedergegeben werden. Es sollen lediglich einige Grundlinien aufgezeigt werden, die das kindliche Denken beschreiben und verständlich machen.

4.3.1 Stadium der sensomotorischen Intelligenz

In diesem von der Geburt bis etwa zum Ende des zweiten Lebensjahres reichenden Phase baut das Kind „allmählich und stufenweise eine erste kognitive Orientierung (auf), eine kognitive Umwelt durch *den Umgang mit den konkreten Dingen im äußeren realen Anschauungs- und Wirkraum.*" (Buggle 2001, S. 51; Hervorhebungen im Original.) Wie mit dem Begriff „sensomotorische Intelligenz" schon angedeutet wird, stehen in dieser Phase Wahrnehmungsaktivitäten und motorische Aktivitäten im Mittelpunkt der kindlichen Auseinandersetzung mit der Realität. Bei dieser sensomotorischen Entwicklungsperiode unterscheidet Piaget sechs Stufen der Entwicklung, die in Tabelle 4.1 im Überblick dargestellt sind.

- **Stufe 1: Betätigung angeborener Reflexe**
Diese erste Stufe betrachtet Piaget eher als eine Vorstufe der eigentlichen sensomotorischen Entwicklung. Die angeborenen Reflexe, wie zum Beispiel das Saugen, laufen noch relativ starr ab, gewinnen aber durch ihre stete Wiederholung an Sicherheit und werden zunehmend auf immer mehr Umweltobjekte angewandt (z.B. Saugen nicht nur an der Mutterbrust oder am Sauger der Flasche, sondern auch an Wäschestücken oder an der Bettdecke).

Tab. 4.1: Stufen der sensomotorischen Intelligenz

Entwicklungsstadium und Zeitraum	Kennzeichnende Merkmale
1. Betätigung angeborener Reflexe (Geburt bis ca. 1 Monat)	Konsolidierung und Verfeinerung der Reflexe
2. Primäre Kreisreaktionen (ca. 1–4 Monate)	Bildung erster Gewohnheiten; Erste Koordinierung sensomotorischer Schemata
3. Sekundäre Kreisreaktionen (ca. 4–8 Monate)	Verstärkte Hinwendung zur Außenwelt; Vorstufen intentionalen Verhaltens
4. Intentionales Verhalten (ca. 8–12 Monate)	Anwendung der Handlungsschemata auf neue Situationen
5. Tertiäre Kreisreaktionen (ca. 12–18 Monate)	Entwicklung neuer Handlungsschemata durch aktives Experimentieren
6. Übergang zur Vorstellung (ca. 18–24 Monate)	„Innere" Ausführung von Handlungsschemata

- **Stufe 2: Primäre Kreisreaktionen** (ca. 1 bis ca. 4 Monate)
Unter primären Kreisreaktionen versteht Piaget Verhaltensweisen des Säuglings, die zunächst zufällig entstandenen Effekte seines Verhaltens durch vielfache Wiederholung immer wieder hervorzubringen und zu stabilisieren. Es entstehen

erste Gewohnheiten. Als Beobachter hat man den Eindruck, dass die Freude am Verhalten selbst der zentrale Verhaltensantrieb ist. Beispiel: Bestimmte Objekte in seinem Umfeld betrachtet das Kind immer und immer wieder, im Spiel mit Zunge und Lippen werden Bewegungen und damit verbundene Effekte hervorgebracht (z. B. Geräusche) und dann wiederholt. Kennzeichnend für diese Entwicklungsphase ist, dass die interessanten Effekte am eigenen Körper und noch nicht in der Umwelt erzielt werden. Die verstärkte Hinwendung zur Außenwelt ist erst kennzeichnend für die nächste Phase. Wichtig für die gesamte weitere Entwicklung ist aber noch die in dieser Phase sich allmählich herausbildende Koordination verschiedener Aktivitäten wie zum Beispiel das Sehen und das Greifen. Hier gelingt es dem Kind allmählich, Gegenstände, die es sieht, auch zu ergreifen, wenn Hand und zu ergreifender Gegenstand gleichzeitig wahrgenommen werden können. Piaget spricht von der Koordination des Seh- und Greifschemas, wobei er unter einem Schema die generalisierbaren Aspekte eines Handlungsablaufs versteht. So werden beispielsweise Greifvorgänge niemals völlig identisch ablaufen, da der Arm ja unterschiedlich weit vorgestreckt und die Finger und Hand sich unterschiedlich fest und eng um den Gegenstand schließen können. Wie immer auch der Vorgang im Detail ausfällt, eine für die menschliche Entwicklung besonders wichtige Form, sich seiner Umwelt zu bemächtigen, ist das Greifen.

- **Stufe 3: Sekundäre Kreisreaktionen** (ca. 4–8 Monate)
Bei zunehmend häufiger werdenden Spontanaktivitäten des Säuglings werden die Verhaltensweisen weiterhin des interessanten Effektes wegen ausgeführt, wobei der wesentliche Entwicklungsfortschritt jetzt darin besteht, dass die Effekte nicht mehr am eigenen Körper, sondern in der Umwelt erzielt werden. Beispiel: Das Kind stößt mit seiner Hand an ein über seinem Bett aufgehängtes Mobile, das sich zu bewegen beginnt, und versucht dann immer wieder, diese Bewegung hervorzubringen, und versucht, diesen Effekt auch bei anderen Gegenständen hervorzurufen. Das qualitativ Neue hier ist die beginnende Eroberung oder Erforschung der Außenwelt. Piaget sieht hier zudem auch erste Formen eines intentionalen Verhaltens, das für ihn ein zentrales Merkmal intelligenten Verhaltens darstellt. Mit Intentionalität meint er Mittel-Ziel-Relationen, die allerdings auf dieser Stufe noch zufällig entdeckt und dann wiederholt, aber noch nicht von vorneherein gesucht und antizipiert werden. Beispiel: Das Kind entdeckt zunächst zufällig, dass durch die Bewegung der Hand, die eine Rassel hält, Geräusche erzeugt werden können. Das Schütteln der Rassel mit der Hand wird dann zum Mittel, um das Ziel der Erzeugung eines Geräusches zu erreichen.

- **Stufe 4: Intentionales Verhalten** (ca. 8–12 Monate)
Erst um den 8. Lebensmonat herum zeigt sich verstärkt intentionales Verhalten im engeren Sinn. Das Kind setzt Verhaltensweisen ein, die nicht das eigentliche Ziel darstellen sondern nur ein Mittel zum Zweck sind, wie etwa die Beseitigung von Hindernissen, die einer Zielhandlung im Wege stehen. Am obigen Beispiel veranschaulicht: Da Kind möchte mit seiner Rassel spielen, wird aber daran gehindert, weil zwischen dem Kind und der Rassel ein größeres Spielzeug liegt,

über das es nicht hinweggreifen kann. Es wird verschiedene Verhaltensweisen einsetzen: auf das hinderliche Spielzeug schlagen, das Spielzeug zur Seite schieben usw. Erweist sich ein Verhalten als erfolgreich, wird es in ähnlichen Situationen wieder eingesetzt.

Dieses Stadium ist auch gekennzeichnet durch die systematische Anwendung verschiedener Handlungsschemata auf den gleichen Gegenstand. Das Kind versucht, seine Umwelt dadurch zu bewältigen, dass es alles einsetzt, was es kann. Beispiel: Findet das Kind Interesse an einer kleinen Dose, so wird es sich in ganz unterschiedlicher Weise damit auseinander setzen, indem es die Dose ergreift, in den Mund nimmt und daran saugt, die Dose drückt, mit der Hand darauf schlägt oder die Dose auf den Boden wirft usw.

- **Stufe 5: Tertiäre Kreisreaktionen** (ca. 12–18 Monate)
In diesem Stadium der Entwicklung zeigt das Kind nicht mehr nur Wiederholungen von Mittel-Ziel-Abfolgen und Kombinationen bereits bekannter Verhaltensweisen, sondern es kommt zum aktiven Experimentieren, indem Verhalten systematisch variiert wird (Beispiel: Spielzeug mit Schwung auf den Boden werfen oder sanft fallen lassen; gleichmäßig oder ruckartig an einer Decke ziehen, auf der ein Spielzeug steht, und beobachten, was dann passiert) und auch völlig neue Verhaltensweisen ausprobiert werden (Beispiel: Der auf einem Tisch liegende Gegenstand wird nicht mehr mühsam mit ausgestrecktem Arm zu erreichen versucht, sondern wird durch Ziehen an der Tischdecke in eine Entfernung gebracht, die ein müheloses Ergreifen ermöglicht.). Dieses Experimentieren mit unterschiedlichen Verhaltensweisen und das Suchen und Finden neuer Verhaltensweisen, wird aber noch nicht „innerlich" vorbereitet, sondern geschieht im konkreten Tun. Erst in der nächsten Phase beginnt sich dieses Experimentieren zu verinnerlichen und von der Handlungsebene auf die Vorstellungsebene zu verlagern.

- **Stufe 6: Übergang zur Vorstellung** (ca. 18–24 Monate)
Während das Kind bisher in seiner Auseinandersetzung mit der Umwelt darauf angewiesen war, dass die Objekte, mit denen es umgeht, in seinem Wahrnehmungsraum und Handlungsraum vorhanden sind und damit auch mit Augen und Händen unmittelbar erfasst werden können, entwickelt sich allmählich die Fähigkeit, Handlungen innerlich, also vorstellungsmäßig auszuprobieren. Handlungen können geistig vorweggenommen (antizipiert) werden. Probehandlungen können nicht nur im unmittelbaren Tun, sondern auch in der Vorstellung ausgeführt werden.

Diese „*willkürliche Abrufbarkeit innerer Repräsentationen* stellt sicher phylowie ontogenetisch einen Entwicklungsfortschritt von kaum zu überschätzendem Gewicht und Überlebenswert dar: Die *größere Unabhängigkeit* und Ungebundenheit gegenüber den äußeren, nur sehr schwer vom Subjekt bestimmbaren Gegebenheiten ermöglicht eine wesentlich gezieltere, schnellere, flexiblere, „intelligentere" Anpassung an neue Situationen" (Buggle, 2001, S. 63; Hervorhebungen im Original).

4.3.2 Voroperationales Denken

Die bereits in der letzten Phase der sensomotorischen Intelligenz sich entwickelnde Symbolfunktion, also die Fähigkeit, auch aktuell nicht vorhandene Ereignisse und Objekte durch Bilder und Symbole sowie sprachliche Zeichen innerpsychisch zu repräsentieren und bei Bedarf abrufen zu können, wird zwischen dem 2. und 4. Lebensjahr immer mehr vervollkommnet. Piaget spricht hier vom vorbegrifflich-symbolischen Denken, das im Gegensatz zur Phase der sensomotorischen Intelligenz eine wesentlich flexiblere Auseinandersetzung mit der Umwelt und dem eigenen Verhalten ermöglicht. Diese neuen Möglichkeiten zeigen sich zum Beispiel darin, dass Nachahmungsverhalten nicht mehr nur unmittelbar, sondern auch zeitlich verzögert auftreten kann. Auch das kindliche Symbolspiel, bei dem zum Beispiel ein Holzstück ein Auto sein kann, hat die Vorstellung des aktuell nicht vorhandenen Autos zur Voraussetzung ebenso wie die Vorstellungen der Handlungen, die man mit einem wirklich vorhandenen Spielzeugauto ausführen könnte. Wenn das Kind nicht mehr an das aktuell Vorhandene gebunden ist, kann es auch zeitlich und räumlich Entferntes in seiner Vorstellung zusammenbringen und erweitert so seine Denkmöglichkeiten ungemein. Dabei sind allerdings die im kindlichen Denken immer noch vorhandenen Grenzen nicht zu übersehen: Das Denken bleibt zwischen dem 4. und 7. Lebensjahr immer noch stark an die Anschauung, an tatsächlich beobachtete und dann in der Vorstellung gespeicherte Ereignisse und Abläufe gebunden, weshalb Piaget für den zweiten Abschnitt des voroperatorischen Denkens auch den Begriff „anschauliches Denken" wählt. Das, was innerpsychisch repräsentiert ist, kann nicht beliebig gedanklich manipuliert werden, d.h. es können noch keine logischen Operationen vorgenommen werden, wie die gedankliche Umkehrung einer Veränderungsreihe, um von dem Endzustand wieder zum Anfangszustand zu gelangen. Das Denken ist noch nicht reversibel und relativ starr. Dies zeigt sich auch in einer Reihe von „Denkfehlern", die Piaget bei Vorschulkindern nachweisen konnte. Einige werden kurz und ohne Anspruch auf Vollständigkeit kurz beschrieben, weil ihre Kenntnis kindliches Denken und Handeln verständlicher macht.

Eine Reihe von Besonderheiten kindlichen Denkens lässt sich am sog. Umschüttversuch Piagets deutlich machen: Füllt man zunächst gleich viel Flüssigkeit in zwei gleiche Gläser, so werden Kinder im Vorschulalter ohne Schwierigkeiten bestätigen, dass beide Gläser gleich voll sind. Gießt man nun die Flüssigkeit aus einem der beiden Gläser in ein höheres Glas mit geringerer Grundfläche, so werden Kinder im Vorschulalter häufig behaupten, im neuen Glas sei mehr Flüssigkeit, obwohl sie beim Umschütten zugegen waren und den Vorgang beobachten konnten. Nebenbei bemerkt: Auch ohne an entwicklungspsychologischem Experimentieren interessiert zu sein, machen Eltern kleiner Kinder die Erfahrung, dass es zu Streitigkeiten kommt, wenn sie ihren Kindern unterschiedliche Trinkgefäße anbieten, selbst wenn sie die Gefäße aus zwei gleich großen Flaschen auffüllen.

Am Beispiel des Umschüttversuchs zeigen sich folgende Besonderheiten kindlichen Denkens:

- **Zentrierung auf einen oder wenige Aspekte:** Die Aufmerksamkeit kann gewöhnlich nur auf einen Aspekt oder wenige Aspekte eines Gegenstandes gerichtet werden, wobei die anderen Aspekte dann unberücksichtigt bleiben. Höhe und Grundfläche eines Gefäßes kann nicht gleichzeitig in Betrachtung einbezogen werden.
- **Zentrierung auf Zustände:** Wenn sich Umweltgegebenheiten verändern, kann das Kind einzelne Zustände nicht als Ergebnis von Umwandlungsvorgängen begreifen, sondern es betrachtet gewöhnlich jeden Zustand getrennt für sich. Der Vorgang des Umschüttens kann gedanklich nicht rückgängig gemacht werden, wodurch sich unmittelbar ergeben würde, dass im ursprünglichen Gefäß und im neuen Gefäß gleich viel Flüssigkeit sein muss. Das Denken ist noch irreversibel, so dass jeder Zustand für sich gesehen wird, so wie er durch die Anschauung jeweils gegeben ist.
- **Eingeschränkte Beweglichkeit:** Kinder können häufig nicht alle für die Bewältigung eines Problems relevanten Informationen gleichzeitig verarbeiten. Verschiedene Teilaspekte können sozusagen nur nacheinander betrachtet werden. Die Berücksichtigung eines Aspekts hat zur Folge, dass der andere Aspekt wieder aus dem „Blickfeld" verschwindet. Konzentriert sich das Kind auf die Höhe des Gefäßes, so gerät die Breite aus dem Blickfeld und umgekehrt.

Eine weitere Besonderheit kindlichen Denkens im Vorschulalter ist nach Piaget der **kindliche Egozentrismus**. Das Kind dieser Entwicklungsstufe geht bei der Wahrnehmung und Deutung seiner Umwelt nur von seinen Erfahrungen und seiner Sichtweise aus und hat an deren Richtigkeit keine Zweifel. Damit verbunden sind erhebliche Schwierigkeiten, sich in die Sichtweise anderer Personen hineinzuversetzen. Dies wurde sehr originell im bekannten Drei-Berge-Versuch nachgewiesen: Hierbei wird mit dem in Abbildung 4.3 wiedergegebenen Modell von drei sich deutlich unterscheidenden Bergen gearbeitet. Bringt man Kinder in die Position 1 und fordert sie auf, ihre Ansicht von den drei Bergen zu bestimmen, so werden sie diese Aufgabe in der Regel korrekt lösen und zum Beispiel aus Fotografien oder Zeichnungen die zutreffenden auswählen. Werden sie jedoch gefragt, wie jemand aus der Position 2 oder Position 3 die Berge sieht, werden Vorschulkinder in der Regel ihre eigene Ansicht aus Position 1 auswählen. Bringt man die Kinder anschließend in Position 2 oder Position 3, so werden sie die entsprechenden Ansichten korrekt wiedergeben. Zurück gebracht in Position 1 können Kinder mit hoher Wahrscheinlichkeit doch wieder nicht die Sichtweise aus Position 2 oder Position 3 korrekt auswählen. Es gelingt dem Kind also nicht, sich in eine andere Sichtweise hineinzuversetzen. Die eigene Sichtweise wird ohne zu zweifeln als **die** zutreffende Sichtweise angesehen. Dieser kindliche Egozentrismus ist aber nicht auf Wahrnehmungsphänomene beschränkt, sondern ein grundlegendes Merkmal kindlichen Denkens. So werden Kinder im Vorschulalter häufig auch gar nicht daran zweifeln, dass sie die Aussagen

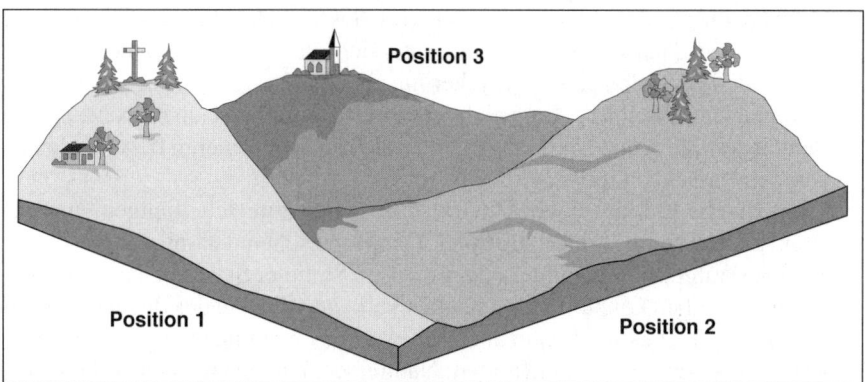

Abb. 4.3: Versuchsaufbau zum Drei-Berge-Versuch (modifiziert nach Wendt, 1997, S. 229)

einer anderen Person schon richtig verstanden haben und dies auch nicht durch nochmaliges Nachfrage absichern müssen. So ist es zum Beispiel keineswegs immer auf fehlende Aufmerksamkeit oder mangelnden Gehorsam zurückzuführen, wenn ein Kind elterliche Anweisung nur annäherungsweise umsetzt. Es dürfte vielmehr subjektiv überzeugt sein, genau so zu handeln, wie es von ihm gefordert wurde. Die Schwierigkeit, sich in andere Personen hineinzuversetzen kann man beispielsweise auch beobachten, wenn ältere Kinder an jüngere Kinder Anforderungen stellen, die diese überhaupt nicht verstehen oder ausführen können. Dieser kindliche Egozentrismus wird allmählich überwunden durch die wiederholte Erfahrung, dass andere Personen andere Ansichten und Meinungen haben, als man selbst hat, und Widerspruch zeigen. Gleichwohl ist nicht zu übersehen, dass auch Erwachsene immer wieder Schwierigkeiten haben, sich in die Position anderer hineinzuversetzen und ihre egozentrischen Sichtweisen immer wieder neu überwinden müssen oder dazu gebracht werden müssen, dies zu tun (Beispiel: Überwindung von Vorurteilen, unreflektierten Ideologien usw.).

Das kindliche Denken ist schließlich noch durch die **voreilige Generalisierung von Konzepten** gekennzeichnet, die zu interessanten Besonderheiten in der kindlichen Weltsicht führen. Das Kind auf der voroperatorischen Stufe verfügt zwar über erste Konzepte zur Deutung der Umwelt, allerdings sind die Prüfkriterien für die Angemessenheit der jeweils verwendeten Konzepte noch unzureichend ausgebildet. Deshalb kommt es zu einer Reihe von Besonderheiten im kindlichen Denken:

- **Animistische Deutungen**: Unbelebte Umweltgegebenheiten werden als belebt wahrgenommen und gedeutet. Allem, was sich bewegt (Wolken, Flüsse, Sonne, Mond), werden – in Analogie zu menschlichem Verhalten – Absichten, Ziele, Gefühle zugeschrieben ("Die Sonne ist böse und versteckt sich hinter den Wolken"). Kinder auf der präoperatorischen Stufe verfügen noch über kein Konzept der mechanischen Verursachung im Gegensatz zu Absichten und

Motiven, die sie als Erklärung für menschliches Verhalten kennen. Erwachsene mögen zwar auch davon sprechen, dass sich die Sonne hinter den Wolken versteckt, verwenden diese Formulierung aber nicht als Erklärung, sondern als bildliche Umschreibung. Eine nicht überprüfte, voreilige Generalisierung von Deutungsmustern und Erklärungen findet sich auch in weiteren Besonderheiten voroperatorischen kindlichen Denkens.

- **Finalistische Erklärungen**: Die Existenz von Naturerscheinungen wird aus ihrem Zweck heraus erklärt. Beispiel: Der Mond scheint, damit wir uns nachts nicht verlaufen; Bäume gibt es, damit wir im Sommer Schatten haben, in dem wir uns ausruhen können. Menschliches Verhalten dient in der Regel bestimmten Zwecken. Dies wird dann auch für Naturerscheinungen angenommen.
- **Artifizialistische Naturdeutungen**: Naturerscheinungen werden als künstlich hergestellt betrachtet. Beispiel: Starke Leute oder Riesen haben die Berge hingestellt. Das Kind verfügt auf Grund seiner Erfahrungen (z. B. Spielen im Sandkasten oder mit Plastilin) über ein Konzept des Herstellens oder Machens und überträgt dies dann auf Naturerscheinungen.

Die beschriebenen Besonderheiten kindlichen Denkens werden gegen Ende der voroperationalen Phase zunehmend überwunden. Dabei stellt sich natürlich die Frage, wie auch schon bei den Veränderungen im Rahmen der sensomotorischen Entwicklung, wodurch die im Verlauf der kognitiven Entwicklung immer wieder zu beobachtenden gravierenden strukturellen Veränderungen überhaupt zustande kommen. Auch wenn damit die Ebene der Beschreibung der Entwicklung, die Gegenstand dieses Kapitels ist, verlassen wird, soll doch zumindest kurz auf die von Piaget vorgetragene Erklärung dieser Entwicklungsveränderungen eingegangen werden: Piaget geht in seinem Äquilibrationsmodell (Gleichgewichtsmodell) davon aus, dass Menschen darum bemüht sind, ein Gleichgewicht zu erhalten oder herzustellen zwischen den Umweltgegebenheiten und -anforderungen einerseits und dem eigenen Denken und Handeln andererseits. Ein Ungleichgewicht kann dann auf unterschiedliche Weise beseitigt werden. Eine Möglichkeit ist, die Umwelt so wahrzunehmen, dass sie dem eigenen Denken und Handeln entspricht, gegebenenfalls auch durch Umdeuten oder Ignorieren der Unterschiede. Diese Anpassung der Wahrnehmungen und Rückmeldungen aus der Umwelt an die eigene geistige Struktur nennt Piaget **Assimilation.** Das eigene Denken und Handeln kann aber auch im Zuge der sog. **Akkomodation** vom Individuum so verändert werden, dass es zu den Umweltanforderungen passt. Nach Auffassung von Piaget ist Akkomodation also kein passiver Vorgang der Anpassung, da

> *„kein lebendes Wesen die Einwirkung der es umgebenden Objekte als solche passiv erleidet, sondern dass die Akkomodation nur den Assimilationszyklus ändert, indem sie sich den Eigentümlichkeiten der Situation anpasst." (Piaget, 1947, S. 11)*

Assimilation und Akkomodation sind in einem dynamischen Gleichgewicht aufeinander bezogen. Einerseits versucht das Individuum, aktuellen Umweltgegebenheiten mit bisher schon praktizierten Denk- und Handlungsweisen gerecht zu werden (Assimilation) und andererseits die Denk- und Handlungsweisen so zu modifizieren, dass sie den Umweltanforderungen entsprechen (Akkomodation). In diesem Prozess sieht Piaget den Motor der Entwicklung:

> *„Die ganze Entwicklung des geistigen Lebens von der Wahrnehmung und der Gewohnheit bis hin zur Vorstellung, zum Gedächtnis und zu den höheren Formen des logischen Denkens ist also eine Funktion dieser allmählich wachsenden Ausweitung der Austauschprozesse, d.h. des Gleichgewichts zwischen einer Assimilation von Elementen der Umwelt, die von der eigenen Tätigkeit immer entfernter sind, und einer Akkomodation dieser Tätigkeit an diese Umwelt."* *(Piaget, 1947, S. 11 f.)*

Im Kontakt mit seiner Umwelt und der Reflexion der dabei gemachten Erfahrungen lernt auch das Kind der voroperatorischen Stufe, dass sein Denken und Handeln in vielen Fällen den Gegebenheiten der Realität nicht entspricht. Akkomodationsprozesse sind erforderlich, durch die dann allmählich die Denkstrukturen der voroperationalen Phase überwunden werden.

4.3.3 Stadium der konkreten Operationen

Das Denken im Stadium der konkreten Operationen unterscheidet sich durch vier Merkmale vom Denken auf der vorangehenden Stufe. Was sich geändert hat, lässt sich ganz gut am oben bereits erwähnten Umschüttversuch demonstrieren. Ein Kind im Alter von 6–7 Jahren wird in der Regel erkennen, dass durch das Umschütten des Inhalts eines von zwei gleich weit gefüllten Gläsern, deren Form identisch ist, in ein breites flaches Glas der Inhalt des unveränderten Glases und der Inhalt des neuen Glases gleich ist. Dies zeigt, dass das Denken nunmehr wesentlich flexibler geworden ist.

- **Schließende Urteile statt Wahrnehmungsurteile**: Manche Probleme kann man nicht auf der Wahrnehmungsebene lösen, sondern nur durch logisches Schlussfolgern. Der Flüssigkeitsspiegel im Ursprungsglas und im neuen Glas steht unterschiedlich hoch, und man wird daher auch zu einer unterschiedlichen Wahrnehmung kommen, die für sich allein keine Entscheidung zulässt, ob beide Gläser die gleiche Flüssigkeitsmenge enthalten. Es ist vielmehr logisch zu schließen, dass beide Gläser gleich viel Flüssigkeit enthalten müssen. Dies wird möglich, weil das Denken nunmehr im Hinblick auf verschiedene Aspekte wesentlich flexibler geworden ist:
- **Dezentrierung des Denkens**: Damit ist gemeint, dass sich das Denken auf mehrere Aspekte eines Gegenstandes gleichzeitig richten kann. So kann im Beispiel sowohl die Höhe als auch die Breite des Glases bei der Urteilsbildung berücksichtigt werden.
- **Reversibilität des Denkens**: Das präoperationale Kind kann sich gedanklich noch nicht von dem beobachteten Ablauf eines Geschehens lösen und den Ablauf (das Umschütten eines Glases) in der Vorstellung gleichsam rückwärts ablaufen lassen.

Wäre dies möglich, würde sich zwingend ergeben, dass sich die Flüssigkeitsmenge gar nicht verändert haben kann, wenn nichts verschüttet wurde.

• **Berücksichtigung von Transformationen**: In der präoperationalen Phase geht das Kind von dem aktuell zu beobachtenden Zustand eines Gegenstands (Höhe des Flüssigkeitsspiegels im neuen Glas) aus und zieht nicht die Veränderungsprozesse (Umschütten der Flüssigkeit) mit in die Überlegungen ein. Derartige Transformationen können jetzt bei der Urteilsbildung berücksichtigt werden.

Piaget stellt weitere Merkmale des konkret-operatorischen Denkens noch detaillierter und in mathematisierter Form dar. Auf die Wiedergabe dieser Überlegungen wird hier verzichtet, da bereits ausreichend deutlich sein dürfte, dass sich mit dem Übergang vom voroperatorischen zum konkret-operatorischen Denken wiederum ein gewaltiger qualitativer Entwicklungsschritt vollzogen hat. Allerdings ist das Kind in seinen Denkoperationen immer noch auf konkrete Handlungen und Wahrnehmungen bezogen und kann sich von den konkreten Inhalten auch noch nicht lösen. Beispiel: Dass Hans kleiner als Karl sein muss, wenn Hans kleiner als Franz und Franz kleiner als Karl ist, wird ein Kind auf der konkret-operatorischen Stufe nachvollziehen können, wenn es diese drei unterschiedlich große Personen sieht oder sich zumindest vorstellen kann. Die logische Schlussfolgerung, dass gelten muss „A < C, wenn A < B und B < C" ist dem Kind in dieser abstrakten Form erst auf der Stufe formalen Denkens möglich. Vorher bleibt das Kind immer noch auf Objekte bezogen, die es wahrnehmen oder sich zumindest vorstellen kann, und auf Handlungsabläufe, die es tatsächlich ausführt oder deren Ausführung es sich zumindest vorstellen kann.

4.3.4   Stadium der formalen Operationen

Im Alter von 11 bis 12 Jahren beginnt sich das Denken wieder völlig neu zu strukturieren.

> *„Dieses bewusste Denken, das dem Jugendlichen eigentümlich ist, beginnt sich mit ungefähr 11–12 Jahren zu entwickeln; von dem Augenblick an, da das Subjekt fähig wird, hypothetisch-deduktiv zu denken, d.h.: a) auf Grund von einfachen Annahmen, die mit der Wirklichkeit oder mit dem, was das Subjekt wirklich glaubt, in keiner notwendigen Beziehung stehen, und b) indem es der Notwendigkeit des Schlusses als solchem (vi formae), im Gegensatz zur Übereinstimmung seiner Folgerungen mit der Erfahrung, vertraut."* (Piaget, 1947, S. 167)

Das Stadium der formalen Operationen ist also gekennzeichnet dadurch, dass sich das Denken von der Bindung an die durch Wahrnehmung oder Vorstellung gegebene Realität freigemacht hat. Der Jugendliche löst sich von vorgegebenen Informationen und denkt über diese hinaus. Es wird im Denken nicht nur betrachtet, was ist, sondern gerade auch, was nicht ist, aber sein könnte.

„Mit den formalen Operationen werden sogar die Grenzen der Wirklichkeit überschritten, denn die Welt des Möglichen eröffnet sich dem Denken, das der wirklichen Welt gegenüber frei wird." (Piaget, 1947, S. 171)

Hypothesen werden gebildet und nach logischen Denkgesetzen überprüft. Es ist auch nicht mehr notwendig, dass das Ergebnis des Nachdenkens an der Realität überprüft wird, sondern dies kann aus Gesetzen der Logik abgeleitet werden.

Damit deutlich wird, welch großer qualitativer Sprung mit dem Erreichen des Stadiums der formalen Operationen wiederum erreicht wird, sollen – ohne Anspruch auf Vollständigkeit – einige Merkmale des formalen Denkens kurz beschrieben werden:

- Das Denken löst sich von einzelnen Inhalten, es wird abstrakt. Das bedeutet: Aussagen können von ihrer allgemeinen Form her, unabhängig vom konkreten Inhalt, als richtig oder falsch erkannt werden. Beispiel: Der Schluss „Wenn A < B und B < C gilt A < C" wird als richtig erkannt und muss nicht weiter überprüft werden, unabhängig davon, ob es sich um Gewichte, Längen oder Volumen handelt.
- Das Denken geht über das aktuell Vorfindbare hinaus und beschäftigt sich auch damit, was noch sein könnte. (Bsp. „Was wäre wenn...?"; „Unterstellt einmal, dass ...")

„Das Denken des Jugendlichen ist nicht wie das des Kindes nur auf die Gegenwart gerichtet; er entwickelt Theorien über alles Mögliche und findet sein Vergnügen vor allem an Betrachtungen, die sich nicht auf die Gegenwart beziehen." (Piaget, 1947, S. 167)

Im Kontakt mit Jugendlichen, die all die Selbstverständlichkeiten, Überzeugungen und Gewissheiten der Erwachsenen nicht einfach als gegeben und unveränderbar richtig hinnehmen, sondern in Frage stellen, findet die Aussage Piagets fortwährend ihre Bestätigung.
- Mit der hypothetisch-deduktiven Art des Denkens ist gemeint, dass zunächst allgemeine Aussagen oder Hypothesen formuliert werden, aus denen dann spezielle Aussagen abgeleitet werden, die dann gegebenenfalls an der Realität überprüft werden. Dabei werden dann auch Verknüpfungen zwischen einzelnen Aussagen hergestellt.

Mit diesen wenigen Anmerkungen zum formalen Denken soll die Darstellung der Denkentwicklung als einem Beispiel für qualitative Veränderungsprozesse in der Entwicklung abgeschlossen werden. Es konnte gezeigt werden, wie im Verlaufe der Denkentwicklung schrittweise neue Strukturen auf immer höherem Niveau entstehen. Dieses Prinzip lässt sich aber nicht nur bei der Denkentwicklung, sondern auch bei der nunmehr darzustellenden moralischen Entwicklung aufzeigen.

4.4 Moralische Entwicklung als qualitativer Entwicklungsprozess

4.4.1 Einführende Überlegungen

Damit die nachfolgend referierten Beiträge von Piaget und von Kohlberg zur Moralentwicklung in einen größeren Zusammenhang eingeordnet werden können, sollen einige grundsätzliche Überlegungen zur Moralentwicklung vorangestellt werden. Es gibt zwar keine allgemein akzeptierte Definition von Moral oder Moralität, jedoch lässt sich in Anlehnung an Caesar (1971, S. 77) unter Moralität die Orientierung eines Individuums an den Normen und Wertvorstellungen verstehen, die das menschliche Zusammenleben regeln, wobei diese Konformität mit den Normen nicht nur durch die Antizipation von Sanktionen bedingt ist, sondern aus innerer Überzeugung resultiert. In diesem engen Sinn wird man Moralität vom Kind noch nicht erwarten können, so dass sich aus entwicklungspsychologischer Perspektive die Frage stellt, was denn nun Ausgangspunkt und Ziel der Moralentwicklung der Entwicklung sei. Hier finden sich entsprechend der jeweils vertretenen philosophisch-weltanschauchlichen Position ganz unterschiedliche Vorstellungen: Die „Idee der angeborenen Sündhaftigkeit" geht davon aus, dass die angeborenen antisozialen, negativen Impulse des Kindes durch die Erziehung abgebaut werden müssen, wobei Schuldgefühle eine wesentliche Rolle spielen. So geht die Psychoanalyse, die später noch ausführlich dargestellt wird (siehe S. 77 ff.), davon aus, dass das ursprünglich durch seine dem Lustprinzip unterliegenden Triebimpulse gesteuerte Kind seine Bedürfnisse im Einklang mit der Realität und den Forderungen des Über-Ich, d.h. den internalisierten Werten und Normen befriedigen muss. Die „Idee der angeborenen Reinheit" sieht das Böse im Menschen erst durch den Einfluss der Gesellschaft (Eltern und Erzieher) entstehen. Ermöglicht die Erziehung, dass sich die im Kind angelegten „guten" Anlagen frei entfalten können, entsteht durch kognitive Reifung und den Umgang mit Gleichaltrigen eine Moral, die allgemeinen Prinzipien der Gerechtigkeit entspricht. Die „Idee der tabula rasa" geht davon aus, dass das neugeborene Kind weder gut noch böse ist, sondern durch die Umwelt in die eine oder andere Richtung gelenkt werden kann. Bei dieser eher von Lerntheoretikern vertretenen Position geht es darum, dass durch Umwelteinwirkungen sozial unerwünschtes Verhalten unterdrückt und prosoziales Verhalten gefördert wird, damit eine Anpassung an die kulturell vorgegebenen sozialen Normen erreicht wird.

Bei der entwicklungspsychologischen Beschäftigung mit der Moralentwicklung können drei Bereiche unterschieden werden:

1. **Entwicklung des moralischen Denkens und Urteilens**: Wie entwickeln sich Vorstellungen über Gut und Böse, Recht und Unrecht, das Verständnis von Regeln und Normen? Piaget und Kohlberg beschäftigen sich überwiegend mit diesem Aspekt der Moralentwicklung.

2. Entwicklung moralischer Gefühle und Werthaltungen: Wie entstehen Schuld und Scham bzw. Stolz und Zufriedenheit im Zusammenhang mit dem eigenen moralischen Verhalten? Hierauf wird im Zusammenhang mit der Darstellung der Psychoanalyse einzugehen sein.

3. Entwicklung moralischer Verhaltensweisen: Durch welche Lernprozesse kann erreicht werden, dass sich Individuen normgerecht verhalten?

4.4.2   Die Entwicklung des moralischen Urteils (Piaget)

Die Überlegungen und empirischen Erkenntnisse von Piaget zur Entwicklung des moralischen Urteils beim Kind (Piaget 1986) können hier nicht im Detail referiert werden. Auch eine vergleichsweise kurze Beschäftigung kann aber gerade auch für die Soziale Arbeit wichtige Erkenntnisgewinne bringen. Oder in den Worten von Piaget:

> *„Die Moral des Kindes erhellt auf eine Weise die Moral des Menschen. Wenn man daher Menschen bilden will, so ist nichts nützlicher als das Studium der Gesetze ihrer Entwicklung."* *(Piaget, 1986, S. 11)*

Piaget beschäftigt sich mit den allgemeinen Entwicklungstendenzen im moralischen Urteil, mit den Fragen der Absicht, der Gerechtigkeit, der Lüge, der gerechten Strafe. Dabei versteht er unter moralischem Urteil nicht nur die Kenntnis von Regeln, sondern auch ihre Anwendung auf unterschiedliche Handlungssituationen. Piaget geht in seinen Untersuchungen zur Entwicklung des moralischen Urteils so vor, dass er Kinder unterschiedlichen Alters teils in ihrem Verhalten beobachtet und befragt und noch häufiger mit kleinen Geschichten konfrontiert, in denen Fehlverhalten gezeigt wird oder gegen moralische Regeln verstoßen wird. Die Kinder werden dann im Gespräch gebeten, die Handlungen zu bewerten. Allein schon das Vorgehen bei dieser sog. „klinischen Methode" besticht durch eine große Sensibilität bei der Befragung von Kindern. Zwei Beispiele für derartige Geschichten:

Geschichte 1: „Es waren einmal zwei Kinder, die stahlen Äpfel auf einem Apfelbaum. Plötzlich taucht ein Wächter auf und die beiden Kinder laufen davon. Der eine wird erwischt. Der andere kehrt auf einem Umweg nach Hause, überquert den Fluss auf einer schlechten Brücke und fällt ins Wasser. Was hältst du davon? Wenn er die Äpfel nicht gestohlen hätte und doch über die schlechte Brücke gegangen wäre, wäre er dann auch ins Wasser gefallen?" (Piaget, 1986, S. 301)

Geschichte 2: „Es war einmal eine Mama, die mit ihren Kindern an einem freien Nachmittag am Rhoneufer spazieren ging. Um vier Uhr gab die Mama jedem ein Brötchen. Jedes fing an zu essen, außer dem Kleinsten, der zerstreut war und sein Brot ins Wasser fallen ließ. Was macht die Mama? Sollte sie ihm ein anderes geben? Was sagen die Großen?" (Piaget, 1986, S. 320)

An diese Geschichten schließt sich dann gewöhnlich ein Gespräch mit dem Kind an, in dem es um die Beurteilung des geschilderten Geschehens geht. Aus der Analyse dieser Gespräche ergab sich für Piaget eine Abfolge der Entwicklung des moralischen Urteils, die mit den Begriffen „heteronome Moral" und „autonome Moral" umschrieben wird:

Die beim Kind zunächst vorherrschende **heteronome Moral** ist eine von außen auferlegte Moral. Das 4- bis 5-jährige Kind hat in seinen Interaktionen mit den Erwachsenen schon die Erfahrung gemacht, dass diese Regeln und Standards vorgeben, die sie gegebenenfalls auch durch Sanktionen durchsetzen. Was die mächtigen, erwachsenen Autoritätspersonen fordern, ist gerecht und wird daher auch nicht weiter hinterfragt. Beispiel: „Stehlen darf man nicht, weil es die Eltern verboten haben." Nun macht aber das Kind auch die Erfahrung, dass die Erwachsenen selbst auch Fehler machen und sich nicht immer an die von ihnen vorgegebenen Regeln halten. Zudem werden für das Kind die Interaktionen mit altersgleichen Kindern immer bedeutsamer. Für dieses Zusammensein von Gleichen unter Gleichen erweisen sich die von Erwachsenen von außen auferlegten Regeln nicht mehr als ausreichend und sinnvoll. Es entwickelt sich allmählich eine **autonome Moral**, die auf Prozessen der Kooperation und Verständigung beruht und von gegenseitiger Achtung getragen wird. Moralische Regeln werden als Handlungsprinzipien wahrgenommen, die aus eigenem Antrieb beachtet werden, weil sie die Grundlage wechselseitigen Respekts darstellen. Beispiel: „Stehlen darf man nicht, weil es einem selbst auch nicht gefiele, wenn einem etwas weg genommen wird. Außerdem könnte man sich nicht aufeinander verlassen." Diese autonome Moral tritt nun nicht plötzlich im Alter von 11–12 Jahren auf, sondern entwickelt sich in einem fortdauernden Prozess, wobei Urteile auf eher heteronomer Ebene und auf autonomer Ebene durchaus nebeneinander vorkommen können je nach Situation. Zudem weist Piaget darauf hin, dass moralische Urteile in konkreten Handlungssituationen (sog. praktische Urteile) um bis zu zwei Jahre früher die autonome Ebene erreichen können im Vergleich zu Urteilen in hypothetisch vorgestellten Situationen (sog. theoretische Urteile).

Dieser Unterschied von heteronomer und autonomer Moral soll nun noch ausschnittweise und exemplarisch anhand einiger von Piaget herausgearbeiteter Charakteristika des moralischen Urteilens auf diesen beiden Ebenen verdeutlicht werden.

Tab. 4.2: Charakteristika der heteronomen und der autonomen Moral

	Heterome Moral	**Autonome Moral**
Spielregeln (Regelverständnis)	Regeln sind unveränderbar	Regeln sind veränderbar durch neue Vereinbarungen
Gerechtigkeits-vorstellung	„Immanente" Gerechtigkeit	„Austeilende" Gerechtigkeit
Verantwortlichkeit für Fehlverhalten	Folgen sind entscheidend	Absichten und Motive sind entscheidend
Bevorzugte Strafe	Sühnestrafe	Wiedergutmachung bzw. natürliche Konsequenz
Lüge	Lügen sind schlimm und werden bestraft	Lügen zerstören Vertrauen

Regelverständnis beim Spiel: Während das Kind bis zum Alter von etwa drei Jahren eine Verpflichtung zur Einhaltung von Regeln beim Spiel noch nicht erkennt, werden dann in einem Zeitraum von etwa vier bis acht Jahren die von anderen (älteren Kindern, Erwachsenen) übernommenen Regeln als absolut verpflichtend und nicht veränderbar wahrgenommen. Eine Änderung der Regeln würde einen Bruch der Regeln bedeuten. Erst allmählich werden Regeln als das Ergebnis von Aushandlungsprozessen verstanden, die dann auch zu einer Veränderung von Regeln führen können.

Gerechtigkeitsvorstellung: Piaget hat die Entwicklung von Gerechtigkeitsvor-stellungen unter anderem anhand der oben zitierten 1. Geschichte untersucht. Auf der Ebene der heteronomen Moral gehen Kinder noch von der Zwangsläufigkeit negativer Konsequenzen (von einer defekten Brücke in einen Fluss fallen) auf ein Fehlverhalten hin (Äpfel-Stehlen) und sehen darin gleichsam einen natürlichen, zwangsläufigen Zusammenhang. Diese Vorstellung, dass auf Fehlverhalten gleichsam zwangsläufig eine Strafe folgt, begründet mitunter auch kindliche Ängste, wegen eines Fehlverhaltens zur Strafe krank werden zu können, oder die „Erklärung", man sei deshalb erkrankt, weil man „böse" gewesen sei. Allerdings nimmt der Glaube an eine immanente Gerechtigkeit („Jedes Fehlverhalten findet seine Strafe.") mit zunehmendem Alter kontinuierlich ab, nach den Ergebnissen von Piaget von 86 % im Alter von 6 Jahren auf 34 % im Alter von 11–12 Jahren. Es setzt sich zunehmend die Erfahrung durch, dass es einer austeilenden Instanz bedarf, die für eine Bestrafung sorgt. Allerdings tritt diese strafende Instanz nicht immer in Erscheinung, wie schon der Volksmund weiß („Wo kein Kläger, da kein Richter."). Vermutlich werden auch deshalb Vorstellungen entwickelt, die davon ausgehen, dass zumindest im Jenseits die Strafen verhängt werden, die im Diesseits ausgeblieben sind.

Verantwortlichkeit für Fehlverhalten: Auch im Hinblick auf die Frage, ob und inwieweit eine Person für die negative Folgen eines Verhaltens verantwortlich ist, zeigt sich ein interessanter Entwicklungsprozess. Auf der Ebene der heteronomen Moral herrscht noch die Vorstellung vor, das Ausmaß der negativen Folgen eines Verhaltens sei entscheidend, während auf der Ebene der autonomen Moral, die hinter einer Handlung erkennbaren Intentionen zur Beurteilung herangezogen werden. Piaget untersucht dies anhand von zwei Geschichten. In der einen Geschichte zerbricht ein Junge durch Unachtsamkeit zwölf Tassen und in der anderen Geschichte eine Tasse bei dem Versuch, während der Abwesenheit der Mutter an Marmelade zu kommen und zu naschen. Während Kinder im Alter von fünf bis sechs Jahren das erstgenannte Verhalten als schlimmer einschätzen, weil mehr Tassen zerbrochen wurden, berücksichtigen elf- bis zwölfjährige Kinder die hinter dem Verhalten stehenden Absichten.

Bevorzugte Strafe: Während jüngere Kinder zunächst die Auffassung vertreten, dass die Strafen für ein Fehlverhalten den Charakter einer Sühne oder Vergeltung haben sollten und insbesondere strenge Strafen gerechtfertigt sind, entwickeln Kinder dann allmählich die Idee, dass Gleiches mit Gleichem zu vergelten sei, ehe sie dann zu der Überzeugung kommen, dass Strafen angemessen und in einem Zusammenhang mit dem Vergehen stehen und die Umstände berücksichtigen müssen, unter denen ein Fehlverhalten aufgetreten ist. Diese bereits bei Kindern mit zunehmendem Alter zu beobachtende differenzierte Sichtweise der Strafproblematik würde nicht wenigen öffentlich geführten Strafrechtsdiskussionen auch gut anstehen.

Lüge: Zunächst einmal wird Lüge ganz einfach als etwas Hässliches betrachtet, das bestraft wird, wobei das Gewicht einer Lüge von der Schwere der Strafe abhängt. Die Unterscheidung zwischen Lüge und Irrtum gelingt allmählich, wobei dann das Wesen der Lüge darin besteht, dass sie Regeln bricht, während der Irrtum einen Fehler darstellt. Auf der Ebene der autonomen Moral wird dann der negative Charakter von Lügen darin gesehen, dass sie gegenseitiges Vertrauen zerstören. Man sieht auch an diesem Beispiel nochmals die Unterscheidung einer

> „Autoritätsmoral, welche die Moral der Pflicht und des Gehorsams ist [...] (und einer) [...] Moral der gegenseitigen Achtung, welche die des Guten (im Gegensatz zur Pflicht) und der Autonomie ist." (Piaget, 1986, S. 383)

4.4.3   Die Moralentwicklung nach Kohlberg

Als ein weiteres Beispiel für qualitative Veränderungen im Entwicklungsprozess sollen die Stufen der Moralentwicklung nach Kohlberg (1996) dargestellt werden. Die Überlegungen und Untersuchungen Kohlbergs gehören zu den meistdiskutierten psychologischen Forschungsansätzen zur Moralentwicklung.

Auf Piaget aufbauend interessiert sich Kohlberg in seinen Arbeiten dafür, wie sich die Begründungsmuster für das Handeln in moralischen Konfliktsituationen im

Verlaufe der Entwicklung verändern. Es geht ihm also nicht darum zu beschreiben, was die Menschen im Zusammenhang mit sozialen Normen tun, sondern er will herausfinden, welche Begründungen Menschen jeweils für ihr Handeln in fiktiven Konfliktsituationen geben. Dazu legt er seinen Versuchspersonen kleine Geschichten vor, die einen Konflikt enthalten, zu dem die Befragten dann Stellung nehmen sollen. Einige Beispiele zur Veranschaulichung des Vorgehens:

„Heinz-Dilemma" (Kohlberg, 1996, S. 495)**:** „Eine todkranke Frau litt an einer besonderen Krebsart. Es gab ein Medikament, das nach Ansicht der Ärzte ihr Leben hätte retten können, und zwar ein Radiumderivat, das ein Apotheker der Stadt erst kurz zuvor entdeckt hatte. Das Medikament war teuer in der Herstellung, der Apotheker verlangte jedoch das zehnfache seiner eigenen Kosten. Er kaufte das Radium für 200 Dollar, verlangte aber für eine kleine Dosis 2000 Dollar. Heinz, der Ehemann der kranken Frau, borgte von all seinen Bekannten, um die Summe zusammenzubringen, brachte es jedoch nur auf insgesamt 1000 Dollar, die Hälfte also der tatsächlichen Kosten. Er sagte dem Apotheker, dass seine Frau sterben würde, und bat ihn, den Preis zu reduzieren oder ihn die Differenz später zahlen zu lassen. Der Apotheker lehnte jedoch ab mit dem Nachsatz: „Ich habe das Medikament entdeckt, und ich will Geld damit verdienen." Verzweifelt brach Heinz in die Apotheke ein und stahl das Medikament für seine Frau."

Im Anschluss an diese Geschichte werden dann folgende Fragen gestellt:
- Hätte Heinz das Medikament stehlen sollen? Warum?
- Wie steht es mit der Gesetzestreue in dieser Situation und überhaupt?
- Gesetzt den Fall, der Mann liebt seine Frau nicht, wäre er dann verpflichtet, das Medikament für sie zu stehlen? Warum?
- Warum ist es so wichtig, das Leben der Frau zu retten? Wäre der Diebstahl auch gerechtfertigt, wenn der Kranke ein Fremder wäre und nicht wie hier die eigene Frau? Warum?
- Heinz wird für den Diebstahl des Medikamentes verhaftet. Soll der Richter ihn verurteilen oder freisprechen?

„Judy-Dilemma": „Judy war ein zwölfjähriges Mädchen. Ihre Mutter hatte ihr versprochen, sie könne zu einem besonderen Rockkonzert gehen, das in der Stadt demnächst stattfinden sollte, vorausgesetzt, sie würde das Geld für die Eintrittskarte selbst durch Babysitten und vom Taschengeld zusammensparen können. Judy gelang es auch, die für die Karte notwendigen 15 Dollar zu sparen, sie hatte sogar noch 5 Dollar zusätzlich. Doch dann änderte die Mutter ihre Meinung und verlangte von Judy, ihr Geld für neue Schulkleider auszugeben. Judy war sehr enttäuscht. Sie beschloss, trotzdem zum Konzert zu gehen. Sie kaufte sich eine Eintrittskarte und erzählte ihrer Mutter, dass sie nur 5 Dollar habe sparen können. An jenem Samstag ging sie zur Vorstellung, zu Hause hatte sie gesagt, dass sie den Tag mit einer Freundin verbringen würde. Die folgende Woche verging – die Mutter hatte nichts bemerkt. Nun erzählte Judy ihrer älteren Schwester, Louise, dass sie zum Konzert gegangen war und ihre Mutter in dieser Sache angelogen hatte. – Louise ist sich im Unklaren, ob sie ihrer Mutter erzählen sollte, was Judy getan hat." (Kohlberg 1996. S. 503.)

Im Anschluss an diese Geschichte wird dann unter anderem gefragt, ob und unter welchen Bedingungen Louise schweigen sollte und weshalb Versprechen eingehalten werden sollten usw.

„Sterbehilfe-Dilemma": „Eine Frau hatte Krebs im fortgeschrittenen Stadium. Es gab keine Chance mehr, sie durch eine der bekannten medizinischen Behandlungsmethoden zu retten. Ihr Arzt Dr. Jefferson wusste, dass sie nur noch etwa 6 Monate zuleben hatte. Sie litt unbeschreibliche Schmerzen und war schon so geschwächt, dass eine starke Dosis eines schmerzdämpfenden Mittels wie Morphium oder Äther ihren früheren Tod bewirkt hätte. Sie phantasierte und war fast wahnsinnig vor Schmerzen. In ihren ruhigen Phasen bat sie Dr. Jefferson wiederholt darum, ihr doch so viel Morphium zu geben, dass sie sterben könne. Sie erklärte ihm, dass sie die Schmerzen einfach nicht mehr ertragen könne und dass sie ja sowieso in einigen Monaten sterben müsse. – Der Arzt weiß, dass Sterbehilfe (zumal aktive Sterbehilfe) ungesetzlich ist; dennoch überlegt er, ob er den Wunsch der Frau erfüllen soll." (Kohlberg, 1996, S. 499)

In dem sich anschließenden Interview wird dann gefragt, ob der Arzt die tödliche Dosis geben sollte und warum bzw. warum nicht oder ob die Frau das Recht haben solle, die endgültige Entscheidung selbst zu treffen. Weitere Fragen, die u. a. im Zusammenhang mit diesem Dilemma gestellt werden: Kann man in irgendeinem Sinn sagen, dass ein Mensch eine Verpflichtung zum Weiterleben hat, auch wenn er es selbst eigentlich nicht mehr will, wenn er mit Selbstmordgedanken spielt? Warum bzw. warum nicht? Es ist gesetzeswidrig, wenn der Arzt der Frau die todbringende Medizin gibt. Ist die Handlung deshalb moralisch falsch? Warum bzw. warum nicht?

Auf der Grundlage der Analyse derartiger Interviews kam Kohlberg zu einem Modell der Moralentwicklung, das in der nachfolgenden Tabelle 4.3 im Überblick dargestellt ist.

Den in Tabelle 4.3 aufgeführten Stufen geht noch eine sog. „vormoralische Stufe" voraus, in der das Kind noch keine Regeln versteht und nicht unterscheidet nach Gut und Böse oder richtig und falsch. Es existieren noch keine Vorstellungen von Verpflichtung gegenüber den von Autoritäten vorgegebenen Regeln. Das Kind tut das, was ihm angenehm ist und vermeidet all das, was Schmerzen bereitet oder Angst auslöst. Diese Stufe hat Kohlberg eher erwähnt als ausführlich beschrieben, wohl auch deshalb, weil hier noch keine Begründungen für Handlungen gegeben werden. Die anderen Phasen und Stufen hat Kohlberg dagegen sehr intensiv untersucht und beschrieben:

Tab. 4.3: Stufen der Moralentwicklung nach Kohlberg

Vorkonventionelle Phase	**Stufe 1: Orientierung an Bestrafung und Gehorsam** „Schlecht ist, was schadet (bestraft wird)."
	Stufe 2: Intrumentell-relativistische Orientierung „Gut ist, was mir und vielleicht auch anderen nützt."
Konventionelle Phase	**Stufe 3: Orientierung an personengebundener Zustimmung** „Gut ist, was (einzelne andere) gut finden."
	Stufe 4: Orientierung an Recht und Ordnung „Was gut (und schlecht) ist, ist in Regeln, Vorschriften festgelegt."
Postkonventionelle Phase	**Stufe 5: Legalistische oder Sozialvertrags-Orientierung** „Gut ist, was dem Sinn von Regeln entspricht."
	Stufe 6 : Orientierung an allgemeingültigen ethischen Prinzipien „Gut ist, was überall und jederzeit als gut gelten sollte."

Dargestellt ist jeweils die Bezeichnung der Stufe der moralischen Entwicklung und ein Motto, das die Art des moralischen Argumentierens kurz charakterisiert.

4.4.3.1 Vorkonventionelle Phase

In der vorkonventionellen Phase beginnen sich Vorformen eines Verständnisses für kulturell vorgegebene Regeln zu entwickeln, wobei Handlungen und Handlungsentscheidungen ziemlich starr mit dem Etikett „richtig" oder „falsch", „gut" oder „böse" versehen werden. Welches Etikett dabei vergeben wird, richtet sich nach den äußeren Konsequenzen, die mit dem Verhalten verbunden sind (Belohnung, Bestrafung, gegenseitige Begünstigung). Nach den Ergebnissen von Kohlberg lassen sich auf der vorkonventionellen Phase zwei Stufen unterscheiden:

Orientierung an Bestrafung und Gehorsam: Die auf eine Handlung folgenden physischen Konsequenzen sind entscheidend dafür, ob eine Handlung als gut oder böse eingestuft wird. Es wird nicht danach gefragt, welche Motive hinter einer Handlung stehen oder wie die Handlung sozial bewertet wird, sondern man verhält sich so, dass man Strafen vermeidet und sich unhinterfragt einer machtvollen Autorität unterwirft. Eine tiefer gehende Moralordnung, die durch Strafen und Autoritäten abgesichert wird, lässt sich hier noch nicht beobachten. Dies entspräche der Stufe 4. Zur Veranschaulichung dieser Orientierung an Bestrafung und Gehorsam mag die Argumentation eines Jungen im Alter von 10 Jahren dienen, der beim oben beschriebenen „Heinz-Dilemma" äußerte: „Heinz sollte nicht stehlen, er sollte das Medikament kaufen. Wenn er das Medikament stiehlt, könnte er ins Gefängnis kommen und müsste das Medikament dann doch zurückgeben" (Montada, 1995b, S. 876). Die Orientierung an Bestrafung und Gehorsam zeigt sich beispielsweise auch dann, wenn ein Kind argumentiert, dass man nicht lügen dürfe, weil die Mama sonst schimpft.

Instrumentell-relativistische Orientierung: Auf dieser Stufe wird ein Verhalten danach beurteilt, ob es ein Instrument, ein Mittel ist, um Ergebnisse zu erzielen, die für einen selbst angenehm und erstrebenswert sind und eventuell auch noch anderen nützen. Es sind also nach wie vor die äußeren Konsequenzen, die handlungsleitend sind, wobei allerdings an die Stelle der Vermeidung von Bestrafung das Bedürfnis nach Belohnung tritt. Gleichzeitig entwickeln sich erste Aspekte von Gegenseitigkeit in sozialen Beziehungen, nach dem Motto „Gut ist, was mir nützt und vielleicht auch anderen nützt." Diese Gegenseitigkeit wird dabei noch sehr pragmatisch gesehen nach Markt-Prinzipien wie „Eine Hand wäscht die andere" und nicht so sehr unter dem Aspekt von Gerechtigkeit und gegenseitiger Loyalität. Dies wird sehr gut in einer Antwort auf das „Heinz-Dilemma" deutlich: „Heinz sollte das Medikament stehlen, um das Leben seiner Frau zu retten. Er mag dafür ins Gefängnis kommen, aber er hätte immer noch seine Frau" (Montada, 1995b, S. 876). Auf die Frage des Versuchsleiters, ob Heinz auch für einen sterbenden Freund das Medikament stehlen sollte, fuhr der befragte 13-jährige Junge dann fort: „Das ginge zu weit. Er wäre im Gefängnis, während sein Freund gesund und frei sein würde. Ich glaube nicht, dass ein Freund dies für ihn tun würde" (Montada, 1995b, S. 876).

4.4.3.2 Konventionelle Phase
In der sog. konventionellen Phase ist nicht mehr so wichtig, welche äußeren Folgen eine Handlung hat (Bestrafung oder Belohnung), sondern es gilt als Wert an sich, den Erwartungen anderer (Familie, Gruppe, Nation) zu entsprechen, mit denen man sich identifiziert. „Diese Einstellung bedeutet nicht nur Konformität, sondern auch Loyalität gegenüber der sozialen Ordnung und den Erwartungen einzelner Personen, man rechtfertigt die bestehende Ordnung, tritt aktiv für sie ein und identifiziert sich mit den sie tragenden Personen und Gruppen" (Kohlberg & Turiel, 1978, S. 19). Die beiden Stufen in dieser Phase unterscheiden sich dadurch, dass der Kreis der Personen und Gruppen, mit denen man übereinstimmen will, immer größer wird.

Orientierung an personengebundener Zustimmung: Als richtiges Verhalten wird das angesehen, was (einzelnen) anderen gefällt, ihnen hilft oder ihre Zustimmung findet. Dieses „guter Junge/gutes Mädchen-Modell" für moralisches Verhalten hat also die Übereinstimmung mit anderen Personen als zentralen Maßstab. Beispiel: „Die Oma fand auch gut, was ich gemacht habe. Sie sagt, dass ich ein liebes Mädchen bin." Im Alltag wird diese Orientierung an personengebundener Zustimmung zu Problemen führen, wenn Individuen je nach Bezugsgruppen, an denen sie sich orientieren oder denen sie gleichzeitig angehören, mit unterschiedlichen Wertvorstellungen und moralischen Standards konfrontiert werden. So stimmen beispielsweise die Vorstellungen von angemessenem Verhalten in der Familie nicht immer mit den Vorstellungen in der Jugendclique überein.

Orientierung an Recht und Ordnung: Richtiges Verhalten heißt auf dieser Ebene nicht mehr, dass ein Verhalten die Zustimmung einzelner anderer finden muss, sondern dass es unabhängig von den konkreten sozialen Beziehungen den Vorgaben überindividueller Gebilde (Staat mit seinen Gesetzen, Religionsgemeinschaft mit ihren Geboten) entspricht. Die durch ein Ordnungs- und Rechtssystem für alle gleichermaßen geltenden Rechte und Pflichten sind um ihrer selbst willen zu achten und werden auch nicht weiter hinterfragt, weil nur so das Funktionieren von Staat und Gesellschaft gewährleistet ist. Kohlberg und Turiel (1978, S. 19) haben dies folgendermaßen formuliert: „Richtiges Verhalten heißt, seine Pflicht tun, Autorität zu respektieren und für die gegebene soziale Ordnung um ihrer selbst willen eintreten."

4.4.3.3 Postkonventionelle Phase
In der dritten Phase der moralischen Entwicklung, auch als autonome oder prinzipiengeleitete Phase bezeichnet, wird allmählich die Starrheit der vorangehenden konventionellen Phase überwunden. Das System der Regeln wird nicht mehr als unwandelbar, nicht mehr als unbedingt richtig und unter allen Umständen als verteidigungswert betrachtet. Die moralische Sichtweise beginnt unabhängig zu werden von den Prinzipien und Wertvorstellungen einer gegebenen Gesetzesordnung und andere, erweiterte Perspektiven werden einbezogen.

Legalistische oder Sozialvertrags-Orientierung: Maßgebliche Kriterien für die Beurteilung einer Handlung sind überindividuelle, aber relativierbare Vereinbarungen von Regeln. Gesetze müssen zwar im Allgemeinen befolgt werden, doch es existieren unverhandelbare Menschenrechte, die zu respektieren sind, unabhängig davon, welche Regelungen von der Mehrheit einer Gesellschaft geteilt werden. Dazu ein Beispiel aus dem sog. „Sterbehilfe-Dilemma" Kohlbergs, in dem gefragt wird, ob ein Arzt einer Patientin auf ihren Wunsch hin ein schmerzlinderndes Medikament geben dürfe, das zu ihrem Tod führen würde. Der 5. Stufe der Moralentwicklung würde folgende Antwort entsprechen:

> *„Ausgehend von der ethischen Verpflichtung des Arztes, der die Verantwortung übernommen hat, menschliches Leben zu retten, sollte er es wahrscheinlich nicht. Es gibt jedoch auch eine andere Perspektive. Immer mehr Mediziner halten es für eine unzumutbare Härte für den Patienten und seine Familie zu wissen, dass er sterben wird [...] Ist es ihre eigene Entscheidung, sollte man die Tatsache respektieren, dass jeder Mensch als solcher bestimmte Rechte und Privilegien hat. Ich bin ein Mensch, habe bestimmte Vorstellungen und Wünsche, die mein Leben betreffen, und ich glaube jedem anderen geht es ebenso." (Montada, 1995b, S. 877)*

Gesetze und moralische Vorschriften sind nicht starr zu befolgen, sondern zu berücksichtigen ist der Sinn, der „Geist" von Regelungen. Angesichts vielfältiger Meinungen und Wertvorstellungen sind Verfahrensregeln zu entwickeln, die dann im Rahmen von Aushandlungsprozessen zu gegenseitiger Übereinkunft führen (legalistische Vertragsorientierung). Dabei sollte es zu einer Übereinkunft kommen, die den größtmöglichen Nutzen für möglichst viele hat.

Orientierung an allgemeingültigen ethischen Prinzipien: Hier stehen selbst gewählte, abstrakte ethische Prinzipien im Zentrum der Entscheidung und nicht konkrete moralische Regeln (z. B. die Zehn Gebote). Universal geltende ethische Prinzipien der Gerechtigkeit, Gleichheit aller Menschen und der Menschenwürde sind maßgeblich. Als Beispiel könnte der Kategorische Imperativ von Kant genommen werden („Handle so, dass die Maxime deines Willens zugleich als Prinzip einer allgemeinen Gesetzgebung gelten könne", § 7 Kritik der praktischen Vernunft). Oder ein anderes Beispiel: So antwortete ein Proband von Kohlberg im Zusammenhang mit dem „Heinz-Dilemma", dass Heinz das Medikament für seine Frau, aber auch für einen flüchtigen Bekannten sehr wohl stehlen dürfe und begründete das folgendermaßen.

> *„Ein Menschenleben hat Vorrang vor jedem anderen moralischen oder gesetzlichen Wert, egal, um wen es sich handelt. Ein Menschenleben hat einen Wert an sich, unabhängig von der Bewertung durch eine bestimmte Person. Der Wert des individuellen Menschenlebens steht dort im Mittelpunkt, wo die Prinzipien der Gerechtigkeit und Nächstenliebe als Normen aller menschlichen Beziehungen gelten." (Kohlberg & Turiel, 1978, S. 43)*

Betrachtet man die bisherigen Beschreibungen der moralischen Entwicklung nach Kohlberg aus einer allgemeineren, abstrakteren Perspektive, so lassen sich folgende Charakteristika des Stufenmodells von Kohlberg nennen:

- **Qualitative Unterschiedlichkeit der Stufen:** Damit ist gemeint, dass die Perspektive, die beim Denken und Urteilen über moralisches Handeln relevant ist, immer allgemeiner und umfassender wird. Deshalb wird das Modell von Kohlberg hier auch als ein Beispiel für qualitative Veränderungen in der Entwicklung genommen.

- **Invarianz der Stufensequenz:** Kohlberg geht davon aus, dass die von ihm beschriebenen Stufen nacheinander durchlaufen werden, ohne dass eine Stufe übersprungen wird. Es gibt auch kein Zurückfallen auf frühere Stufen der moralischen Entwicklung. Dies bedeutet allerdings nicht, dass jeder Mensch die höchste Stufe der Moralentwicklung erreicht. Nach den Ergebnissen Kohlbergs erreicht offensichtlich nur ein vergleichsweise geringer Anteil von Menschen immerhin die Stufe 5 der Moralentwicklung, wie die Abbildung 4.4 zeigt:

- **Universalität der Moralentwicklung:** Bei geeigneten Umweltbedingungen verläuft die Entwicklung der moralischen Urteilskompetenz bei **allen** Menschen über die gleichen Stufen hinweg.

74

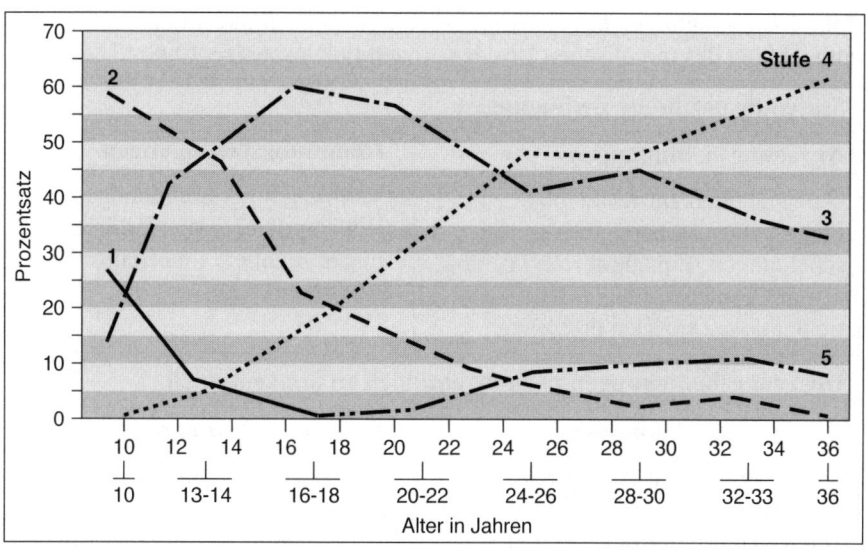

Abb. 4.4: Auftretenshäufigkeit der einzelnen Stufen der Moralentwicklung in Abhängigkeit vom Alter (Colby et al., 1983; nach Trautner, 1991, S. 435)

Was sind aber nun die Bedingungen und Voraussetzungen, durch die eine moralische Entwicklung über die genannten Stufen hinweg überhaupt ausgelöst und in Gang gehalten wird? Für Kohlberg ist die Möglichkeit zur Rollenübernahme von zentraler Bedeutung. Eine Möglichkeit zur Übernahme unterschiedlicher Rollen ergibt sich beispielsweise dann, wenn moralische Konfliktsituationen aus unterschiedlicher Perspektive diskutiert werden. Kohlberg hat sich aber nicht nur auf die Dilemma-Methode beschränkt. Die Förderung der Moralentwicklung sollte nach einer Idee von Kohlberg auch in einer Alternativschule („Cambridge Cluster School") gleichsam in einer realen Lebenssituation erprobt werden. Dieser Schulversuch beruhte auf der Idee der „Just Community" und sollte den Schülern möglichst viel Eigenverantwortung übertragen, ihnen vielfältige Gelegenheiten zur Rollenübernahme eröffnen und sie immer wieder veranlassen, Konfliktsituationen aus unterschiedlichen Perspektiven zu betrachten. Ohne nun auf diese und weitere Versuche zur Förderung der Moralentwicklung detailliert einzugehen, lassen sich doch in Anlehnung an Eckensberger (1998, S. 504) Umweltbedingungen auflisten, die eine Moralentwicklung fördern oder diese auch hemmen (siehe Tab. 4.4). Daraus kann nicht nur für die Pädagogik allgemein, sondern gerade auch für die Soziale Arbeit die Forderung abgeleitet werden, dass es durchaus möglich und auch notwendig ist, die moralische Entwicklung gezielt zu fördern. In unterschiedlichen Lebenswelten (Schule, Familie, Freizeitbereich) müssen offene Lernsituationen geschaffen werden, die Chancen bieten für unterschiedliche Erfahrungen, wie die Tabelle 4.4 sehr anschaulich aufweist.

Tab. 4.4: Anregungs- und Hemmungsbedingungen für die stufenweise Höherentwicklung des moralischen Urteilens (nach Eckensberger, 1998, S. 504)

Stufenunspezifische Bedingungen	
Anregungsbedingungen	**Hemmungsbedingungen**
Gelegenheiten zur Rollenübernahme; Partizipation an kooperativen Entscheidungen; Einnahme von Positionen mit Verantwortung; offene Konfrontation mit sozialen Problemen	Verdrängung/Verleugnung von Widersprüchen; standardisierte, machtorientierte, mechanische Kommunikation
Übergangsbedingungen präkonventionell zu konventionell	
Anregungsbedingungen	**Hemmungsbedingungen**
Stabile emotionale Akzeptanz durch die Eltern; soziale Wertschätzung durch (Autoritäten) Lehrer und Gleichaltrige; Erfahrungen von Handlungskonsequenzen für andere	Inkonsistente Autoritäten; ungerechtgertigte Gehorsamsforderungen; instrumenteller Missbrauch von Macht; Erfahrung von Machtausübung und Liebesentzug
Übergangsbedinungen konventionell zu postkonventionell	
Anregungsbedingungen	**Hemmungsbedingungen**
Konfrontation mit sich widersprechenden Rollen/Normen; Erfahrung mit Verantwortung/ Partizipation; Selbständigkeit	Konfrontation mit diffusen sozialen Strukturen oder völlig unverträglichen Standards; Fehlen jeder Verantwortung

Mit dieser abschließenden Darstellung praktischer Konsequenzen des Modells der moralischen Entwicklung nach Kohlberg soll die Veranschaulichung qualitativer Veränderungen am Beispiel abgegrenzter Merkmale oder Verhaltensweisen im Entwicklungsgeschehen abgeschlossen werden. Entwicklung wird noch umfassender im Rahmen von Entwicklungsmodellen beschrieben, wie die Darstellung der Entwicklungsmodelle von Freud, Erikson und Havighurst in den nächsten Abschnitten zeigt.

5 Beschreibung der Entwicklung in umfassenden Entwicklungsmodellen

5.1 Entwicklung als Triebentwicklung (Freud)

Die wissenschaftlichen Bemühungen von Freud waren zwar ursprünglich nicht primär auf entwicklungspsychologische Erkenntnisse gerichtet, gleichwohl ist der Einfluss seines Lebenswerks auf die Entwicklungspsychologie nicht zu unterschätzen, weil er die große Bedeutung der Kindheit für die Entwicklung des Individuums sehr klar herausgearbeitet hat und damit die theoretische und empirische Beschäftigung mit menschlicher Entwicklung wesentlich angeregt hat, auch wenn in der wissenschaftlichen Entwicklungspsychologie seine psychoanalytischen Grundüberlegungen nur zum geringen Teil aufgegriffen und weiterentwickelt wurden, sondern vielfach durch andere Überlegungen, z. B. durch eine lerntheoretische Orientierung, ersetzt wurden. Es hat sich allerdings auch eine psychoanalytische Entwicklungspsychologie herausgebildet (siehe z. B. Tyson & Tyson, 2001). Für eine Beschäftigung mit der Psychoanalyse im Rahmen einer Entwicklungspsychologie für die Soziale Arbeit spricht schließlich auch, dass man in der Praxis der Sozialen Arbeit (z. B. in der Erziehungsberatung) unter anderem auch auf Arbeitsansätze stoßen wird, die letztlich psychoanalytisch fundiert sind. Ohne Grundkenntnisse der Psychoanalyse wird man sich damit nicht angemessen auseinander setzen können, auch wenn man selbst eine andere wissenschaftliche Grundorientierung für überzeugender hält.

Ehe das psychoanalytische Entwicklungsmodell selbst besprochen wird, sind Freuds Vorstellungen zum Aufbau der Persönlichkeit und seine Triebtheorie zu behandeln, da Freud die Persönlichkeitsentwicklung primär unter dem Aspekt der Triebentwicklung betrachtet. Diese einleitenden Überlegungen können allerdings nur sehr kursorisch ausfallen. Detailliertere Einführungen in das psychoanalytische Denken bieten u. a. Brenner (1976), Elhardt (1988) sowie Mertens und Waldvogel (2000).

5.1.1 Aufbau der Persönlichkeit aus psychoanalytischer Sicht

Es gehört zu den bedeutsamen Erkenntnissen Freuds, dass unser Erleben und Verhalten nicht nur durch bewusste Vorgänge bestimmt wird, sondern wesentlich auch von unbewussten Prozessen abhängt. Freud (1904) hat versucht, dies anhand der sog. Fehlleistungen und Fehlhandlungen (sich versprechen, wichtige Dinge vergessen usw.) zu veranschaulichen und deutlich zu machen. In seinen Überlegungen zur „Psychopathologie des Alltagslebens" (Freud 1904) verweist er darauf, dass es sich bei den Fehlleistungen nicht um zufällige Ereignisse handle, sondern um das Ergebnis unbewusster psychischer Vorgänge, die auf das Verhalten einwirken. Diese Idee unbewusster psychischer Vorgänge greift Freud auch in seinem ersten Persönlichkeitsmodell (Freud 1900, 1940) auf, in dem er drei Bereiche des Psychischen unterscheidet: das System Unbewusst, das System Vorbewusst und das System Bewusst.

Das System Unbewusst: In seinen wesentlichen Inhalten besteht das System Unbewusst aus verdrängten Triebrepräsentanzen. Freud meint damit Wünsche, Vorstellungen und Phantasien, die einmal bewusst waren, aber wegen ihres unangenehmen, peinlichen, angstauslösenden Charakters aktiv vom Bewusstsein fern gehalten, d. h. verdrängt werden. Durch diese Verdrängung werden die Inhalte aber keineswegs zerstört, sondern bleiben erhalten und sind ständig darauf gerichtet, wieder in das Bewusstsein zu dringen. Daran werden sie allerdings durch eine Zensur gehindert und können allenfalls in verschleierter Form, wie wir das zum Beispiel im Traum erleben, wieder in das Bewusstsein gelangen. Weiterhin gehören zu den Inhalten des Systems Unbewusst auch frühkindliche Erfahrungen, die irgendwann einmal von hoher subjektiver Bedeutung waren (z. B. traumatische Erfahrungen, Kränkungen, Schädigungen), die aber verdrängt wurden und damit einer bewussten Auseinandersetzung entzogen sind, gleichwohl aber das aktuelle Verhalten beeinflussen sollen und als ursächlich für psychische Störungen auch im Erwachsenenalter sein können. Die Psychoanalyse misst in ihrem Krankheitsverständnis den unbewussten, lebensgeschichtlich frühen Erfahrungen eine ganz zentrale Bedeutung bei. Darauf wird an späterer Stelle (siehe S. 78) noch ausführlicher einzugehen sein.

Die Systeme Vorbewusst und Bewusst: Nicht alle psychischen Inhalte, die aktuell nicht bewusst sind, können dem System Unbewusst zugerechnet werden. All jene psychischen Prozesse und Inhalte, die zwar augenblicklich nicht bewusst sind aber durch Aufmerksamkeitsanspannung, durch intensives Nachdenken und Erinnern wieder bewusst gemacht werden können, sind nach psychoanalytischer Auffassung Bestandteile des Systems Vorbewusst. Das System Bewusst schließlich empfängt gleichzeitig über die Wahrnehmung Informationen aus der Außenwelt und erhält Informationen, die sozusagen von innen kommen, wie zum Beispiel Unlust- und Lustempfindungen oder durch äußere Reize ausgelöste Erinnerungen. Die eben kurz skizzierte Einteilung der Psyche in einen unbewussten, vorbewussten und bewussten Bereich wurde von Freud (1923) in einer neuen Modellvorstellung zum Aufbau der Psyche wesentlich modifiziert. Freud unterscheidet nun drei Bereiche des Psychischen, die er mit den Begriffen Es, Ich und Über-Ich bezeichnet, wobei das „Es die psychischen Repräsentanzen der Triebe umfasst, während das Ich aus jenen Funktionen besteht, die mit der Beziehung des Individuums zu seiner Umwelt zu tun haben, und das Über-Ich die moralischen Vorschriften unseres Seelenlebens sowie unsere idealen Strebungen umfaßt" (Brenner, 1976, S. 43). Betrachten wir die einzelnen Instanzen noch etwas genauer:

Das Es: Mit dem System Es ist der Bereich menschlicher Grundbedürfnisse (z. B. Nahrung, soziale Kontakte, Sexualität), der Triebpol der menschlichen Persönlichkeit gemeint. Das Es treibt das Verhalten an und hält es in Gang, wobei das Es unter der Herrschaft des Lustprinzips steht, d.h. die Es-Impulse drängen danach, sofort befriedigt zu werden, ohne Rücksicht auf die Bedingungen unter denen sie auftreten. Freud hat das Es in vielfältiger Weise umschrieben:

> *„Es ist der dunkle, unzugängliche Teil unserer Persönlichkeit ... Wir nähern uns dem Es mit Vergleichen, nennen es ein Chaos, einen Kessel voll brodelnder Erregungen. [...] [Von den Trieben her erfüllt es sich mit,] aber es hat keine Organisation, bringt keinen Gesamtwillen auf, nur das Bestreben, den Triebbedürfnissen unter Einhaltung des Lustprinzips Befriedigung zu schaffen. Für die Vorgänge im Es gelten die logischen Denkgesetze nicht, vor allem nicht der Satz des Gegensätzliche Regungen stehen nebeneinander, ohne einander aufzuheben [...] Selbstverständlich kennt das Es keine Wertungen, kein Gut und Böse, keine Moral."* (Freud, 1933, S. 80 f.)

So wird zum Beispiel ein hungriger Säugling durch lautes, unaufhörliches Schreien auf seinen Zustand aufmerksam machen, egal wo er sich gerade befindet und unabhängig davon, ob die Eltern in unmittelbarer Nähe sind oder welche wichtigen und unaufschiebbaren Tätigkeiten seine Eltern gerade auch ausüben mögen. Für die realitätsangemessene Befriedigung von Bedürfnissen ist nach psychoanalytischer Auffassung nun ein zweiter, am Beginn der Entwicklung noch nicht ausgebildeter Teilbereich der Persönlichkeit zuständig, nämlich das System Ich.

Das Ich: Das System Ich stellt den Kontakt zur Realität her und überprüft, ob und in welcher Weise die auf sofortige Befriedigung drängenden Es-Impulse in der gegebenen Situation überhaupt befriedigt werden können, ob Bedürfnisbe-friedigungen aufgeschoben oder ob auf sie ganz verzichtet werden muss. Dies geschieht über die Wahrnehmung der gegebenen Situation, durch den Rückgriff auf bisherige Erfahrungen in vergleichbaren Situationen oder auch durch das Aufsuchen von Situationen, in denen eine Befriedigung eher möglich erscheint. Hierbei spielt dann auch das Denken, die Phantasie und Vorausplanung eine wichtige Rolle. Diese vielfältigen Ich–Funktionen wie Wahrnehmung, Erinnern, Kontrolle der Motorik und Denken stehen dem Individuum sicherlich nicht vom Beginn des Lebens an in voll ausgebildeter Funktion zur Verfügung, sondern sind abhängig von Lernprozessen, wobei allerdings die Annahme von Freud, dass sich erste Ansätze des Ich erst gegen Ende des 1. Lebensjahres herausbilden, wohl kaum haltbar sein dürfte. Die Wahrnehmung der Umwelt, die Auseinandersetzung mit der Umwelt und das Lernen aus der Erfahrung sind vielmehr Kennzeichen menschlicher Entwicklung von Beginn an.

Das Über-Ich: Dieses System, das sich ebenfalls erst im Laufe der Entwicklung herausbilden soll, beinhaltet einerseits die verinnerlichten elterlichen Forde-rungen und Verbote und entspricht damit in etwa dem, was man gewöhnlich als „Gewissen" bezeichnet, umfasst aber zudem noch die idealen Strebungen des

Individuums, die Lebensentwürfe und Idealbilder, die man zu erreichen sucht. Die Ausbildung der Persönlichkeit ist nun eng gekoppelt an die Triebentwicklung.

Im Zusammenwirken der drei Persönlichkeitsinstanzen nimmt das Ich gleichsam eine Mittlerrolle ein zwischen den Triebimpulsen des Es, den moralischen Ansprüchen des Über-Ich und den Gegebenheiten und Anforderungen der Realität.

Zur Veranschaulichung ein Beispiel, entnommen aus einer Prüfungsarbeit, die vom Verfasser vor einigen Jahren zu korrigieren war:

Ein Mensch der großen Hunger hat
geht eines Tages in die Stadt
und sieht dort eine Dame essen
das, was er selber gern besessen.
Sein „Es" schreit: Hunger! Haben! Nehmen!
Sein „Über-Ich" meint: sollst dich schämen!
Sein „Ich" vermittelt ohne Worte
und kauft dem Menschen eine Torte.
Die Oma aber auf der Bank
flüstert erleichtert „Freud sei Dank!"

5.1.2   Triebtheorie der Psychoanalyse

Ein wesentliches Kernstück des psychoanalytischen Theoriengebäudes stellt die von Freud mehrfach modifizierte Triebtheorie dar. Ausgangspunkt hierbei ist die Annahme, dass menschliches Verhalten nicht nur durch äußere Reize angeregt wird, sondern auch durch innerkörperlich produzierte Reize, für die Freud dann den Begriff Trieb wählt.

„Unter einem Trieb können wir zunächst nichts anderes verstehen als die psychische Repräsentanz einer kontinuierlich fließenden, innersomatischen Reizquelle, zum Unterschiede vom Reiz, der durch vereinzelte und von außen kommende Erregungen hergestellt wird. Was die Triebe voneinander unterscheidet und mit spezifischen Eigenschaften ausstattet, ist deren Beziehung zu ihren somatischen Quellen und ihren Zielen. Die Quelle des Triebes ist ein erregender Vorgang in einem Organ und das nächste Ziel des Triebes liegt in der Aufhebung dieses Organreizes." (Freud, 1905, S. 67)

So werden zum Beispiel sexuelle Aktivitäten nicht nur durch das Vorhandensein, den Anblick, die Verhaltensweisen eines potentiellen Sexualpartners angeregt, sondern auch durch körperliche Prozesse im Individuum, die zu einer Handlung drängen, die im Erfolgsfall vom Individuum als angenehm, befriedigend, spannungslösend erlebt wird. Im eben genannten Beispiel wurde ganz bewusst auf die Sexualität verwiesen, weil Freud das Triebgeschehen und die menschliche

Entwicklung primär unter dem Aspekt der Sexualität betrachtet, auch wenn er unter anderem noch von Selbsterhaltungstrieben (Hunger, Durst, Vermeidung von Schmerz) oder vom Todestrieb (Aggressivität, zerstörerische Impulse) spricht. Im Hinblick auf die Entwicklung der menschlichen Sexualität macht Freud (1905) in seiner Libidotheorie einige entwicklungspsychologisch interessante Grundannahmen:

- **Infantile Sexualität**: Der Sexualtrieb bestimmt menschliches Verhalten nicht erst ab der Pubertät, sondern ist vom Beginn des Lebens an vorhanden. Um Freud nicht misszuverstehen, muss man allerdings wissen, dass Freud den Begriff der Sexualität sehr weit fasst und „sexuell" keineswegs mit „genital" gleichsetzt und darauf verweist, dass sexueller Lustgewinn aus ganz unterschiedlichen Körperregionen gewonnen werden kann.
- **Phasenentwicklung der Sexualität**: In der Entwicklung der Sexualität und damit in der Entwicklung insgesamt werden unterschiedliche Phasen unterschieden, wobei jeweils unterschiedliche Partialtriebe im Mittelpunkt des Geschehens stehen.
- **Zweizeitiger Ansatz**: Es gibt keine kontinuierliche Fortentwicklung der kindlichen Sexualität. Es können vielmehr zwei Zeiten einer beschleunigten Entwicklung unterschieden werden. So können wir in den ersten fünf bis sechs Lebensjahren und in der Pubertät sehr schnelle Entwicklungsveränderungen beobachten, während dazwischen eine Ruheperiode (Latenzperiode) liegt.
- **Bisexualität**: Nach Auffassung von Freud ist die Geschlechtsrolle des Menschen nicht von Beginn an festgelegt, sondern muss im Verlaufe der Entwicklung erst erworben werden, wird also nicht allein von anatomischen und hormonellen Gegebenheiten bestimmt.

Man kann sich nun fragen, wie Freud überhaupt zu derartigen Annahmen kommt.
Seine Überlegungen stammen eigentlich aus drei Datenquellen: So gibt die direkte Beobachtung kindlichen Verhaltens, die er allerdings nicht systematisch genutzt hat, bei unvoreingenommener Beobachtung zahlreiche Hinweise auf die kindliche Sexualität. Weiterhin bezieht sich Freud in seinen Überlegungen auch auf seine therapeutischen Erfahrungen und Beobachtungen im Rahmen von Psychoanalysen von Kindern und Erwachsenen.

5.1.3 Psychoanalytisches Entwicklungsmodell

Freud beschreibt in seinem Entwicklungsmodell fünf Entwicklungsphasen, in denen in enger Beziehung zu spezifischen, dem Lustgewinn dienenden Körperbereichen (sog. erogene Zonen) unterschiedliche Formen der Triebbefriedigung jeweils im Mittelpunkt stehen und sich in Abhängigkeit der dabei gemachten Erfahrungen die Persönlichkeit allmählich ausdifferenziert. Tabelle 5.1 stellt das Entwicklungsgeschehen im Überblick dar, wobei die Zeitangaben zu den einzelnen Entwicklungsphasen nur als sehr grobe Anhaltspunkte zu verstehen sind mit keineswegs punktuellen, sondern gleitenden Übergängen zwischen den einzelnen Phasen (eine übersichtliche und sehr anschauliche Darstellung des psychoanalytischen Entwicklungsmodells findet sich bei Elhardt, 1988, S. 62–98).

Tab. 5.1: Überblick über das psychoanalytische Entwicklungsmodell (in Anlehnung an Elhardt, 1988, S. 62–98; Trautner, 1991, S. 72 f.)

Psychosexuelle Entwicklungsstufe	Arten des Lustgewinns	Objektbeziehung	Persönlichkeitsorganisation
Orale Phase frühe Phase (0–0;6)	Saugen, Lutschen, Einverleiben	Mutterbrust als erstes Liebesobjekt	Es vorhanden, primärer Narzissmus, vertrauensvolle Passivität
späte Phase (0;6–1;0)	Beißen (aggressives Einverleiben)	Ambivalenz der Mutter gegenüber	
Anale Phase frühe Phase (1;0–1;6)	Ausstoßen, Kot als Geschenk	Kot als etwas Wertvolles	Ansätze eines Ich; Ansätze von Geboten und Verboten
späte Phase (1;6–3;0)	Zurückhalten		Vorläufer eines Über-Ich; Beginnende Realitätsprüfung
Phallische Phase (3;0–6;0)	Berühren, Anzeigen, Vorzeigen der Genitalien; Sexuelle Spielereien	Ödipuskonflikt; erste Heteroerotik; Identifikation mit dem gleichgeschlechtlichen Elternteil	Über-Ich-Entwicklung; volle Ausbildung des Ich; Auslöschung des Ödipuskonflikts
Latenzperiode (6;0–11;0)	alle früheren Arten des Lustgewinns; insges. eine Abnahme des sex. Interesses	Ausbau sozialer Beziehungen zu Gleichaltrigen	Konsolidierung von Ich und Über-Ich; Beruhigung in der Auseinandersetzung zw. Es, Ich und Über-Ich
Genitale Phase Vorpubertät (11;0–14;0)	Wiederbelebung frühkindl. Arten des Lustgewinns	Wiederbesetzung der Liebesobjekte der frühen Kindheit mit Triebenergie	Gestörte Balance zw. den versch. Persönlichkeitsinstanzen
Pubertät (14; 0–20;0)	reife Art des Lustgewinns; genitale Vereinigung	Außerfamiliale Liebesobjekte; Entfremdung gegenüber Zärtlichkeit seitens der Familienangehörigen	Reorganisation und Integration der Persönlichkeitsinstanzen

5.1.3.1 Orale Phase

In Anlehnung an die lebenserhaltende Funktion der Nahrungsaufnahme steht zunächst der Mund (Lippen und Mundschleimhaut) im Mittelpunkt des Triebgeschehens. An einem Gegenstand saugen, etwas in den Mund stecken und über den Mund aufnehmen, wird als lustvoll erlebt, wobei der Säugling zunächst die Erfahrung macht, dass er diese Triebbefriedigung ohne eigene Anstrengung haben kann, dass er vertrauensvoll warten kann, dass ihm die Umwelt das gibt, was er braucht. Es entwickelt sich nach einer Vorstufe, in der die Libido auf die eigene Person gerichtet war (primärer Narzissmus), allmählich eine Objektbeziehung zur Hauptpflegeperson, vornehmlich ist dies, wenn auch nicht notwendigerweise, die Mutter. In der Regel wird der Säugling allmählich aber auch die Erfahrung machen müssen, dass seine oralen Bedürfnisse nicht immer und unter allen Bedingungen sofort befriedigt werden. Neben der „guten Mutter", die ohne Vorbedingung alles sofort gibt, entwickelt sich auch das Bild einer „bösen Mutter", die warten lässt, nicht sofort reagiert und Frustrationen zumutet, auch wenn mit der zunehmenden motorischen Entwicklung ein aktives Ergreifen und Nehmen von Objekten möglich wird, die man in den Mund stecken kann und an denen man saugen kann und sich damit auch selbst Lust bereiten kann. Zudem kann man sich dagegen wehren, Objekte herzugeben, wenn man sie erst mal im Mund hat, indem man diese beißend festhält, gleichsam nach dem Motto „Was ich einmal habe, gebe ich nicht mehr her". Wie nun diese Phase durchlaufen wird, soll Konsequenzen haben, die weit über Kindheit und Jugend hinausragen. Wird den oralen Bedürfnissen des Kindes in unregelmäßiger und unzureichender Weise entsprochen (starke Versagungserlebnisse) oder wird jede Lebensäußerung (z.B. Schreien) des Säuglings mit oraler Zufuhr (z. B. Nahrung) beantwortet (extreme Verwöhnung), vermutet Freud, dass diese Phase nicht normal durchlaufen wird und es kommt zu einer Bindung (Fixierung) an diese Phase. Dies wiederum führt nach Freud dazu, dass es in späteren psychischen Konfliktsituationen – gerade auch im Erwachsenenalter – zu einer Regression auf die orale Stufe kommt. Konflikte werden durch übermäßiges Essen oder Trinken, die Zufuhr von Suchtmitteln „bewältigt".

5.1.3.2 Anale Phase

Die Aussagen der Psychoanalyse zur analen Phase zu akzeptieren, in der die Afterregion und Darmschleimhaut zur erogenen Zone wird und Lustgewinn an und durch die Ausscheidungsvorgänge erzielt wird, fällt in unserem Kulturkreis häufig besonders schwer, weil mit diesem Bereich doch eher negative Assoziationen verbunden sind wie Schmutz, Ekel, unangenehmer Geruch usw. Im erstaunlichen Kontrast dazu steht aber, dass Menschen auf der nicht selten wohnlich ausgestatteten Toilette deutlich mehr Zeit zubringen, als dies aus physiologischen Gründen eigentlich notwendig wäre. Ist die Ausscheidung also doch ein angenehmer, lustvoller Vorgang? Vermutlich schon. Zunächst aber interessiert uns die Bedeutung der analen Phase für das 2-jährige oder 3-jährige Kind. Versteht man das Geschehen in der analen Phase nicht nur in einem engen analen sondern auch in einem übertragenen Sinn, kann man in dieser Phase vier wichtige Erlebnisinhalte beobachten.

- Ein Aspekt der analen Phase ist nach Freud der **Widerstreit zwischen Hergeben und Behalten**. Vordergründig geht es dabei um das Hergeben oder Behalten des Darminhalts. „Was ich in mir habe, gebe ich nicht her" und die Fortsetzung der schon aus der oralen Phase bekannten Thematik des Haben- und Behalten-Wollens. Man kann aber auch beobachten, wie es Kindern in diesem Alter sehr schwer fällt, ihre Besitztümer (z. B. Spielsachen) mit anderen zu teilen. In dieser Entwicklungsphase taucht also erstmals das Besitzmotiv auf, das charakteristisch ist für unsere Gesellschaft, in der es so schwer fällt abzugeben, zu teilen, sei es auf individueller Ebene oder auch auf zwischenstaatlicher Ebene (z. B. 1. Welt und 3. Welt).

- Das Hergeben und Teilen lässt sich gewöhnlich nicht erzwingen, weil das Kind die **Möglichkeit der Verweigerung** erlebt, die es ihm gestattet, sich elterlichen Wünschen nicht mehr bedingungslos zu unterwerfen. In der oralen Phase musste das Kind bei zunehmendem Hunger die von seiner Umwelt bereitgestellten Nahrungsmittel irgendwann in Anspruch nehmen, jetzt aber lernt es, dass es sich bei seinen Ausscheidungen keineswegs an den Wünschen der Erwachsenen orientieren muss. Einen eigenen Willen haben können und sich nicht immer nur unterordnen müssen, ist eine ganz wichtige, über den Bereich des Analen hinausgehende Erfahrung, die das Kind hier machen kann und auch immer wieder erprobt (z. B. sich nicht anziehen lassen, wenn es die Eltern wünschen; nicht mehr weiterlaufen, wenn es die Eltern besonders eilig haben).

- Weiterhin erlebt das Kind **eigene Produktivität**, einerseits im analen Sinn, indem es seine Ausscheidung gezielt in den Topf oder die Toilette macht und dafür von seiner Umwelt gelobt wird, andererseits aber auch im übertragenen Sinn, indem es durch seine verbesserte Motorik selbstständig vorzeigbare Ergebnisse mit seinem Handeln erzielen kann (z. B. mit Bauklötzen einen Turm bauen). Diese für die kognitive und motivationale Entwicklung so wichtigen Erfahrungen sollten dem Kind nicht erschwert werden, indem die Eltern fortwährend helfend und verbessernd eingreifen. Allerdings wird das Kind dort Einschränkungen erfahren müssen, wo es sich selbst oder andere gefährdet oder schädigt.

- In der analen Phase wird das Kind auch erstmals konfrontiert mit **Kategorien der Ordnung und der Zeit** und lernt**,** gerade auch im Zusammenhang mit der Sauberkeitserziehung, dass es sich nicht überall und jederzeit lustvoll gehen lassen kann, sondern eingebunden ist in kulturelle Regeln und Normen. Psychoanalytisch formuliert meint dies, dass Es-Impulse durch das sich entwickelnde Ich in Einklang gebracht werden müssen mit den Gegebenheiten der Realität und den Forderungen der Umgebung, die aber noch nicht internalisiert sind und allenfalls Vorläufer des Über-Ich bilden.

5.1.3.3 *Phallische Phase*

In der phallischen Phase (auch als frühe genitale Phase oder ödipale Phase bezeichnet) verlagert sich die Libido auf den Genitalbereich, auf den sich nun das kindliche Interesse richtet, was an unterschiedlichen Aktivitäten wie gegenseitiges Vorzeigen oder Anschauen der Genitalien oder auch den zu beobachtenden sexuellen Spielereien abzulesen ist. Hier hat die Psychoanalyse durchaus aufklärend gewirkt, indem sie deutlich machen konnte, dass derartige kindliche Aktivitäten keineswegs bedenklich sind, sondern gleichsam zur normalen Entwicklung gehören.

Im Zentrum psychoanalytischer Beschreibungen dieser Phase steht die ödipale Situation (Freud, 1924): Der Sohn sieht im Vater einen Rivalen um die Gunst der Mutter, er möchte diesen Rivalen beseitigen und seine Rolle bei der Mutter einnehmen. Entsprechend sieht die Tochter in der Mutter eine Rivalin um die Gunst des Vaters, wobei die Tochter ihr primäres Liebesobjekt, die Mutter, aufgeben muss, um an das Ziel ihrer Wünsche zu gelangen, kann der Sohn sein primäres Liebesobjekt, in der Regel auch die Mutter, beibehalten. Darüber hinaus besteht die Konflikthaftigkeit der ödipalen Situation für Jungen und Mädchen gleichermaßen darin, dass ihre auf den gegengeschlechtlichen Elternteil gerichteten Inzestwünsche nicht realisierbar sind und zudem Angst hervorrufen, von den Eltern, die man bisher schon als sehr mächtig erlebt hat, bestraft zu werden. Schließlich verschärft sich der Konflikt noch dadurch, dass der gleichgeschlechtliche Elternteil einerseits weggewünscht andererseits aber auch geliebt wird. Wie kommt nun das Kind aus dieser Konfliktsituation heraus? Betrachten wir zunächst die Situation des Jungen: Die Aggression gegen den Vater erweist sich nicht als erfolgreich und die gleichzeitige Angst vor Vergeltung führt zu einer bedrohlichen Situation, die zunächst dadurch bewältigt wird, dass es zu einer Projektion der kindlichen Aggression auf den Vater kommt. („Nicht ich will ihm etwas anhaben, sondern der Vater bedroht mich.") Die Psychoanalyse spricht in diesem Zusammenhang von Kastrationsangst des Jungen. Diese reichlich gewagt klingende Annahme darf man wohl nicht zu wörtlich verstehen, sondern eher als eine Angst davor, etwas weggenommen zu bekommen, was einem wichtig ist, eine Erfahrung die das Kind möglicherweise auch vorher schon gemacht hat (z.B. beim Abstillen). Mit dieser Bedrohung und dauernden Angst kann der Junge nun nicht leben. Es wird nochmals unbewusst ein Abwehrmechanismus eingesetzt: die Identifikation mit dem Aggressor, also dem Vater. Auf diese Weise wird die männliche Geschlechtsrolle erworben und es entwickelt sich das Über-Ich durch die Introjektion der väterlichen Ge- und Verbote, Normen, Wertvorstellungen etc. in die eigene Person. Beim Mädchen tritt an die Stelle der Kastrationsangst der Penisneid, d. h. das Gefühl, schlechter ausgestattet zu sein als die Jungen. Dies erhöht zunächst noch die Wut auf die Mutter, gleichzeitig aber wohl auch die Angst vor Vergeltung. Diese Situation wird letztlich auch wieder dadurch bewältigt, dass sich das Mädchen mit der Mutter identifiziert und so die weibliche Geschlechtsrolle übernimmt und das Über-Ich ausbildet.

5.1.3.4 Latenzperiode

Die Triebimpulse der vorangegangenen drei Entwicklungsstufen spielen zwar noch eine Rolle, verlieren aber an Intensität. Sexuelle Interessen treten zugunsten sachlicher Interessen in den Hintergrund. Das Gleichgewicht zwischen Es, Ich, Über-Ich und den Gegebenheiten der Realität erscheint relativ stabil, so dass man insgesamt von einer sehr ruhigen, weder das Kind noch die Umwelt besonders belastenden Entwicklungsstufe sprechen kann.

5.1.3.5 Genitale Phase

Während von S. Freud der genitalen Phase nur eine vergleichsweise geringe Aufmerksamkeit gewidmet wird, hat sich seine Tochter, Anna Freud (1958,

1969) intensiv dieser Entwicklungsstufe zugewandt, der sie einen eher krisenhaften Charakter zuschreibt. Die ruhigen und friedlichen Wachstumsprozesse der Latenzperiode werden unterbrochen, die erreichte Balance zwischen Es, Ich und Über-Ich gerät durch die massiven sexuellen Triebimpulse des Es aus dem Gleichgewicht. Die Eltern stehen angesichts der Inzestschranke als Triebobjekte nicht mehr zur Verfügung. Es müssen also neue, außerhalb der Familie befindliche Triebobjekte gefunden werden, an die sich die freie Libido nun binden kann. Die Ablösung von den Eltern, das Finden neuer Triebobjekte und die Beherrschung der neuen Triebimpulse und die Entwicklung einer neuen, reiferen Balance zwischen Ich, Es und Über-Ich gelingt nicht ohne Anstrengung und Kampf.

Im Zusammenhang mit der Ablösung von den Eltern beschreibt Anna Freud vier Mechanismen:

Verhärtung: Jugendliche verhalten sich ihren Eltern gegenüber eher gefühllos bei gleichzeitigem Anhimmeln außerfamilialer Personen, die angehimmelt werden, wenn sie nur anders sind als die Eltern.

Umkehr der Affekte: Die bisher positiven Gefühle gegenüber den Eltern werden in ihr Gegenteil verkehrt: Aus Liebe wird Hass, aus Abhängigkeit wird Revolte und aus Bewunderung wird Verachtung. Letztlich führt diese Strategie aber auch zu Angst und Schuldgefühlen, so dass weitere Abwehrmechanismen eingesetzt werden wie die Verleugnung von positiven Gefühlen gegenüber den Eltern oder die Reaktionsbildung, mit der man einem positiven Verhalten den Eltern gegenüber durch grobes, verächtliches Verhalten entgegenwirkt. Mitunter werden die jugendlichen Aggressionen gegenüber den Eltern auch durch Projektion auf die Eltern abgewehrt.

Abwehr durch Rückzug: Wenn die Bindung an die Eltern nicht durch eine Übertragung der Libido auf neue Objekte außerhalb der Familie abgebaut werden kann, besteht noch die Möglichkeit, dass die Libido in der eigenen Person verbleibt, was zu grandioser Selbstüberschätzung, aber auch zu hypochondrischer Fixierung auf den eigenen Körper führen kann.

Abwehr durch Regression: Wird die Angst vor außerfamilialen Objektbeziehungen extrem stark, besteht auch die Möglichkeit der Regression auf die ödipale Stufe mit dem Ergebnis einer Totalidentifikation mit den Eltern, indem man sich ihrem Willen wieder unterordnet und nicht mehr erkennt, was man eigentlich selbst will.

Neben der Ablösung von den Eltern spielt die Auseinandersetzung mit den massiv auftretenden Triebansprüchen eine wichtige Rolle. A. Freud unterscheidet zwei Extremformen der Reaktion. **Askese:** Der Adoleszente bekämpft radikal alle Triebimpulse, seien sie nun oraler, analer oder genitaler Natur bis hin zu physiologischen Bedürfnissen (Nahrung, Schlaf), um nicht von den Es-Wünschen überwältigt zu werden. Es ist so, als ob ein „Krieg" gegen jede Art von

Vergnügen geführt wird. **Kompromisslosigkeit:** Moralische Positionen werden absolut vertreten, d.h. Möglichkeiten des Ausgleichs zwischen Lust und Verstand, zwischen Körper und Geist werden nicht gesehen.

Es ist nicht zu übersehen, dass bei Anna Freud, wohl auch auf der Grundlage ihrer klinischen Arbeit mit auffälligen Jugendlichen extreme Abwehrformen beschrieben werden, die zudem noch einer systematischen empirischen Überprüfung bedürften. Dennoch weist sie auf Verhaltensweisen hin, die man in abgeschwächter Form bei vielen Jugendlichen beobachten kann.

5.1.4   Kritik des psychoanalytischen Entwicklungsmodells

Freud hat die Bedeutung der frühen Kindheit für die gesamte Persönlichkeitsentwicklung sehr deutlich herausgearbeitet und damit einen wesentlichen Anstoß für die systematische empirische Beschäftigung mit der Kindheit gegeben, die in der Entwicklungspsychologie des letzten Jahrhunderts eine so große Bedeutung hatte. Allerdings wird man nicht übersehen können, dass bei Freud doch eine gewisse Einseitigkeit der Betrachtung vorliegt. Die aktuelle Lebenslage von (erwachsenen) Menschen wird zu wenig thematisiert zugunsten einer eher auf die frühe Lebensgeschichte fokussierten Betrachtungsweise. Für die Praxis der Sozialen Arbeit gilt es, diese Einseitigkeit zu vermeiden zugunsten einer Sichtweise, die aktuelles Erleben und Verhalten von Menschen zu analysieren und zu verstehen versucht, sowohl auf dem Hintergrund der individuellen Lebensgeschichte als auch der aktuellen Lebenslage.

Mit den Erkenntnissen zur kindlichen Sexualität hat die Psychoanalyse wohl eine wichtige aufklärende Wirkung erzielt und das Verständnis menschlichen Verhaltens und menschlicher Entwicklung wesentlich vorangebracht. So wichtig psychosexuelle Kräfte für den Fortgang menschlicher Entwicklung aber auch sein mögen, so ist gleichzeitig auch nicht zu übersehen, dass im psychoanalytischen Entwicklungsmodell die Entwicklung zu sehr nur unter dem Aspekt des Triebwandels betrachtet wird und andere Aspekte der Entwicklung (z.B. Wahrnehmung, Denken, Gedächtnis, Sprache) zu wenig Beachtung finden. Dies hängt wohl auch damit zusammen, dass im Denken von Freud im Zusammenhang mit seiner Triebtheorie innerpsychische Faktoren eine letztlich doch größere, verhaltensbestimmende Bedeutung erlangt haben als äußere Faktoren.

Sicherlich hat Freud die große Bedeutung der Eltern-Kind-Beziehung für die menschliche Entwicklung erkannt und verdeutlicht, wobei allerdings die traditionelle vollständige Familie (Vater + Mutter + Kind(er)) Ausgangspunkt der Überlegungen ist. In der Sozialen Arbeit wird man häufig diese „Normalbedingung" nicht antreffen und zudem auch zu berücksichtigen haben, dass menschliches Erleben und Verhalten eben nicht nur durch die innerfamilialen sozialen Beziehungen, sondern auch durch umfassendere soziale und materielle Umwelteinflüsse bestimmt wird.

Die Psychoanalyse hat zweifellos vielfältige Beobachtungen und Beschreibungen menschlicher Entwicklung geliefert, wobei allerdings die Interpretation des vorwiegend aus klinischen Zusammenhängen gewonnenen Datenmaterials nicht selten ausgesprochen phantasiereich ausfällt und durch systematische empirische Untersuchungen nur unzureichend bestätigt erscheint. Die Psychoanalyse verzichtet eher auf klare Vorhersagen, die aktuelle Entwicklungsbedingungen mit späteren Verhaltensweisen verbinden und neigt eher dazu, im Nachhinein die auslösenden Bedingungen eines gegebenen Verhalten aus der Lebensgeschichte zu rekonstruieren, zu deuten und zu verstehen.

5.2 Entwicklung als Bewältigung psychosozialer Krisen (Erikson)

5.2.1 Ausgangsüberlegungen

Ausgehend von einer psychoanalytischen Grundorientierung legt Erikson (1973, 1988) ein Entwicklungsmodell vor, das sowohl in zeitlicher als auch in inhaltlicher Hinsicht eine Erweiterung und Fortentwicklung gegenüber dem psychoanalytischen Entwicklungsmodell S. Freuds darstellt. Erikson beschreibt in insgesamt acht Entwicklungsphasen nicht nur Kindheit und Jugend, sondern die gesamte Lebensspanne und geht dabei zwar wie Freud auch von psychosexuellen Kräften aus, welche die Entwicklung voranbringen, betont aber stärker die sozialen Bezüge innerhalb derer die Entwicklung verläuft.

Erikson geht davon aus, dass „die Existenz des Menschen in jedem Augenblick von drei Organisationsprozessen abhängig ..., dem biologischen Prozess einer hierarchischen Organisation der Organsysteme die einen Körper (Soma) bilden; und dem psychischen Prozess, der die individuelle Erfahrung durch Ich-Synthese (Psyche) organisiert; und schließlich dem gesellschaftlichen Prozess der kulturellen Organisation der wechselseitigen Abhängigkeit von Personen..." (1988, S. 27). Entwicklung stellt also nach Erikson ein Zusammenspiel körperlicher, psychischer und sozialer Prozesse dar.

5.2.2 Beschreibung der Entwicklungsstufen

Nach Auffassung von Erikson entstehen in den einzelnen Phasen der Entwicklung unterschiedliche psychosoziale Krisen, die bewältigt werden müssen, wobei die Bewältigung lebensgeschichtlich früherer Krisen eine wichtige Voraussetzung für die Bewältigung späterer Krisen darstellt. Dabei geht er von einem epigenetischen Prinzip aus, nach dem auch im psychischen Bereich – ebenso wie bei der Organentwicklung – nach einem festen Plan einzelne Phasen durchlaufen werden bis schließlich ein funktionierendes Ganzes entsteht. Tabelle 5.2 gibt einen Überblick über den Entwicklungsverlauf aus der Sicht von Erikson (1988, S. 36 f.).

Tab. 5.2: Entwicklungsmodell von Erikson

Phasen	Psychosexuelle Phasen und Modi	Psychosoziale Krisen	Radius wichtiger Beziehungen	Grund-stärken
Säuglings-alter	oral-respiratorisch, sensorisch-kinästhetisch (Einverleibungsmodi)	Grundvertrauen vs. Grund-Mißtrauen	Mütterliche Person	Hoffnung
Kleinkind-alter	Anal-urethral, muskulär (Modi des Zurück-haltens und Ausscheidens)	Autonomie vs. Scham, Zweifel	Elternpersonen	Wille
Spielalter	Infantil-genital, loko-motorisch (Modi des Eindringens und Umschließens)	Initiative vs. Schuld-gefühl	Kernfamilie	Entschluss-kraft
Schulalter	Latenz	Regsamkeit vs. Min-derwertigkeit	„Nachbarschaft", Schule	Kompetenz
Adoles-zenz	Pubertät	Identität vs. Identitäts-konfusion	Gleichaltrigen-gruppen und frem-de Gruppen	Treue
Frühes Erwach-senenalter	Genitalität	Intimität vs. Isolierung	Partner in Freund-schaft, Sexualität, Wettbewerb, Zusammenarbeit	Liebe
Erwachse-nenalter		Generativität vs. Stagnation	Arbeitsteilung und gemeinsamer Haushalt	Fürsorge
Alter	(Generalisierung der Körpermodi)	Integrität vs. Ver-zweiflung	„Die Menschheit", „Menschen meiner Art"	Weisheit

5.2.2.1 Säuglingsalter

Im Säuglingsalter muss nach Erikson der Grundkonflikt zwischen Grundvertrauen (Urvertrauen), und Grundmisstrauen gelöst werden. Grundvertrauen entsteht dann, wenn der Säugling durch die Fürsorge seiner Umwelt das bekommt, was er braucht an physischer (Nahrung, Wärme) und psychischer Versorgung (Kontakt, emotionale Zuwendung etc.). Wenn diese Grundversorgung in gleichbleibender und ausreichender Weise gesichert ist, gewinnt das Kind die Sicherheit, dass es sich auf seine Umwelt verlassen kann („Die Umwelt gibt mir von sich aus, was ich brauche") und auf sich selbst verlassen kann („Ich kann die Umwelt dazu bringen, mir zu geben was ich brauche. Die Umwelt reagiert auf mich. Ich kann auf die Umwelt einwirken."). Beides zusammen, das Vertrauen in die eigene Wirksamkeit und das Vertrauen in die Umwelt, macht nach Erikson das Wesen des Grundvertrauens aus und stellt ein stabiles Fundament für die weitere Entwicklung dar. Nach Erikson entsteht hierbei die Stärke der Hoffnung, die während der weiteren Mensch-Umwelt-Beziehung ein solides Fundament für ein aktives, selbstbewusstes Zugehen auf die Umwelt bietet.

> *„Mit dem Bekommen dessen, was gegeben wird und dem Erwerb der Fähigkeit, jemanden dazu zu bekommen, das Gewünschte zu geben, entwickelt der Säugling auch das notwendige adaptive Fundament, um eines Tages selbst ein Gebender zu werden."* (Erikson, 1988, S. 42)

Er führt weiter aus:

> *„Jedenfalls schenkt die Hoffnung auf eine vorausgeahnte Zukunft das Gefühl, einen Spielraum zu haben, der zu erwartungsvollen Sprüngen einlädt, entweder in Form von vorbereitenden Phantasien oder in Form kleiner beginnender Aktionen. Ein solches Wagnis muss sich auf ein Grundvertrauen im Sinne von Zutrauen verlassen können, das im wörtlichen und übertragenen Sinn durch mütterliche Fürsorge aufrechterhalten wird [...]"* (Erikson, 1988, S. 76)

5.2.2.2 Kleinkindalter

Die Phase des Kleinkindalters entspricht der analen Phase im Entwicklungsmodell Freuds. Erikson verweist hier aber nicht nur auf die Bedeutung der Ausscheidungsvorgänge, sondern arbeitet heraus, welch große Bedeutung die zunehmende Muskelkontrolle (Greifen, Laufen etc.) für das Kind in seiner Beziehung zur sozialen Umwelt hat. Das Kind kann zunehmend von sich aus auf seine Umwelt einwirken und von seiner Umwelt Besitz ergreifen. Es ist dabei nicht mehr nur auf die Mithilfe der Umwelt angewiesen. Das Kind kann beginnen, unabhängig zu werden und Autonomie zu entwickeln. In dieser Phase kommt es für Erikson darauf an, dass die Umwelt dieses Autonomiestreben fördert und unterstützt, was weder durch übermäßiges Kontrollieren noch durch vollständiges Gewährenlassen erreicht werden kann. Das Kind muss in seinem Autonomiestreben gleichsam gestützt werden, damit es „schwimmen" lernt ohne unterzugehen. Das Kind erlebt ja immer auch Misserfolge in seinem Autonomiestreben, die dann Scham entstehen lassen. Es ist sich seiner selbst keineswegs sicher, was das bei Kindern dieses Alters zu beobachtende Hin- und Herschwanken zwischen eigener Impulsivität („Alles selbst machen wollen") und der fast bedingungslosen Unterordnung unter elterliche Wünsche verständlich macht.

> *„Ein Gefühl der Niederlage, das aus zu vielen konflikthaften Doppeldeutigkeiten und zuviel oder zuwenig Erziehung herrührt, kann indessen ein tiefes Schamgefühl zur Folge haben und zu zwanghaftem Zweifel führen, ob man jemals das Gefühl erleben wird, dass man das will, was man tut – oder das tut, was man will."* (Erikson, 1988, S. 43)

und

„Wir haben schon früher darauf hingewiesen, dass Kinder zwischen eigenwilliger Impulsivität und sklavischem Zwang hin- und herschwanken können. Das Kind versucht zeitweise, ganz unabhängig zu handeln, indem es sich völlig mit seinen rebellischen Impulsen identifiziert, oder wieder ganz abhängig zu werden, indem es den Willen anderer zu seinen eigenen Zwängen macht ... Auf jeden Fall können Zwang und Impulsivität als die antipodischen Gegenkräfte des Willens gemäß den doppelten (zurückhaltenden und ausscheidenden) Modi, die dieses Alter beherrschen, den Willen lähmen, falls sie sich verstärken und ineinander verzahnen." (Erikson, 1988, S. 103)

5.2.2.3 Spielalter

Die dritte Phase, das Spielalter, ist nach Erikson im Zuge der weiter verbesserten motorischen Fertigkeiten gekennzeichnet durch den Konflikt zwischen der Umwelteroberung, dem Eindringen in die Umwelt und dem Schuldgefühl, das dann entsteht, wenn die Umwelt bei diesen Aktivitäten Schaden erleidet. So etwa, wenn die übrigen Familienmitglieder auf die unermüdlichen Aktivitäten des Kindes sich überfordert fühlen und mit Ablehnung reagieren. Eine besondere Bedeutung hat dieser Konflikt zwischen Initiative und Schuldgefühl im Hinblick auf die ödipale Situation. Hier wird nach Auffassung von Erikson das Kind bald erfahren, dass es Tabus (Inzest-Tabu) berührt und daraus kann dann auch das Schuldgefühl resultieren. Die für diese Phase kennzeichnenden Modi des „Eindringens" und des „Umschließens" versucht Erikson sehr umfassend zu verstehen als Umwelteroberung aber auch als ein Aufnehmen der Umwelt.

„Der Modus des Eindringens ... charakterisiert eine Reihe ‚ähnlich‘ gestalteter Aktivitäten: das Vordringen in den Raum durch kraftvolle Fortbewegung; das Einwirken auf andere Körper durch physische Angriffe; das Eindringen in anderer Leute Ohren und Gedanken durch aggressive Töne; und das Vordringen in das Unbekannte durch Aufmerksamkeit heischende Neugier. Der Modus des Umschließens kann analog dazu durch das oft überraschende Umspringen solch aggressiven Verhaltens in ruhige, wenn auch gespannte Empfänglichkeit für Phantasiematerial zum Ausdruck kommen und in der Bereitschaft, zärtliche und schutzgewährende Beziehungen zu Gleichaltrigen und auch zu kleineren Kindern zu knüpfen." (Erikson, 1988, S. 44)

5.2.2.4 Schulalter

Das Schulalter ist nach Erikson, analog zur Latenzperiode bei Freud, gekennzeichnet durch das Ruhen der psychosexuellen Entwicklung. Das Kind ist gefordert, sich mit viel Energie dem Erwerb der Kulturtechniken (Lesen, Schreiben, Rechnen) zu widmen, sich darum zu bemühen, zu verstehen, wie die Dinge in der Welt funktionieren. Wenn man neu eingeschulte Kinder beobachtet, kann man den Eindruck gewinnen, dass sie die Lernanforderungen nicht nur als eine von außen auferlegte Pflicht ansehen, sondern wirklich gern etwas lernen wollen. Dass diese Lernfreude im Durchschnitt kontinuierlich abflaut wurde bereits an früherer Stelle aufgezeigt (siehe S. 22f.). Es gibt wohl auch keinen öffentlichen Raum in dem persönliches Scheitern, persönliche Defizite und Schwächen so deutlich und öffentlich werden wie in der Schule. Die sich hier häufig einstellende Resignation beschränkt sich evtl. dann nicht auf den erschwerten Erwerb der Grundkenntnisse im Lesen, Schreiben und Rechnen, sondern könnte insgesamt zu Lernhemmungen führen, die das weitere lebenslange Lernen erschweren. Es kommt in dieser Phase also darauf an, dass dieser kindliche Fleiß, Erikson spricht auch von Regsamkeit, als wichtig anerkannt und unterstützt wird, damit nicht ein Gefühl der Minderwertigkeit entsteht, das dann dauerhaft den Erwerb neuer Fertigkeiten erschwert. Es fehlt dann die Stärke der Kompetenz, die eine Auseinandersetzung mit der Umwelt als lohnend und erfolgversprechend erscheinen lässt.

Erikson schreibt zu dieser Phase:

> *„Wir haben dieser Periode (dem Schulalter, Anm. des Verfassers) die psychosoziale Krise Fleiß vs. Inferiorität zugeordnet, wobei Fleiß ein Grundgefühl kompetenter Aktivität darstellt, das sowohl den Gesetzen der Welt der Werkzeuge als auch den Regeln der Kooperation bei geplanten und festgelegten Vorgehensweisen angepasst ist. Und wieder kann man sagen, dass ein Kind in dieser Phase gerne lernen und spielen lernt und sich eifrig jene Techniken aneignet, die mit dem Ethos der Produktion im Einklang stehen."* (Erikson, 1988, S. 99)

5.2.2.5 Adoleszenz

In der Adoleszenz spielt das Problem der Identitätsfindung eine ganz herausgehobene Rolle. Vielfältige biologische und soziale Veränderungen erfordern große psychische Anstrengungen mit dem Ziel, dass der Heranwachsende das Bild, das er von sich selbst hat, neu strukturiert und eine Antwort auf die Frage findet: „Wer bin ich?" Aus der Erfahrung kein Kind mehr zu sein, sich mit neuen Forderungen der Umwelt auseinander setzen zu müssen, auf körperliche Veränderungen reagieren zu müssen, resultiert die Aufgabe eine neue Identität als Mann oder Frau, eine neue Identität im sozialen und beruflichen Umfeld gewinnen zu müssen. Dabei muss sich der Blick sowohl in die Vergangenheit als auch in die Zukunft richten. Lässt sich in all den Veränderungen und Entwicklungen, die der Jugendliche bisher schon durchgemacht hat und die künftig noch zu erwarten sind, eine klare Linie, ein durchgängiges, individuelles, persönliches Muster erkennen, das einen von anderen unterscheidet und ein Gefühl der Kontinuität und des Selbstseins vermittelt? Gerade auch im kritischen Hinterfragen der gesellschaftlichen Erwartungen an die eigene Person, in der Auseinandersetzung mit Fragen der beruflichen Zukunft, der Partnerbeziehungen, ideologischer und politischer Positionen wird schließlich ein eigener Standpunkt entwickelt, dem man sich verpflichtet fühlt.

Identität ist nicht etwas, was im Jugendalter plötzlich da ist oder sich von selbst einstellt, sondern es gehört zu den wesentlichen Aufgaben des Jugendalters, diese

Identität erst einmal zu erarbeiten und zu finden, indem man sich mit Zielen, Werten und Überzeugungen auseinandersetzt und sich jene zu eigen macht, die man persönlich für wichtig hält, denen man sich verpflichtet fühlt und die man erreichen möchte. Wenn dies nicht gelingt, kommt es nach Meinung von Erikson zu Identitätskonfusion oder auch Identitätsdiffusion, also einem Zustand, in dem ein Jugendlicher über sich selbst im Unklaren ist und nicht weiß, wohin die eigene Entwicklung gehen soll. Es wird keine Zukunftsperspektive entworfen, in der eine biografische Kontinuität und ein zukünftiges Sein gedacht werden kann. Eine misslingende Identitätsfindung kann auch zur Flucht in eine negative Identität führen, in der man zwar nicht genau weiß wer man ist, sondern nur anders sein möchte als andere und auf jeden Fall den Erwartungen der Gesellschaft nicht entsprechen möchte.

Jugendliche werden bei ihrer Identitätssuche und Identitätsfindung unterschiedlich weit vorankommen und unterschiedlich erfolgreich sein, je nachdem wie intensiv sie sich mit vorhandenen Werten, Zielen, Anschauungen auseinander setzen (Marcia spricht hier von *exploration* = Erkundung) und je nachdem ob sie sich einzelnen Bereichen (z. B. religiösen Überzeugungen, beruflichen Fragen, politischen Themen) verpflichtet fühlen (Marcia spricht hier von *commitment*). Der Erfolg hängt dabei natürlich nicht nur vom Individuum ab, sondern auch von der Qualität der sozialen Beziehungen und den Angeboten und Anregungen, die das Individuum von seiner Umwelt erhält.

Marcia (1966, 1980, 1983, 1989) unterscheidet idealtypisch vier Formen des Identitätsstatus, je nach Ausmaß betriebener Auseinandersetzung mit existierenden Werten, Zielen, Anschauungen und je nach eingegangener Verpflichtung oder Festlegung für bestimmte Werte, Ziele und Anschauungen:

1. Diffuse Identität: Wenig Auseinandersetzung mit Wertfragen und keine Festlegung auf Wertpositionen, Ziele, Anschauungen sind hier kennzeichnend. Jugendliche in diesem Status fühlen sich von den Eltern wenig verstanden, ziehen sich eher von diesen zurück und hören auf Gleichaltrige und externe Autoritäten.
2. Moratorium: Hier befindet sich der Jugendliche noch in Auseinandersetzung mit unterschiedlichen Wertpositionen, Zielen, Anschauungen, also in einem Stadium der Informationssuche, des gedanklichen und realen Experimentierens, ohne dass es bereits zu Festlegungen und Verpflichtungen auf bestimmte Bereiche gekommen wäre.
3. Übernommene Identität: Eine übernommene Identität ist durch wenig Erkundung der vorhandenen Möglichkeiten, aber durch Festlegungen auf bestimmte Werte, Zielvorstellungen gekennzeichnet, wobei diese Festlegungen wesentlich durch die Eltern bestimmt werden.
4. Erarbeitete Identität: Hier kommt es nach einer Phase des Suchens und Ausprobierens zu selbst ausgewählten Festlegungen und Verpflichtungen auf bestimmte Werte, Ziele und Anschauungen.

Es ist nun keineswegs so, dass alle Jugendlichen alle skizzierten Formen des Identitätsstatus durchlaufen und schließlich eine erarbeitete Identität erreichen. So unterscheidet beispielsweise Waterman (1982) progressive Verläufe, regressive Verläufe und stagnierende Verläufe. Bei progressiven Verläufen kommt es nach einem Moratorium schließlich zur erarbeiteten Identität, während regressive Verläufe letztendlich bei der diffusen Identität enden und bei stagnierenden Verläufen der Status der diffusen oder der übernommenen Identität nicht überwunden wird.

Auch wenn im Jugendalter die Identitätsfindung eine ganz herausgehobene Rolle spielt, sollte man – anders als Erikson – daraus nicht ableiten, dass mit einer Lösung der psychosozialen Krise des Jugendalters Fragen der Identität ein für alle mal erledigt seien. Aus schnellen gesellschaftlichen Veränderungen und den Erfahrungen, die Individuen dabei machen, resultiert ein Anpassungsdruck, der eine fortwährende Identitätsbestimmung gleichsam zur Daueraufgabe macht. Whitbourne & Weinstock (1982) haben ein Modell vorgeschlagen, das den Prozess der Identitätsbestimmung im Erwachsenenalter gut veranschaulicht.

In unterschiedlichen Lebensbereichen werden angesichts schneller gesellschaftlicher Veränderungen ständig neue Erfahrungen gemacht, die verarbeitet und mit der eigenen Identität in Einklang gebracht werden müssen. Diskrepanzen zwischen der eigenen Identität und neuen Erfahrungen werden auf zwei Wegen ausgeglichen: In einem Prozess der Akkomodation wird die Identität modifiziert, umgebaut und neu strukturiert (induktive Differenzierung) oder es werden die neuen Erfahrungen in einem Prozess der Assimilation im Lichte der eigenen Identität interpretiert (deduktive Differenzierung). Beide Prozesse sollten im Gleichgewicht sein, d.h. dass nicht eine Art der Erfahrungsverarbeitung dominiert. Bei einem Überwiegen der deduktiven Differenzierung werden neue Erfahrungen abgewehrt, wenn sie nicht im Einklang mit der Identität stehen und das Bild stören, das man von sich selbst hat. Daraus resultiert mangelnde Flexibilität und Starrheit bis hin zu einer gestörten Wahrnehmung der Realität, die ausblendet, was nicht in das Bild passt, das man von sich und der Welt hat. Eine Dominanz der induktiven Differenzierung führt zu einer zu schnellen und ständigen Veränderung der eigenen Identität, die ein Erleben von Kontinuität und Stabilität der Persönlichkeit unmöglich macht. Ein Misslingen der Verarbeitung neuer Erfahrungen sollte nun nicht einseitig dem Individuum angelastet werden, sondern kann auch das Ergebnis von Lebenslagen sein, die in sich widersprüchlich sind und sich in schwer vorhersehbarer und vom Individuum nicht oder kaum zu beeinflussender Weise schnell verändern.

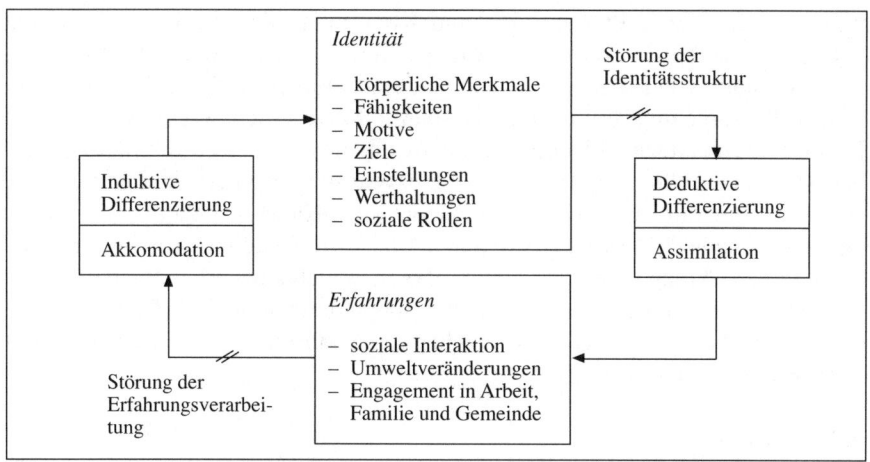

Abb. 5.1: Modell der Identitätsbestimmung im Erwachsenenalter
(nach Whitbourne & Weinstock, 1982; nach Faltermaier, Mayring,
Saup & Strehmel, 2002, S. 68)

5.2.2.6 Frühes Erwachsenenalter

Eine gelungene Identitätsfindung in der Adoleszenz ist nach Erikson nun wiederum die Voraussetzung dafür, dass in der 6. Phase, dem frühen Erwachsenenalter, enge dauerhafte Bindungen eingegangen werden können. Hier kann man nochmals sehr gut die inhaltliche Verbundenheit der psychosozialen Krisen aufeinander folgender Entwicklungsphasen erkennen:

> *„Aber erst nachdem ein einigermaßen sicheres Gefühl der Identität erreicht ist, ist eine wirkliche Intimität mit dem anderen Geschlecht (wie übrigens auch mit jedem anderen Menschen und sogar mit sich selber) möglich.“ (Erikson, 1973, S. 114)*

Wenn man seine eigene Identität gefunden hat, wenn man erkannt hat, „dass es keine wahre Zweiheit gibt, bevor man nicht selber eine Einheit ist." (Erikson , 1973, S. 115), wenn man weiß, wer man ist und was man will, kann man eine Bindung eingehen, eigene Identität mit einer fremden Identität verschmelzen und sich auf die dafür notwendigen Kompromisse einlassen. Wenn diese Fähigkeit der Intimität, d. h. „sich auf feste Partnerschaften einzulassen, die ernste Opfer und Kompromisse fordern können" (Erikson, 1988, S. 92) nicht entwickelt wird, entsteht Isolation.

5.2.2.7 Erwachsenenalter

Der Grundkonflikt des Erwachsenenalters wird mit dem Begriffspaar Generativität vs. Stagnation umschrieben. Mit Generativität ist die Fähigkeit gemeint, eigenes Leben, aber auch Ideen und Erkenntnisse, materielle und ideelle Werte weiterzugeben. Erikson schreibt: „Generativität, so sagten wir, umfasst Fortpflanzungsfähigkeit, Produktivität und Kreativität, also die Hervorbringung neuen Lebens, neuer Produkte und neuer Ideen ..." (Erikson, 1988, S. 86 f.). Nach Meinung von Erikson kann sich hier eine Kraft entwickeln, die er mit dem Begriff Fürsorge umschreibt, wobei er damit die Verpflichtung meint, „sich um Personen, Produkte und Ideen zu kümmern, um die man sich zu kümmern gelernt hat" (Erikson, 1988, S. 87). Wenn diese psychosoziale Krise nicht gelöst wird, entsteht Stagnation, die entweder eher depressiver Natur oder eher narzisstischer Natur sein kann. Mit depressiver Stagnation ist das Gefühl gemeint, dass die eigene Entwicklung nicht weitergeht, dass man nichts bewirken, nichts weitergeben kann. Eine narzisstische Form der Stagnation würde darin bestehen, dass man sich nur mehr um das eigene Wohlergehen kümmert und unberücksichtigt lässt, was nach einem kommt.

5.2.2.8 Alter

Im Alter schließlich geht es darum, das bisherige Leben zu akzeptieren, es für sinnvoll zu halten im Sinne eines „Es war gut so" und auch das weitere Leben mit den zu erwartenden körperlichen, psychischen und sozialen Veränderungen, Verlusten und Einschränkungen für gestaltbar und lebenswert zu halten. Gelingt dies, so könnte die Stärke der Weisheit entstehen, als eine Art „erfüllte und gelöste Anteilnahme am Leben im Angesicht des Todes" (Erikson 1988, S. 78). Dass dies in westlichen Industriegesellschaften mit ihrer starken Orientierung an Jugendlichkeit und Funktionieren nicht einfach ist, bedarf keiner weiteren Begründung. Angesichts der erkennbaren demographischen Veränderungen findet meines Erachtens die folgende Überlegung von Erikson noch viel zu wenig Beachtung:

> *„Durch Begegnung mit alten Menschen werden Kinder lebendiger Kulturen in besonderer Weise zur Nachdenklichkeit angeregt. Wir sollten uns ernsthaft Gedanken darüber machen, was in Zukunft aus einer solchen Beziehung werden kann und muss, wenn reifes Alter zur ,durchschnittlich erwartbaren' Erfahrung wird, die einer Vorausplanung bedarf. Eine historische Veränderung wie die Verlängerung des durchschnittlichen Lebensalters zwingt zu lebensfähigen Reritualisierungen, die einen sinnvollen Austausch zwischen Anfang und Ende, ein Gefühl von Rückschau und Zusammenfassung und eine aktive Antizipation des Sterbens möglich machen sollten." (Erikson, 1988, S. 80 f.)*

5.2.3   Kritik des Entwicklungsmodells von Erikson

Das Entwicklungsmodell von Erikson erfreut sich gerade auch im außerwissenschaftlichen Bereich großer Beliebtheit. Die ist keineswegs überraschend angesichts seiner durchaus plausiblen Überlegungen, in denen Grundfragen menschlichen Lebens thematisiert werden, die jeder mit eigenen Erfahrungen und Beobachtungen ohne viel Mühe im Einklang sehen kann. Diese subjektive Vertrautheit lässt leicht vergessen, dass die zentralen Aussagen letztlich doch noch so vage sind, dass sie einer empirischen Überprüfung kaum zugänglich sind. Es werden Entwicklungsphasen postuliert, ohne dass klar genug herausgearbeitet wird, welche Prozesse eine Phase einleiten oder auch beenden. Mit seinem Verständnis von menschlicher Entwicklung als einem lebenslangen, aktiven Prozess der Auseinandersetzung des Menschen mit seiner (sozialen) Umwelt, in dem aus der erfolgreichen Bewältigung von Krisen Stärken erwachsen, befindet sich Erikson allerdings im Einklang mit aktuellen Strömungen der Entwicklungspsychologie.

5.3 Entwicklung als Lösung von Entwicklungsaufgaben (Havighurst)

Eine gegenüber Eriksons Modell noch weiter ausdifferenzierte Beschreibung der Entwicklung über den gesamten Lebensverlauf liefert Havighurst (1976), der davon ausgeht, dass sich in den einzelnen Lebensabschnitten jeweils spezifische Entwicklungsaufgaben stellen und zu lösen sind:

„Eine ‚Entwicklungsaufgabe' ist eine Aufgabe, die in oder zumindest ungefähr zu einem bestimmten Lebensabschnitt des Individuums entsteht, deren erfolgreiche Bewältigung zu dessen Glück und zum Erfolg bei späteren Aufgaben führt, während das Misslingen zu Unglücklichsein, zu Missbilligung durch die Gesellschaft und zu Schwierigkeiten mit späteren Aufgaben führt." (Havighurst, 1976, S. 2)

5.3.1 Quellen der Entwicklungsaufgaben

Havighurst unterscheidet drei Quellen, aus denen die Entwicklungsaufgaben entstehen, wobei diese drei Quellen in der Regel jeweils zusammenwirken, wenn auch ihr Anteil am Zustandekommen einer Entwicklungsaufgabe jeweils unterschiedlich groß sein kann: Entwicklungsaufgaben entstehen „durch körperliche Reifung, den Druck des kulturellen Prozesses auf das Individuum, die Wünsche, Ziele und Werte der entstehenden Persönlichkeit, wobei sie in den meisten Fällen durch eine Kombination dieser drei zusammenwirkenden Faktoren entstehen" (Havighurst, 1976, S. 6; Übersetzung durch den Verfasser). Entsprechend dieser Konzeption geht Havighurst bei der Beschreibung jeder Entwicklungsaufgabe der Frage nach, was Biologie, Psychologie, Soziologie und Sozialanthropologie zum Verständnis der jeweiligen Entwicklungsaufgabe beitragen können. Damit macht Havighurst meines Erachtens zu Recht deutlich, dass ein Verständnis menschlicher Entwicklung immer eine multidisziplinäre Sichtweise erfordert.

5.3.2 Charakteristika der Entwicklungsaufgaben

Das Konzept der Entwicklungsaufgaben verdeutlicht Havighurst (1976, S. 36–42) noch durch die Beschreibung folgender Charakteristika der Entwicklungsaufgaben:

- **Interdependenz von Entwicklungsaufgaben**
Die einzelnen Entwicklungsaufgaben sind nicht isolierte Anforderungen, sondern hängen in mehrfacher Weise miteinander zusammen: Die Bewältigung oder Nichtbewältigung einer Entwicklungsaufgabe einer früheren Entwicklungsstufe hat Auswirkungen auf die Lösung von Entwicklungsaufgaben späterer Entwicklungsstufen. (Beispiel: Wer in der mittleren Kindheit die grundlegenden Fertigkeiten des Lesens, Schreibens und Rechnens nur unzureichend erwerben und einüben konnte, wird Schwierigkeiten haben, im Jugendalter berufliche Perspektiven zu entwickeln, und schließlich dann im Erwachsenenalter den Berufseinstieg nur unzureichend schaffen). Aber auch innerhalb einer Entwicklungsstufe hängen die Entwicklungsaufgaben miteinander zusammen: Jugendliche, die wegen hoher Jugendarbeitslosigkeit oder fehlender schulischer Abschlüsse keine beruflichen Perspektiven entwickeln und keine Ausbildung beginnen können, werden es schwerer haben, sich von ihrer Familie zu lösen und werden häufig auch mangels finanzieller Mittel in ihrer Gleichaltrigengruppe (Peergroup) nicht „mithalten" können und damit auch weniger Möglichkeiten haben, neue und reifere Beziehungen zu Gleichaltrigen zu entwickeln und zu erproben. Damit wird die Ablösung vom Elternhaus weiter erschwert. Dieser hier postulierten Interdependenz von Entwicklungsaufgaben liegt eine Sichtweise von Entwicklung zu Grunde, die nicht nur für die Betrachtung der Entwicklungsaufgaben gelten sollte: Entwicklungsphänomene sollten nicht isoliert betrachtet werden, sondern als Teile eines in komplexer Weise zusammenhängenden Entwicklungsgeschehens.

- **Häufigkeit und Zeitpunkt des Auftretens**
Neben wiederholt und immer wieder neu zu lösenden Entwicklungsaufgaben gibt es auch Entwicklungsaufgaben, die nur einmal zu bewältigen sind. Die Aufgabe mit altersgleichen Personen zurecht zu kommen, stellt sich im Verlaufe der Entwicklung immer wieder und muss auch immer wieder neu gelöst werden, sei es in Kindergarten, Schule, Hochschule und Beruf und schließlich noch im Seniorenheim. Neben diesen wiederholt zu lösenden Entwicklungsaufgaben gibt es aber auch Entwicklungsaufgaben, die nur einmal gelöst werden müssen. Die Aufgabe, die grundlegenden Kulturtechniken des Lesens, Schreibens und Rechnens zu erwerben, ist bei Erfolg ein für alle mal erledigt.

- **Kulturabhängigkeit**
Havighurst nennt zudem noch auf die Kulturabhängigkeit von Entwicklungsaufgaben und meint damit folgende Unterscheidung. Es gibt Entwicklungsaufgaben, die in allen Kulturen zu lösen sind (z. B. Erwerb der männlichen und der weiblichen Geschlechtsrolle), und es gibt kulturspezifische Entwicklungsaufgaben, die sich nur in einem bestimmten kulturellen Kontext stellen (z. B. ist die Ablö-

sung von der Herkunftsfamilie nur dort erforderlich, wo man nicht lebenslang in der Großfamilie, der Sippe etc. verbleibt). Diese Unterscheidung wird zwar nicht weiter ausdifferenziert, macht aber klar, dass Entwicklung immer auch beeinflusst wird von kulturellen Werte, Normen, Überzeugungen. Es gibt Entwicklungsveränderungen, die in unterschiedlichen Kulturen und Gesellschaften in zumindest ähnlicher Weise verlaufen, und es gibt Entwicklungsprozesse, die einzigartig geprägt werden von bestimmten kulturellen und gesellschaftlichen Gegebenheiten. Dieses Thema wird in der vergleichenden Entwicklungsforschung aufgegriffen (ausführlicher hierzu Tesch-Römer & Kondratowitz, 2007). Für die Soziale Arbeit ist es sehr wichtig, die kulturelle Bedingtheit und die daraus resultierenden unterschiedlichen Entwicklungsverläufe immer in die Überlegungen miteinzubeziehen, wenn man es mit Klienten unterschiedlichen kulturellen Hintergrunds zu tun hat. Für Jugendliche mit Migrationshintergrund hat z.B. die Ablösung von den Eltern eben häufig eine andere Bedeutung und erfordert auch andere Lösungsversuche als für deutsche Jugendliche. Gefordert ist in der Sozialen Arbeit interkulturelle Kompetenz gerade auch im Hinblick auf Entwicklungsbedingungen und Entwicklungsverläufe.

5.3.3   Entwicklungsaufgaben im Überblick

Havighurst unterscheidet in sechs Entwicklungsstufen jeweils zwischen sechs und zehn Entwicklungsaufgaben, wobei er explizit darauf hinweist, dass die Zahl der Entwicklungsaufgaben relativ willkürlich ist und insbesondere von der Feinheit der Analyse abhängig ist, die jeweils angestrebt wird. So kann man die Entwicklungsaufgabe „laufen lernen" auch in verschiedene einzelne Entwicklungsaufgaben aufgliedern wie: stehen, laufen, rennen, hüpfen, springen. Wenn also in den nächsten beiden Tabellen die Entwicklungsaufgaben unterschiedlicher Altersstufen beschrieben werden, sollte man dies nicht als einen festen, unveränderbaren Kanon von Entwicklungsaufgaben verstehen, sondern eher als eine grobe Beschreibung des Entwicklungsgeschehens in den einzelnen Altersstufen.

Tab. 5.3: Entwicklungsaufgaben des Kindes- und Jugendalters
(nach Havighurst, 1976, S. 8–82)

Frühe Kindheit (0–6 Jahre)
1. Lernen zu laufen 2. Lernen, feste Nahrung aufzunehmen 3. Lernen zu sprechen 4. Lernen, die Ausscheidungsvorgänge zu kontrollieren 5. Lernen von Geschlechtsunterschieden und sexueller Scham 6. Bildung von Konzepten und Lernen sprachlicher Begriffe zur Beschreibung der physischen und sozialen Realität 7. Entwicklung der Bereitschaft, lesen zu lernen 8. Lernen, zwischen Recht und Unrecht zu unterscheiden und Entwicklung eines Gewissens
Mittlere Kindheit (6–12 Jahre)
1. Erlernen von Fähigkeiten, die für normales Spielen nötig sind 2. Aufbau einer gesunden Einstellung zur eigenen Person als einem wachsenden Organismus 3. Lernen, mit Altersgenossen zurechtzukommen 4. Erlernen einer passenden männlichen und weiblichen Rolle 5. Entwicklung grundlegender Fertigkeiten im Lesen, Schreiben und Rechnen 6. Entwicklung von Konzepten, die für das Verstehen des alltäglichen Lebens notwendig sind 7. Entwicklung von Gewissen, Moral und Wertmaßstäben 8. Erreichen persönlicher Unabhängigkeit 9. Entwicklung einer Einstellung gegenüber sozialen Gruppen und Institutionen
Adoleszenz (12–18 Jahre)
1. Erreichen neuerer und reiferer Beziehungen zu Altersgenossen beiderlei Geschlechts 2. Erreichen einer männlichen und weiblichen Geschlechtsrolle 3. Akzeptieren der eigenen körperlichen Erscheinung und effektive Nutzung des Körpers 4. Erreichen emotionaler Unabhängigkeit von den Eltern und anderen Erwachsenen 5. Vorbereitung auf Ehe und Familienleben 6. Vorbereitung auf eine berufliche Laufbahn 7. Erwerben eines Wertesystems und ethischen Systems als Richtschnur für das Verhalten – Entwicklung einer Ideologie 8. Anstreben und Erreichen eines sozial verantwortlichen Verhaltens

Tab. 5.4: Entwicklungsaufgaben des Erwachsenenalters
(nach Havighurst, 1976, S. 83–116)

Frühes Erwachsenenalter (18–30 Jahre)
1. Wahl eines Partners 2. Lernen, mit einem Ehepartner zu leben 3. Gründung einer Familie 4. Erziehen von Kindern 5. Führen eines Haushalts 6. Beginn im Beruf 7. Verantwortung als Bürger übernehmen 8. Finden eines passenden Freundeskreises
Mittleres Erwachsenenalter (ca. 30–60 Jahre)
1. Eigene Kinder darin unterstützen, verantwortliche und glückliche Erwachsene zu werden 2. Erreichen sozialer und öffentlicher Verantwortlichkeit als Erwachsener 3. Erreichen und Aufrechterhalten befriedigender Leistungen im Beruf 4. Entwicklung angemessener Freizeitaktivitäten 5. Pflege der Beziehung zum Partner 6. Die physiologischen Veränderungen des mittleren Lebensalters akzeptieren und sich daran anpassen 7. Anpassung an alte Eltern
Späteres Erwachsenenalter (ab 60 Jahre)
1. Anpassung an das Nachlassen der Kräfte und der Gesundheit 2. Anpassung an den Ruhestand und ein vermindertes Einkommen 3. Anpassung beim Tod des Partners 4. Aufbau eines gezielten Anschlusses an die eigene Altersgruppe 5. In flexibler Weise die sozialen Rollen annehmen und sich daran anpassen 6. Aufbau befriedigender Lebensumstände

Mit dieser Auflistung wird meines Erachtens gut veranschaulicht, welch vielfältige Entwicklungsaufgaben im Laufe der Lebensspanne zu bewältigen sind. Allerdings wird man nicht übersehen können, dass dieser von Havighurst vorgelegte Katalog von Entwicklungsaufgaben doch eher „auf der Basis der Kultur der amerikanischen Gesellschaft definiert und an Mittelschichtnormen orientiert (ist), die für die 40er Jahre repräsentativ waren." (Dreher & Dreher, 1985, S. 58.) Ist also das Entwicklungsmodell von Havighurst, das er in zahlreichen Neuauflagen seines ursprünglich 1948 erschienenen Werkes in leicht modifizierter Form über Jahrzehnte beibehalten hat, letztlich doch nur von historischem Interesse? Zunächst einmal gilt es festzuhalten: Entwicklungsaufgaben sind definitionsgemäß abhängig von individuellen Wert- und Zielentscheidungen, die sich verändern können, und von gesellschaftlichen Anforderungen, die sich ebenfalls verändern können. Entwicklungsaufgaben können also einem historischen Wandel unterliegen, die Frage ist nur, wie groß dieser Wandel ist und inwieweit neue

Entwicklungsaufgaben hinzukommen und alte wegfallen. Für die Adoleszenz liegen hierzu interessante, wenn auch nicht ganz aktuelle empirische Erkenntnisse von Dreher und Dreher (1985, 1997) vor.

5.3.4 Exkurs: Entwicklungsaufgaben des Jugendalters und ihre Bewältigung

In einer ersten Untersuchungswelle wurden von Dreher und Dreher 440 Jugendliche zwischen 15 und 18 Jahren unter anderem um eine Bedeutsamkeitseinschätzung der Entwicklungsaufgaben der Adoleszenz gebeten. Dabei wurden die von Havighurst postulierten Entwicklungsaufgaben in jugendgemäßer Weise inhaltlich umschrieben und durch zwei zusätzliche Entwicklungsaufgaben ergänzt. Zwischen 1994 und 1996 wurden dann verschiedene Wiederholungsstudien mit vergleichbaren Stichproben durchgeführt, deren Ergebnisse zusammenfassend von Oerter und Dreher (2002, S. 271 f.) dargestellt werden. In der nachfolgenden Tabelle 5.5 ist jeweils der prozentuale Anteil der Befragten aufgeführt, der die genannten Entwicklungsaufgaben als „wichtig" bzw. „sehr wichtig" eingeschätzt hat, wobei jeweils zwischen männlichen und weiblichen Jugendlichen unterschieden wird.

Zunächst ist festzuhalten, dass die von Havighurst genannten Entwicklungsaufgaben der Adoleszenz offensichtlich auch von den befragten Jugendlichen zu einem hohen Anteil als wichtig bis sehr wichtig eingeschätzt werden, wobei sich allerdings die Bedeutsamkeitseinschätzung über die Jahre hinweg teilweise verändert. Ob die Entwicklungsaufgaben des Jugendalters damit erschöpfend beschrieben sind, ist daraus allerdings nicht abzuleiten. So nennt beispielsweise Hurrelmann (2005, S. 28) zusätzlich noch die m. E. sehr wichtige Entwicklungsaufgabe „Entwicklung selbständiger Handlungsmuster für die Nutzung des Konsumwarenmarktes", während die übrigen von ihm angeführten drei Gruppen von Entwicklungsaufgaben des Jugendalters durchaus mit Havighursts Auflistung übereinstimmen. Die empirischen Daten aus den beiden Untersuchungszeitpunkten zeigen sehr gut auf, dass Entwicklungsaufgaben einem Wandel unterworfen sind, wobei sich auch die Unterschiede zwischen männlichen und weiblichen Jugendlichen verändern. Auch wenn hier keine detaillierte Diskussion betrieben werden kann, sollen die empirischen Daten zumindest kurz aus einer zeitlichen und aus einer geschlechtsspezifischen Perspektive beleuchtet werden.

Insgesamt betrachtet nimmt die subjektive Bedeutsamkeit einzelner Entwicklungsaufgaben ab, verbleibt aber immer noch auf einem relativ hohen Niveau. Daneben hat sich auch die Rangfolge der einzelnen Entwicklungsaufgaben geändert. Einen nahezu gleichbleibend hohen Stellenwert hat die Entwicklungsaufgabe „Einen Freundeskreis aufbauen, d.h. zu Altersgenossen beiderlei Geschlechts neue und tiefere Beziehungen aufbauen". Die Bewältigung dieser offensichtlich so wichtigen Entwicklungsaufgabe, die auch mit den anderen Entwicklungsaufgaben des Jugendalters eng zusammenhängt, wird Jugendlichen häufig außerordentlich

Tab. 5.5: Bedeutsamkeitseinschätzungen der Entwicklungsaufgaben in der Adoleszenz durch männliche und weibliche Jugendliche (zusammengestellt nach Dreher & Dreher, 1985, S. 63 und Oerter & Dreher, 2002, S. 272)

Entwicklungsaufgabe	1985		1997	
	männl.	**weibl.**	**männl.**	**weibl.**
Beruf Sich über die Ausbildung und Berufe Gedanken machen: überlegen, was man werden will und was man dafür können bzw. lernen muss.	94	94	77	77
Selbst Sich selbst kennenlernen und wissen, wie andere einen sehen, d.h. Klarheit über sich selbst gewinnen.	94	94	70	60
Peer Einen Freundeskreis aufbauen, d.h. zu Altersgenossen beiderlei Geschlechts neue, tiefere Beziehungen herstellen.	91	91	86	79
Zukunft Eine Zukunftsperspektive entwickeln: Sein Leben planen und Ziele ansteuern, von denen man annimmt, dass man sie erreichen könnte.	80	86	65	71
Werte Eine eigene Weltanschauung entwickeln: sich darüber klar werden, welche Werte man vertritt und an welchen Prinzipien man das eigene Handeln ausrichten will.	**78**	**92**	68	55
Körper Veränderungen des Körpers und des eigenen Aussehens akzeptieren.	**78**	**88**	**50**	**73**
Beziehung Engere Beziehungen zu einem Freund bzw. einer Freundin aufnehmen.	**74**	**49**	76	81
Rolle Sich das Verhalten aneignen, das in unserer Gesellschaft zur Rolle eines Mannes bzw. zur Rolle einer Frau gehört.	**58**	**42**	**68**	**32**
Ablösung Sich von den Eltern loslösen, d.h. von den Eltern unabhängig werden.	**55**	**64**	68	60
Partnerschaft/Familie Vorstellungen entwickeln, wie man die eigene zukünftige Familie bzw. Partnerschaft gestalten möchte.	46	50	20	28

Signifikante Unterschiede zwischen männlichen und weiblichen Jugendlichen sind jeweils durch Fettdruck gekennzeichnet.

erschwert, zum Beispiel durch beengte private Wohnverhältnisse, Vertreibung von Jugendlichen aus öffentlichen Räumen und Plätzen oder eingeschränkte Möglichkeiten der Nutzung kommerzieller Angebote für Jugendliche wegen fehlender finanzieller Mittel. Es erscheint unmittelbar einleuchtend, dass hier die Jugendarbeit mit ihren Angeboten besonders gefordert ist.

Bei einem Vergleich der Antworten der männlichen und weiblichen Jugendlichen zeigen sich interessante geschlechtsspezifische Differenzen, die hier allerdings nur ansatzweise interpretiert und diskutiert werden sollen: Zunächst einmale ist festzuhalten, dass von ehemals fünf signifikanten Unterschieden zwischen männlichen und weiblichen Jugendlichen nur noch zwei übrig bleiben. Offensichtlich wird die Bedeutsamkeit von Entwicklungsaufgaben zunehmend ähnlicher eingeschätzt Es verbleiben aber interessante Unterschiede: Für weibliche Jugendliche scheint das Akzeptieren der eigenen körperlichen Erscheinung als Entwicklungsaufgabe nach wie vor wesentlich bedeutsamer zu sein als für männliche Jugendliche. Möglicherweise zeigt sich hier, dass der Druck auf Frauen, bestimmten Schönheitsvorstellungen entsprechen zu müssen, doch immer noch größer ist. Während zum ersten Befragungszeitpunkt weibliche Jugendliche die Entwicklungsaufgabe „vom Elternhaus unabhängig werden" vermutlich wegen des stärkeren familialen Kontrolldrucks noch als signifikant wichtiger einschätzten, so hat sich dieser geschlechtsspezifische Unterschied fast umgekehrt. Männliche Jugendliche messen der Übernahme der männlichen Geschlechtsrolle als Entwicklungsaufgabe eine größere Bedeutung bei, als dies umgekehrt im Hinblick auf die weibliche Geschlechtsrolle weibliche Jugendliche tun. Möglicherweise könnte dies als Indiz für ein Brüchigwerden der traditionellen Männerrolle gedeutet werden, was zur Verunsicherung führt und das Lösen der entsprechenden Entwicklungsaufgabe schwieriger macht. Für diese Interpretation könnte auch sprechen, dass für männliche Jugendliche die Entwicklungsaufgaben „Sich selbst kennenlernen und wissen, wie andere einen sehen, d.h. Klarheit über sich selbst gewinnen" einen höheren Stellewert hat als bei weiblichen Jugendlichen. In der Befragung von 1985 konnte noch folgender Unterschied festgestellt werden: Während bei männlichen Jugendlichen die Entwicklungsaufgabe „Aufnahme intimer Beziehungen zum Partner (Freund/Freundin)" die gleiche Bedeutsamkeitseinschätzung erreicht wie die Entwicklungsaufgabe „Akzeptieren der eigenen körperlichen Erscheinung: Veränderungen des Körpers und sein eigenes Aussehen annehmen" erreicht bei weiblichen Jugendlichen der Aspekt der Intimität die gleiche Bedeutung wie die Entwicklungsaufgabe „Vorstellungen entwickeln, wie der Ehepartner und die zukünftige Familie sein sollen", die bei männlichen Jugendlichen mit Abstand an letzter Stelle steht. Dreher & Dreher (1985, S. 64) folgern daraus, „dass die Aufnahme intimer Beziehungen für männliche Jugendliche in Verbindung mit körperlicher Reife an Bedeutung gewinnt, während bei weiblichen Jugendlichen intime Beziehungen mehr in Verbindung mit der Bedeutsamkeit von Partnerschaft und späterer Familie stehen." 1995 hat sich die Situation deutlich geändert. Für männliche und weibliche Jugendliche hat die Entwicklungsaufgabe „Beziehung" eine ganz hohe Bedeutung, während die Entwicklungsaufgabe „Partnerschaft/Familie" für beide Geschlechter einen deutlichen Bedeutungsverlaust erleidet. Die Beziehung zu einem Freund oder einer Freundin ist von ganz hoher Bedeutung, ohne dass dabei die eher in die Zukunft gerichteten Überlegungen zu Partnerschaft und Familie eine große Rolle spielen würden.

Die wenigen Beispiele zeigen die Notwendigkeit einer geschlechtsspezifischen Betrachtung der Entwicklungsaufgaben auf und machen damit einen Mangel eigentlich aller bisher dargestellten Entwicklungsmodelle deutlich: Sie gehen zu wenig auf die geschlechtsspezifischen Unterschiede in der Entwicklung ein. Abgesehen von diesem Mangel liefert das Entwicklungsmodell von Havighurst eine breite Beschreibung des Entwicklungsgeschehens in der Adoleszenz und bietet vielfältige Anregungen für die Praxis der Arbeit mit Jugendlichen, die aufzugreifen sind, indem folgenden Fragen nachgegangen wird:

- Welche Entwicklungsaufgaben haben jene Jugendlichen zu bewältigen, die Adressaten sozialpädagogischer Bemühungen sind?
- Welche Bedeutung messen die Jugendlichen den einzelnen Entwicklungsaufgaben zu?
- Welche Schwierigkeiten treten im Zusammenhang mit der Bewältigung der Entwicklungsaufgaben auf?
- Weshalb kommt es zu diesen Schwierigkeiten?
- Auf welche Weise versuchen Jugendliche ihre Entwicklungsaufgaben zu lösen? Welche Unterstützung erhalten sie dabei und was kann die Soziale Arbeit tun?

Wenn man sich mit den hier skizzierten Fragen auseinander setzt, ist zu bedenken, dass man im Konzept der Entwicklungsaufgaben von einem aktiv handelnden Subjekt ausgeht, das seine Entwicklung und die Lösung der Entwicklungsaufgaben in seinem Alltagshandeln wesentlich selbst mitbestimmt. Fend (2000) hat hierzu ein Modell vorgelegt, das die unterschiedlichen Ressourcen aufzeigt, die bei der Lösung der Entwicklungsaufgaben des Jugendalters zur Verfügung stehen.

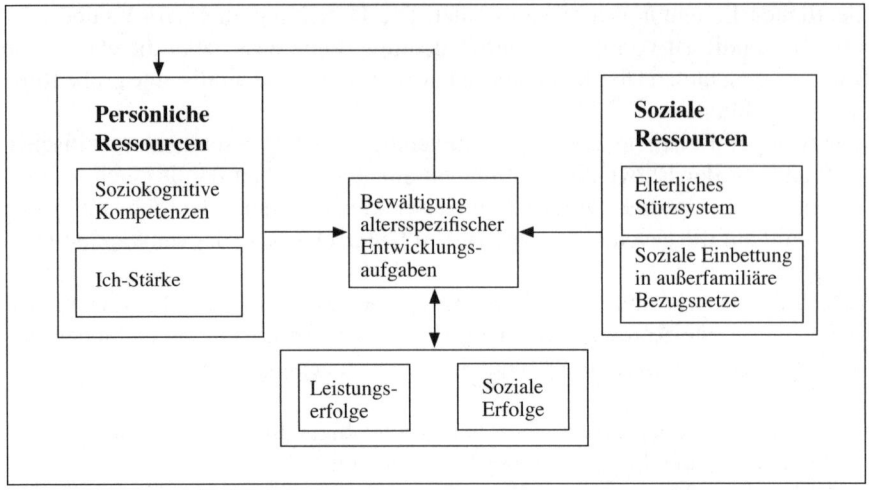

Abb. 5.2: Ressourcen bei der Bewältigung jugendspezifischer Entwicklungsaufgaben (nach Fend, 2000, S. 214)

Die erfolgreiche Lösung von Entwicklungsaufgaben hängt nach diesem Modell von den Ressourcen ab, die einer Person zur Verfügung stehen. Da sind zunächst einmal die Denk- und Analysefähigkeiten (sozial-kognitive Kompetenzen), die erforderlich sind, um die mit den Entwicklungsaufgaben verbundenen Anforderungen und Problemstellungen überhaupt durchschauen zu können und daraus dann angemessene Lösungsstrategien entwickeln zu können. Dies wird dann eher gelingen, wenn das Individuum sich selbst etwas zutraut (Ich-Stärke) und auch früher schon Entwicklungsaufgaben erfolgreich bewältigt hat. Neben diesen persönlichen Ressourcen spielen auch familiale und außerfamiliale Stützsysteme eine wesentliche Rolle. Auch Erfolge, die jemand im Leistungsbereich oder im Hinblick auf soziale Anerkennung erzielt, können eine die Problembewältigung erleichternde Wirkung haben.

In der Sozialen Arbeit, die Jugendliche bei der Gestaltung ihrer Entwicklung unterstützen will, kann man dieses Modell aufgreifen und sich darum bemühen, vorhandene Ressourcen zu stärken oder auch neue Ressourcen zu erschließen oder bereitzustellen. Dies wird aber nicht ausreichen. Die Wahrscheinlichkeit einer erfolgreichen Bewältigung von Entwicklungsaufgaben hängt eben auch ab von den objektiven Gegebenheiten der Lebenslage, den gesamtgesellschaftlichen Bedingungen. Ob Jugendliche die Entwicklungsaufgabe „Eine berufliche Perspektive entwickeln" lösen, wird eben nicht nur bestimmt von ihren personalen Kompetenzen und der Unterstützung aus dem sozialen Nahraum, sondern auch von wirtschaftlichen Gegebenheiten (Lehrstellenmangel, Strukturschwäche einer Region etc.). Entsprechende Beispiele könnten sicher auch für andere Entwicklungsaufgaben angeführt werden. Die sozialen und ökonomischen Lebensbedingungen und ihre Veränderungen wirken auf die Jugendlichen in ganz besonderer Weise ein. In gesellschaftlichen Umbruchsituationen, man denke etwa an die zunehmende Individualisierung (siehe Beck, 1986) ergeben sich vielfältige neue Möglichkeiten der Lebensgestaltung, während gleichzeitig die traditionellen Orientierungen und Verhaltensvorschriften ihre Vorbildwirkung verlieren. Jugendliche haben mehr Chancen, ihre Entwicklungsaufgabe in eigenständiger Weise zu lösen, verbunden allerdings mit dem erhöhten Risiko, dabei auch zu scheitern. Der daraus resultierende Problemdruck kann sich dann in unterschiedlicher Weise äußern, wie Hurrelmann (2005, S. 163 f.) ausführt:

- nach außen gerichtete (externalisierende) Problemverarbeitung (z.b. Gewalt)
- ausweichende (evadierende) Problemverarbeitung (z.b. Konsum psychoaktiver Drogen)
- nach innen gerichtete (internalisierende) Problemverarbeitung (z. B. psychosomatische Störungen)

Die Soziale Arbeit hat sich in vielfältiger Wiese auch mit dem hier kurz skizzierten Scheitern bei der angemessenen Bewältigung von Entwicklungsaufgaben zu beschäftigen.

Die Praxisrelevanz des Entwicklungsmodells von Havighurst wurde hier exemplarisch am Beispiel der Adoleszenz aufgezeigt. Entsprechende Beispiele könnten auch für andere Entwicklungsstufen angeführt werden. Es dürfte aber bereits hinreichend deutlich geworden sein, dass das Entwicklungsmodell von Havighurst vielfältige Anregungen für konzeptionelle Überlegungen in der Sozialen Arbeit bietet.

5.3.5   Kritik des Entwicklungsmodells von Havighurst

Das Entwicklungsmodell von Havighurst gibt eine wichtige Orientierung über Aufgaben und Anforderungen, die im Verlauf der Entwicklung zu bewältigen sind. Aus den Überlegungen von Havighurst lässt sich gut ableiten, wo die Soziale Arbeit ansetzen muss, wenn sie altersbezogene Angebote machen will, um Menschen bei der Bewältigung ihrer Entwicklungsaufgaben zu unterstützen. Aus einer Analyse der Strategien zur Bewältigung von Entwicklungsaufgaben und den dabei zu beobachtenden personalen Schwierigkeiten und den in den Umwelt liegenden Hindernissen und den Einflüssen struktureller Gewalt (siehe hierzu ausführlicher Rothgang 1994) können pädagogische Handlungsstrategien abgeleitet werden mit dem Ziel, frühzeitig individuelle Fähigkeiten, Fertigkeiten und Kenntnisse zu entwickeln und zu fördern, die zur Lösung aktueller und späterer Entwicklungsaufgaben notwendig sind und gleichzeitig im Sinne einer präventiven Strategie, die außerhalb des Indiviuums liegenden potenziellen Hindernisse frühzeitig zu benennen und zu beseitigen, die einer Bewältigung von Entwicklungsaufgaben entgegenstehen. Dies impliziert auch eine frühzeitige Einmischung in gesellschaftliche Planungs- und Entscheidungsprozesse mit dem

Ziel, Menschen die Bewältigung ihrer Entwicklungsaufgaben zu ermöglichen oder zu erleichtern. Eine erfolgreiche Bewältigung von Entwicklungsaufgaben ermöglicht die ganz zentrale Erfahrung, dass man auf die eigene Entwicklung Einfluss nehmen kann, das eigene Leben und seine Gestaltung selbst in der Hand hat und mit seinem eigenen Verhalten Wirkungen erzielen kann, im Sinne eines „Sich-Selbst-etwas-zutrauen", wie wir das schon bei Erikson gehört haben. Nach meiner Auffassung ist dies eine zentrale Aufgabe der Sozialen Arbeit.

So wichtige Anregungen das Entwicklungskonzept von Havighurst aber auch bietet, so wird man auch nicht übersehen können, dass dieses Entwicklungs-modell doch auch einige Schwachstellen aufweist: Die drei „Quellen" der Ent-wicklungsaufgaben (biologische Veränderungen, gesellschaftliche Erwartungen und individuelle Bedürfnisse und Ziele), deren relativer Anteil an einzelnen Entwicklungsaufgaben unklar bleibt, werden nicht aus empirischen Daten abge-leitet oder einer systematischen empirischen Überprüfung unterzogen, sondern eher postuliert und lassen eine „deutliche Anlehnung an die „Normalbiographie" von Mittelschichtangehörigen westlicher Industriegesellschaften erkennen." (Ulich 1987, S. 77.) Dies muss allerdings nicht gegen die Praxisrelevanz der Überlegungen von Havighurst sprechen, wenn man sich bewußt macht, dass wissenschaftliche Aussagen ohnehin stets darauf zu überprüfen sind, ob sie auf den konkreten Praxisfall unmittelbar übertragbar sind oder doch modifiziert werden müssen.

6 Grundlegende Denkrichtungen in der Entwicklungspsychologie

Es gibt in der Entwicklungspsychologie nicht „die" Theorie zur Erklärung menschlicher Entwicklung, sondern eine Vielzahl von Modellvorstellungen und Theorieentwürfen, mit denen versucht wird, die Veränderungen des Erlebens und Verhaltens zu erklären. Die Vielfalt resultiert u.a. aus den sehr unterschiedlichen Grundannahmen über das Wesen des Menschen und über die Faktoren, die seine Veränderung steuern. Diese nicht immer explizit ausformulierten anthropologischen Vorannahmen beeinflussen sowohl die Theoriebildung als auch das empirische Arbeiten in der Entwicklungspsychologie. Lohnt sich aber nun für den Praktiker angesichts der wissenschaftlichen „Uneinigkeit" überhaupt die Beschäftigung mit theoretischen Ansätzen der Entwicklungspsychologie? Die Beschäftigung mit theoretischen Überlegungen der Entwicklungspsychologie ist für die Praxis der Sozialen Arbeit nicht nur hilfreich, sondern zwingend erforderlich. Dies aus mehreren Gründen:

- Auch ohne entwicklungspsychologische Vorkenntnisse werden wohl viele Menschen mehr oder weniger differenzierte Vorstellungen haben über die Bedingungen und Veränderungsmechanismen menschlicher Entwicklung. Es ist in diesem Zusammenhang an die früher referierte Befragung der Studierenden zu erinnern (siehe Seite 12ff.), die aufzeigte, dass Studierende der Sozialen Arbeit sehr stark davon ausgehen, dass Entwicklung durch die Umwelt bestimmt wird und Lernvorgänge die menschliche Entwicklung voranbringen. Auf der Grundlage derartiger „impliziter Entwicklungstheorien" werden dann auch Entwicklungsphänomene wahrgenommen und interpretiert, wobei immer die Gefahr besteht, dass die Realität nur mehr im Lichte der eigenen theoretischen Voreingenommenheit wahrgenommen und gedeutet wird. Die Auseinandersetzung mit unterschiedlichen wissenschaftlichen Erklärungsversuchen zur menschlichen Entwicklung erweitert die Perspektive und kann dann zumindest dazu beitragen, die eigene Sichtweise kritisch zu reflektieren und gegebenenfalls zu modifizieren.
- Praktisches Handeln wird immer auch von theoretischen Überzeugungen mitbestimmt, selbst wenn diese nur sehr vage und wenig ausdifferenziert sind. Wer zum Beispiel von der Bedeutung der Umwelt für die menschliche Entwicklung überzeugt ist, wird hartnäckiger versuchen, auf menschliche Entwicklung einzuwirken, als jemand, der die genetische Ausstattung für zentral entwicklungssteuernd hält. Dabei werden die Ergebnisse praktischen Handelns nicht immer mit dem in Einklang stehen, was theoretisch zu erwarten gewesen wäre. Die Kenntnis unterschiedlicher entwicklungspsychologischer Theorien liefert dann alternative Erklärungsansätze und schafft die Grundlage für eine differenzierte Reflexion beruflichen Handelns.

- Modellvorstellungen und theoretische Entwürfe zur menschlichen Entwicklung haben zudem eine wichtige Orientierungsfunktion, die es ermöglicht, die Vielfalt der Beobachtungen, die man im Zusammenhang mit menschlicher Entwicklung machen kann, zu ordnen, zu systematisieren und in einen überschaubaren Rahmen zu bringen. Gleichzeitig bieten Theorien aber auch Deutungs- und Erklärungsmuster, die Beobachtungen zur menschlichen Entwicklung verstehbar machen.

„Ob die einzelne Theorie dabei immer richtig ist, ist weniger entscheidend. Je mehr Überlegungen, Hypothesen, Theorien man kennt, um so wahrscheinlicher wird man Verständnis für ein neu auftauchendes Phänomen oder Problem aufbringen." (Dollase, 1985, S. 36)

Riegel (1972, 1975) hat die vorliegenden Entwicklungstheorien danach geordnet, welche Rolle der Person und der Umwelt im Entwicklungsgeschehen zugeschrieben wird, wobei nur grob zwischen einer aktiven und einer passiven Rolle unterschieden wird. Er kommt auf diese Weise zu vier unterschiedlichen Denk- und Erklärungsansätzen, die nachfolgend in Tabelle 6.1 dargestellt sind:

Tab. 6.1: Denkrichtungen in der Entwicklungspsychologie nach Riegel (1972, 1975)

		Rolle der Umwelt	
		passiv	aktiv
Rolle der Person	passiv	endogenistische Theorien	exogenistische Theorien
	aktiv	konstruktivistische Theorien	interaktionistische Theorien

6.1 Endogenistische Theorien

In den sog. **endogenistischen Theorien** wird Entwicklung als die Entfaltung vorhandener Anlagen und Strukturen verstanden. Die Entwicklung wird nach dieser Auffassung von innen heraus gesteuert, ohne dass die sich entwickelnde Person oder die Umwelt einen das Entwicklungsgeschehen grundsätzlich verändernden Einfluss hätten. Ein derartiges Verständnis menschlicher Entwicklung finden wir zum Beispiel bei Bühler (1918), wenn er betont: „Zum Begriff der Entwicklung im ursprünglichen und engen Sinn des Wortes gehört zweierlei: nämlich Anlage im Ausgangszustand und ein Plan, eine Zielrichtung des Werdens." (Bühler 1918, zitiert nach Schenk-Danzinger 1971, S. 11.) Ähnlich versteht Remplein unter Entwicklung „eine nach immanenten Gesetzen (einem Bauplan) sich vollziehende fortschreitende (unumkehrbare) Veränderung eines ganzheitlichen Gebildes, die sich als Differenzierung (Ausgliederung) einander unähnlicher Teilgebilde bei zunehmender Strukturierung (gefügehafter Ordnung) und funktioneller Zentralisierung (Unterordnung der Glieder und Funktionen unter beherrschende Organe) darstellt" (Remplein 1961, S.28). Der Umwelt wird hier ganz offensichtlich kein zentraler entwicklungssteuernder Einfluss zugesprochen, wie auch folgende Überlegung zeigt:

> *„Die immanenten Gesetze des Organismus legen nicht nur das Ziel und damit das Ende, sondern auch die Stufenabfolge und das Tempo der Entwicklung fest." (Remplein, 1961, S. 28)*

Aus diesem hier nur ganz kurz skizzierten endogenistischen Entwicklungsverständnis ergeben sich wichtige praktische Konsequenzen:

- Wenn man die Auffassung vertritt, dass sich menschliche Entwicklung nach immanenten Gesetzmäßigkeiten vollzieht, wird man mit dem Versuch, die Entwicklung von außen zu beeinflussen, ausgesprochen zurückhaltend sein. Hierzu nochmals Remplein (1961, S. 28):

> *„Deshalb kann das Tempo der leib-seelischen Entwicklung durch äußere Maßnahmen nur in engen Grenzen (z. B. die Geschlechtsreifung oder die Denkentwicklung) beschleunigt bzw. verzögert werden; alle gewaltsamen Eingriffe dieser Art bedeuten aber eine Gefahr für die normale Entfaltung und müssen mit größter Vorsicht vorgenommen, wenn nicht gänzlich gemieden werden."*

- Bei dieser pädagogischen Zurückhaltung im Zusammenhang mit Entwicklungsbeeinflussung und Entwicklungsförderung, steht dann allerdings zu befürchten, dass geduldig auf ein „Nachreifen" aktuell fehlender oder unzureichender Verhaltensweisen gewartet wird, wo eigentlich gezielte Förderung und Unterstützung angesagt wäre.
- Wenn man davon ausgeht, dass „die seelischen Fähigkeiten und Kräfte zu Terminen (erwachen), die man, die interindividuelle Variation eingerechnet, für den Normalfall genau anzugeben vermag" (Remplein, 1961, S. 28), steht man in der praktischen Arbeit leicht in der Gefahr, dass man allein aus der Altersgleichheit irrtümlich auf die Gleichheit der Voraussetzungen (Erfahrungen, Fähigkeiten, Fertigkeiten, Kenntnisse) schließt und damit Maßnahmen, Angebote, Vorgehensweisen z. B. der Sozialen Arbeit zumindest an einem Teil der Adressaten vorbeigehen.
- Wenn man die Auffassung vertritt, dass sich menschliche Entwicklung nach immanenten Gesetzmäßigkeiten vollzieht, liegt es nahe, die Entwicklung in allgemein gültigen Phasen- oder Stufentheorien zu beschreiben und die für einzelne Altersabschnitte (Phasen oder Stufen) typischen Verhaltensweisen

herauszuarbeiten. Man kommt dann zu einfachen Entwicklungsmodellen, die wohl auch deshalb so beliebt sind, weil sie eine Ordnung in das komplexe Entwicklungsgeschehen bringen und den Eindruck vermitteln, menschliche Entwicklung sei letztlich doch nicht so schwer zu verstehen und folge einfachen Gesetzmäßigkeiten.

- Allerdings sehen Vertreter des endogenistischen Ansatzes durchaus, dass der interne Bauplan, d. h. die Anlagen nicht völlig unabhängig von der Umwelt die Entwicklung bestimmen. Die Anlagen schaffen gleichsam den Rahmen innerhalb dessen sich die Entwicklung dann vollzieht. Dieses Entwicklungsverständnis lässt sich an einem einfachen Bild veranschaulichen: Aus einem Weizenkorn wird ein Weizenhalm und nichts anderes wachsen, wie gut dieser Weizenhalm gedeiht, hängt jedoch ab von den zur Verfügung stehenden Umweltbedingungen: Nährstoffe, Feuchtigkeit, Wärme und Licht.

- Selbst wenn man in der Praxis der Sozialen Arbeit eine extrem endogenistische Sichtweise menschlicher Entwicklung vertreten würde, käme man nicht um die Frage herum, welche Mindestbedingungen die Umwelt erfüllen muss, damit eine ungestörte Entwicklung sich vollziehen kann und welche Umweltbedingungen geschaffen werden müssen, damit sich alle vorhandenen und wünschenswerten Potenziale von Individuen auch tatsächlich entfalten können.

- Die endogenistische Sichtweise verdeutlicht für die praktische Arbeit aber auch eine wichtige pädagogische Haltung, die meines Erachtens berufliches Handeln zwar nicht ausschließlich bestimmen aber doch mitbestimmen sollte: Menschliche Entwicklung braucht im wörtlichen und übertragenen Sinn Raum zur ungestörten Entfaltung. Soziale Arbeit kann auch darin bestehen, dass sie für Individuen Räume zur Entfaltung schafft und zur Verfügung stellt, ohne den Anspruch, Verhalten gezielt zu beeinflussen und zu steuern.

- Die endogenistische Perspektive macht auch darauf aufmerksam, dass Entwicklung nicht beliebig steuerbar und formbar ist, dass es eben auch biologisch-genetische Grenzen der Veränderbarkeit gibt Diese Erkenntnis sollte nicht als Alibi für pädagogisches Nichts-Tun missbraucht werden, sondern dazu anregen, auch die Grenzen pädagogischer Einflussnahme zu sehen. Darüber wird nun im Zusammenhang mit der sog. exogenistischen Sichtweise noch ausführlicher zu sprechen sein.

6.2   Exogenistische Theorien

Vertreter der **exogenistischen Theorien** gehen davon aus, dass der Mensch weder aktiv seine Entwicklung gestaltet noch von seinen Anlagen bestimmt wird, sondern menschliche Entwicklung wird weitgehend als das Ergebnis von Umweltwirkungen gesehen. Diese Auffassung wurde bereits in der philosophischen Strömung des Sensualismus vertreten, wonach der Mensch als „tabula rasa" geboren wird und die Umwelt diese leere Tafel, dieses leere Blatt erst beschreibt, so dass all das, was der Mensch an Ideen, Erkenntnissen und Erfahrungen besitzt, das Ergebnis von Umwelteinwirkungen darstellt. Eine ähnliche Bedeutung misst auch der amerikanische Behaviorismus, der die Lerntheorien sehr stark bestimmt hat, der Umwelt zu. Auf den ersten Blick erscheint diese Sichtweise menschlicher Entwicklung ausgesprochen optimistisch, räumt sie doch allen Individuen potentiell die gleichen Möglichkeiten zur Entwicklung ein. Über eine Veränderung oder Verbesserung der Lebensbedingungen von Menschen wird man Fehlentwicklungen verhindern oder abbauen und Entwicklung optimieren können. Dies gehört wohl auch zu den zentralen Aufgaben der Sozialen Arbeit. Kann also eine rein exogenistische Perspektive eine solide Grundlage für berufliches Handeln in der Sozialen Arbeit abgeben? Damit aus einem sicherlich wünschenswerten pädagogischen Optimismus („Die Soziale Arbeit hat vielfältige Möglichkeiten von außen auf menschliches Verhalten und menschliche Entwicklung einzuwirken, sie muss nur überlegt, zielorientiert und hartnäckig agieren") keine pädagogischen Allmachtsphantasien entstehen („Menschliche Entwicklung ist beliebig beeinflußbar, formbar und steuerbar") sollte man sich in der Sozialen Arbeit immer wieder folgende Punkte vor Augen halten:

- In der Sozialen Arbeit hat man bestenfalls Zugriff auf einen kleinen Ausschnitt der Umwelt eines Individuums. Selbst wenn man Mittel und Möglichkeiten hätte, diesen Ausschnitt (z. B. die Bedingungen der Heimunterbringung eines Kindes) nach eigenen Vorstellungen zu gestalten, blieben immer noch Umweltbereiche, zu denen man keinen oder nur geringen Zugang hat (z. B. Einfluss der Gleichaltrigengruppe, der Schule, der Medien usw.), von Veränderungs- und Gestaltungschancen in diesen Umweltbereichen ganz zu schweigen.
- Auch wenn es fast unzählige empirische Untersuchungen zum Einfluss verschiedenster Umweltfaktoren auf die Entwicklung gibt, wird es wohl niemals gelingen, alle einflussnehmenden Umweltbedingungen zu identifizieren und hinsichtlich ihrer Wirksamkeit einschätzen zu können. Im Einzelfall, mit dem man es in der Praxis üblicherweise zu tun hat, wäre ein derartiges Vorhaben ohnedies illusorisch.
- Wenn man in der pädagogischen Arbeit versucht, auf die Entwicklung von Individuen von außen einzuwirken, wird man immer zu bedenken haben, dass die sonst noch existierenden Umwelteinflüsse, sofern man sie denn überhaupt kennt, in der Regel nicht isoliert voneinander wirksam sind, sondern in vielfältiger Weise miteinander zusammenhängen. Aus der Umwelt kommende Einflüsse können sich ergänzen, wechselseitig verstärken oder abschwächen oder auch gegeneinander wirken. Die Entwicklungspsychologie ist noch weit davon entfernt, das komplexe Zusammenspiel unterschiedlicher Umwelteinwirkungen auf die Entwicklung beschreiben und verstehen zu können.
- Grenzen der Beeinflussbarkeit können aber auch im Individuum selbst liegen, wie bereits eine einfache Alltagsbeobachtung zeigt: Ein unmusikalisches Kind wird eben kein Klaviervirtuose werden können, so viel die Eltern auch in Klavierstunden investieren mögen oder welche attraktive Belohnungen für

intensives Üben sie auch ausloben mögen. Wenn die Umweltanforderungen und die Lernanreize nicht den Möglichkeiten des Individuums entsprechen, wird deren Auswirkung gering bis wirkungslos bleiben.

Die Besprechung der ersten beiden Denkrichtungen in der Entwicklungspsychologie zeigt: Ein grenzenloser pädagogischer Optimismus, der von einer extrem exogenistischen Sichtweise menschlicher Entwicklung ausgeht und alles Verhalten für steuerbar hält, taugt ebenso wenig als Basis für das Handeln in der Sozialen Arbeit wie ein extremer pädagogischer Pessimismus im Gefolge der endogenistischen Perspektive, nach der Entwicklung einen innengesteuerten Prozess darstellt, der von außen kaum oder nicht zu beeinflussen ist.

6.3   Konstruktivistische Theorien

Konstruktivistische Theorien sehen den Menschen als aktiv am Entwicklungsgeschehen beteiligt, sozusagen als Produzenten ihrer eigenen Entwicklung. Entwicklung findet zwar immer in einer Umwelt mit ganz bestimmten Merkmalen statt, aber diese Umwelt bestimmt nicht die Entwicklung. Entscheidend ist vielmehr die subjektive Wahrnehmung, Deutung und Verarbeitung der Umweltgegebenheiten in Abhängigkeit vom aktuellen Entwicklungsstand des Individuums. Der sich entwickelnde Mensch ist von sich aus aktiv und setzt sich aus eigenem Antrieb mit seiner Umwelt auseinander. Eine derartige Sichtweise spielt beispielsweise in den Überlegungen Piagets zur kognitiven Entwicklung eine ganz wesentliche Rolle. Aus den Erfahrungen mit der Umwelt entwickelt der Mensch geistige Schemata, die das weitere Handeln, die Auseinandersetzung mit der Umwelt steuern. Ein Beispiel: Gegenstände aus der Umwelt können in ganz unterschiedlicher Weise ergriffen werden: mit beiden Händen, mit einer Hand, mit gestrecktem Daumen und Zeigefinger, mit gekrümmten Daumen und Zeigefinger usw. Bei aller Unterschiedlichkeit dieser Verhaltensweisen bleibt eines gleich: Durch Greifen kann man sich seiner Umwelt bemächtigen. Piaget spricht hier von Greif-Schema und meint damit die geistige Repräsentanz, die Abstraktion dieser unterschiedlichen Verhaltensweisen. Mit Hilfe derartiger Schemata setzt sich der Mensch mit seiner Umwelt auseinander. Die aktuell verfügbaren Schemata werden eingesetzt, um mit gegebenen Anforderungen zurechtzukommen, die Welt wird entsprechend den vorhandenen Schemata interpretiert und das Handeln danach ausgerichtet. (=Assimilation). Neue Situationen, neue Anforderungen können aber auch dazu führen, dass bisherige Schemata nicht mehr ausreichen und modifiziert werden müssen, dass neue Verhaltensweisen, neue Denkoperationen entwickelt werden müssen. (Piaget nennt diesen Vorgang Akkomodation). Beispiel: Das Greifen ist nur für feste Gegenstände geeignet, während man sich Flüssigkeiten nur durch Formen des Schöpfens aneignen kann. Das Individuum ist in seiner Auseinandersetzung mit der Umwelt ständig bemüht, ein Gleichgewicht (Piaget nennt dies Äquilibrium) herzustellen zwischen Akkomodation und Assimilation und damit seine geistige Entwicklung voranzubringen und selbst zu steuern. Für die Praxis der Sozialen Arbeit hat die Annahme eines im Entwicklungsgeschehen aktiv handelnden Subjekts weitreichende Konsequenzen:

- Vor allem praktischen Handeln und allen Versuchen die Entwicklung zu beeinflussen, ist erst einmal zu klären, wie Klienten oder Adressaten der Sozialen Arbeit ihre Umwelt wahrnehmen und deuten, welche Denkschemata ihnen zur Verfügung stehen, welche Aktivitäten sie in der Auseinandersetzung mit ihrer Umwelt zeigen. Die schnell formulierte und häufig gehörte Forderung an die Soziale Arbeit, dass dort anzusetzen sei, wo der Klient steht, erfordert ohne jeden Zweifel ein hohes Maß an Beobachtungs-, Analyse- und Empathiefähigkeit.
- Die Annahme eines seine Entwicklung selbst steuernden Individuums sollte allerdings nicht zu der irrigen Vermutung führen, die Gestaltungsmöglichkeiten eigener Entwicklung seien in der Regel grenzenlos nach dem Motto „Jeder ist seines Glückes Schmied". In der Sozialen Arbeit wird man es häufig mit Menschen zu tun haben, deren Lebenslage keine oder allenfalls geringe Handlungsalternativen bietet, mithin ist dann eine Selbststeuerung der eigenen Entwicklung nicht oder kaum möglich. Zwei Beispiele: Menschen in extremer Armut oder mit schwerer psychischer oder physischer Beeinträchtigung, die sie auf externe Hilfe angewiesen sein lässt, stehen häufig keine Handlungsalternativen offen, die Raum lassen für eigene Entscheidungen und die Gestaltung des eigenen Lebens, der eigenen Entwicklung. Hier wird es für die Soziale Arbeit zunächst einmal darauf ankommen, daran zu arbeiten, dass überhaupt Möglichkeiten zur Selbststeuerung der Entwicklung eröffnet und verbessert werden.
- Wenn neben der Anlage und der Umwelt die Selbststeuerung des Individuum als dritter wesentlicher Bestimmungsfaktor im Entwicklungsgeschehen betrachtet wird, ergibt sich die Schwierigkeit, dass eigentlich ungeklärt bleibt, wovon denn nun diese Selbststeuerung der eigenen Entwicklung abhängt, ob und gegebenenfalls welche interindividuellen Unterschiede im Hinblick auf die Selbststeuerung zu beobachten sind, wie diese Selbststeuerungsfähigkeiten zu beeinflussen sind usw.

6.4   Interaktionistische Theorien

Die interaktionistischen Theorien betrachten sowohl die Person als auch die Umwelt als aktiv am Entwicklungsgeschehen beteiligt. Die Person wirkt auf ihre Umwelt ein und verändert sie, wird aber gleichzeitig auch von der Umwelt verändert. Exemplarisch kann diese Sichtweise am Beispiel der Eltern-Kind-Beziehung veranschaulicht werden: Eltern wirken zweifellos in vielfacher Weise auf ihre Kinder ein, verändern und erziehen sie, werden aber gleichzeitig auch von ihren Kindern beeinflusst. In der *child-effect*-Forschung konnten zahlreiche

Rückwirkungen des Kindes auf die Eltern nachgewiesen werden. Dollase (1985, S. 109 f.) unterscheidet mehrere Wirkungen dieser retroaktiven Sozialisation:

1. Anpassungswirkungen: Verhaltensweisen des Sozialisanden (Kind) steuern die Verhaltensweisen des Sozialisators (Eltern) und nicht nur umgekehrt. Dies beginnt bereits im Säuglingsalter, wo sich die Eltern mehr oder weniger schnell an den Rhythmus des Kindes (Essen, Schlafen etc.) anpassen, nachdem sie mehrfach durch lautes Schreien darauf aufmerksam wurden, setzt sich fort im Essensgeschmack, der irgendwann doch toleriert wird, bis hin zu einem Lautstärkepegel beim Musikhören, den man ohne Kinder nicht auszuhalten bereit wäre.

2. Lernwirkungen: Eltern vermitteln ihren Kindern nicht nur wichtige, kulturell tradierte Erfahrungen, sondern werden von ihren Kindern auch mit neuen Erfahrungen konfrontiert, lernen von ihren Kindern neue, bisher nicht bekannte Fertigkeiten (z. B. Umgang mit modernen Technologien) oder werden auf neue Lebensstile aufmerksam gemacht (z. B. Musik, Freizeitaktivitäten).

3. Auslösewirkung für Rollenverhalten: In nicht wenigen Fällen wird der retroaktive Sozialisationseinfluss auch nur indirekt, d. h. über die gesellschaftlichen Normen, vermittelt. Beispiel: Von Eltern wird erwartet, dass sie Verantwortung für ihr Kind übernehmen und das häusliche Umfeld kindgerecht gestalten. Ohne Kind müsste man sich an derartige Erwartungen nicht halten.

4. Beeinflussungswirkungen: Kinder wirken aber auch ganz aktiv auf elterliche Verhaltensweisen ein, um damit das Erreichen eigener Ziele (Erhöhung der abendlichen Ausgehzeit, Taschengeldanhebung, emotionale Zuwendung, Aufheben von Verboten usw.) zu erreichen. Die dabei eingesetzten Strategien von Kindern und Jugendlichen, die z. B. von Pauls & Johann (1984) empirisch erhoben wurden, sind wohl auch außerhalb der Entwicklungspsychologie allgemein bekannt und im Alltag hinreichend zu beobachten. Die Sozialisanden steuern und „erziehen" ihre Sozialisatoren retroaktiv durch eine ganze Reihe von Mechanismen, die hier ohne Anspruch auf Vollständigkeit kurz genannt werden sollen:

- konstruktiv-aktive Steuerung durch logisches Argumentieren
- belohnende Steuerung durch emotionale Zuwendung
- oppositionelle Steuerung über Drohen, Schimpfen, Trotzen, Fordern, Erpressen
- Steuerung durch Bestrafung und Ignorieren durch Schreien, Nerven, Blamieren der Eltern in der Öffentlichkeit, Ignorieren elterlicher Forderungen
- passiv resignative Steuerung durch betonte Hilflosigkeit und beleidigt wirkende Resignation

Die hier eben exemplarisch beschriebene retroaktive Sozialisation in der Eltern-Kind-Beziehung findet ihre Entsprechung auch in anderen Formen der pädagogischen Interaktion wie etwa zwischen Lehrer und Schüler oder Sozialarbeiter und Klient. Gerade dort wird man sich im beruflichen Handeln immer wieder bewusst machen müssen, dass die Einflussrichtung nicht im Sinne einer Einbahnstraße verläuft, sondern dass sich Klient und Sozialarbeiter wechselseitig beeinflussen.

Wenn man die beschriebenen endogenistischen, exogenistischen, konstruktivistischen und interaktionistischen Erklärungsansätze vergleichend betrachtet, wird man feststellen können, dass sie jeweils Teilaspekte der Entwicklung erfassen und hervorheben. Man könnte den Versuch machen, die verschiedenen Erklärungsansätze zu vereinen und käme dann zu einer **Sichtweise der menschlichen Entwicklung, nach der sich das menschliche Individuum im Rahmen seiner biologisch vorgegebenen Möglichkeiten und beeinflusst durch die jeweils gegebenen Umweltbedingungen aktiv mit der Umwelt auseinander setzt und verändernd auf sie einwirkt und von ihr wiederum verändert wird.** Die hier angesprochenen biologischen Bedingungen und die Umweltgegebenheiten sind auch die Grunddeterminanten in einer von Baltes (1990) vorgeschlagenen Taxonomie von Entwicklungseinflüssen.

7.1   Taxonomie der Entwicklungseinflüsse

Baltes (1990) hat in seiner Taxonomie von Entwicklungseinflüssen drei grundlegende Entwicklungseinflüsse unterschieden (altersbezogene, geschichtliche und nicht-normative Einflüsse), die verändernd auf die Grunddeterminanten der Entwicklung (biologische und ökologische Determinante) einwirken und mit denen sich das Individuum im Verlaufe seines Lebens auseinander zu setzen hat.

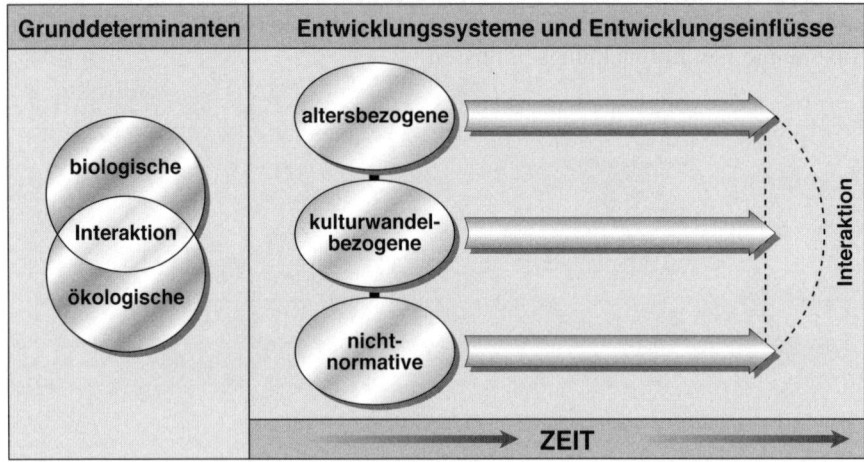

Abb. 7.1: Einflusssysteme auf die Entwicklung (nach Baltes, 1990, S. 16)

Altersbezogene Einflüsse sind alle mit dem Lebensalter im Zusammenhang stehenden Veränderungen der biologischen Determinanten und der Umweltdeterminanten der Entwicklung. Im Verlauf der Lebensspanne muss der Mensch auf körperliche Veränderungen (z. B. Körperwachstum, hormonelle Veränderung im Zusammenhang mit der Pubertät, körperliche Abbauprozesse im höheren Lebensalter) ebenso reagieren wie auf Veränderungen der materiellen Umwelt (z. B. ermöglicht die zunehmend ausdifferenzierte Motorik einen größeren Aktionsradius eines heranwachsenden Individuums und erschließt neue Umweltbereiche mit neuen Anforderungen, die bewältigt sein wollen). Gleichzeitig kommt es auch zu Veränderungen der sozialen Umwelt (z. B. steigen mit zunehmendem Alter die Anforderungen an die Selbstständigkeit eines heranwachsenden Individuums). Auch wenn diese altersbedingten biologischen und ökologischen Veränderungen für die meisten Individuen ähnliche Einflussrichtungen zeigen, kann man nicht von einer starren Bindung von Lebensalter und Entwicklungseinflüssen ausgehen, sondern muss immer mit individuellen Unterschieden rechnen.

Kulturwandelbezogene Einflüsse: Hiermit sind Entwicklungseinflüsse gemeint, die aus der Tatsache resultieren, dass Entwicklung immer eingebettet ist in einen bestimmten historischen Kontext, der selbst auch nicht statisch sondern dynamisch ist. Aus sich verändernden geschichtlichen und kulturellen Rahmenbedingungen resultieren Änderungen sowohl der biologischen als auch der ökologischen Entwicklungsbedingungen. Baltes (1990) geht dabei von zwei Arten historisch bedingter Einflüsse aus: längerfristige historische Veränderungen (z. B. Industrialisierung) und periodenspezifische historische Veränderungen (z. B. Phasen wirtschaftlichen Niedergangs und Phasen wirtschaftlichen Wohlstands, kriegerische Auseinandersetzungen und Friedenszeiten).

Nicht-normative Einflüsse: Individuen haben sich im Rahmen ihrer Entwicklung unter Umständen auch mit biologischen Veränderungen oder Umweltveränderungen auseinander zu setzen, die nicht alle Menschen betreffen, sondern nur eine mehr oder weniger große Anzahl von Menschen. Dies können z. B. schwere Erkrankungen sein, ein Unfall den jemand erleidet, das Zerbrechen einer Ehe, Arbeitslosigkeit, früher Verlust naher Angehöriger usw. Solche „kritischen Lebensereignisse" können Menschen betreffen, müssen dies aber nicht, so dass „die spezifischen Kennzeichen ihres Auftretens, ihres Auftretensmusters sowie ihrer Abfolge sich kaum auf viele Individuen anwenden lassen." (Baltes 1990, S. 17.) Auf nicht-normative Einflüsse und ihre Folgen werden sich Individuen häufig nicht oder nur unzureichend vorbereiten, sei es, weil künftige Einflüsse ohnedies wenig antizipiert werden oder in der Hoffnung, nicht zu den Betroffenen zu gehören. Treten dann tatsächlich nicht-normative Ereignisse auf, kann das Nicht-Erwartete nur schwer bewältigt werden, insbesondere dann, wenn die Ressourcen des Individuums zur Krisenbewältigung eng begrenzt sind. In der Sozialen Arbeit wird man es nicht selten mit Menschen zu tun haben, denen es nicht oder nur unzureichend gelingt, mit den Auswirkungen nicht-normativer Einflüsse fertig zu werden und die deshalb professioneller Hilfe bedürfen.

Wenn hier die Entwicklungseinflüsse nacheinander dargestellt und diskutiert wurden, sollte dies nicht zu dem Missverständnis führen, dass Entwicklungseinflüsse unabhängig voneinander auf die Entwicklung einwirken. In den Überlegungen von Baltes wird vielmehr deutlich herausgearbeitet, dass die Entwicklungseinflüsse miteinander in Interaktion stehen. So können geschichtliche Einflüsse mit altersbezogenen Einflüssen zusammenwirken, so dass beispielsweise die gleiche historische Situation ganz unterschiedliche Auswirkungen auf Menschen unterschiedlichen Alters und ihre Entwicklung hat. Eine wirtschaftliche Krisensituation mit fehlenden Ausbildungsplätzen für Jugendliche beeinflusst die Entwicklung von Jugendlichen sicherlich in stärkeren Maße als die Entwicklung von Kleinkindern oder Senioren. Auch zwischen geschichtlichen Einflüssen und nicht-normativen Einflüssen können Interaktionen bestehen. In wirtschaftlichen Krisensituationen wird die Wahrscheinlichkeit stark zunehmen, seinen Arbeitsplatz zu verlieren, so dass sich die Frage stellt, wann man denn im Zusammenhang mit Arbeitslosigkeit überhaupt noch von nicht-normativen Einflüssen sprechen soll oder doch schon von einem normalen Ereignis. Wenn die Scheidungsraten steil ansteigen, wird man kaum mehr von einem nicht-normativen Entwicklungseinfluss sprechen können. Vielleicht wären ohnedies die Überlegungen von Baltes dahingehend zu modifizieren, dass man eine subjektive Perspektive einbezieht und danach fragt, wie die Individuen die auf sie einwirkenden Faktoren wahrnehmen, deuten und verarbeiten. Wenn man menschliche Entwicklung verstehen will, muss auch Abschied genommen werden von einfachen Erklärungszusammenhängen zugunsten eines eher vernetzten Denkens, auch wenn dies mit einer gewissen Unübersichtlichkeit einhergeht.

Wie Baltes betont, stellt diese Taxonomie der Einflußsysteme noch keine Theorie von entwicklungspsychologischen Prozessen und Wirkungsmechanismen dar. „Im Gegenteil, es ist eine für die Zukunft drängende Frage, wie die Wirkungsweise und die Entwicklungspfade der verschiedenen Einflusssysteme expliziert werden können und, ferner, ob dies durch bereits bekannte Entwicklungsmechanismen erreichbar ist." (Baltes 1990, S, 17.) Im Rahmen derartiger Bemühungen sollen nun die nachfolgenden Entwicklungsmechanismen dargestellt werden:

- Genetische Einflussfaktoren und Entwicklung
- Reifungsprozesse und Entwicklung
- Lernen und Entwicklung
- Selbststeuerung der Entwicklung

7.2 Genetische Einflussfaktoren und Entwicklung

7.2.1 Allgemeine Vorüberlegungen

Die Frage nach dem Einfluss biologischer Faktoren auf die Entwicklung und nach der Bedeutung der Anlagen im Vergleich zur Umwelt hat die Entwicklungspsychologie während ihrer gesamten Geschichte fortwährend und intensiv beschäftigt, gewinnt aber angesichts der aktuellen Diskussion im Zusammenhang mit der Entschlüsselung des menschlichen Genoms und den damit verbundenen Hoffnungen aber auch Gefahren eine besondere Bedeutung.

Die Entwicklungsgenetik beschäftigt sich als eine Teildisziplin der Entwicklungspsychologie mit dem genetischen Einfluss auf die Entwicklung, wobei zwei Forschungsrichtungen bzw. grundsätzliche Fragestellungen zu unterscheiden sind:

- Welchen Einfluss üben die Gene auf die bei allen Menschen übereinstimmenden Entwicklungsverläufe aus (z. B. anatomisch-physiologische Veränderungen während der ersten Lebensjahre; Auftreten bestimmter Verhaltensweisen zu

ähnlichen Zeitpunkten bei allen Individuen [Laufen, Gebrauch der Sprache]; hormonelle Veränderungen im Verlaufe des Lebens)?
- Welchen Einfluss üben die Gene auf die interindividuellen Unterschiede in der Entwicklung und die beobachtbaren Persönlichkeitsunterschiede von Menschen aus?

Gerade die zweite Frage hat in der Geschichte der Entwicklungspsychologie zu zahlreichen erbitterten Auseinandersetzungen geführt. Ehe darauf eingegangen wird, sollen einige allgemeine Überlegungen zum genetischen Einfluss auf die Entwicklung angestellt werden. Dabei soll keine Einführung in die Humangenetik versucht werden. Vielmehr soll nur an einige einfachste Erkenntnisse der Genetik erinnert werden: Der im Zellkern aller Zellen – Ausnahme Ei- und Samenzelle – des menschlichen Organismus vorhandene Satz von 46 **Chromosomen** mit ihren nach derzeitigen Schätzungen etwa 30 000 Genen enthält die gesamte Erbinformation des Individuums. 22 Chromosome sind paarweise vorhanden. Hinzu kommen die Geschlechtschromosomen je nach Geschlecht (2 X-Chromosomen bei weiblichen Individuen und ein X-Chromosom und ein Y-Chromosom bei männlichen Individuen). Die Geschlechtszellen enthalten den einfachen (haploiden) Satz von 23 Chromosomen, wobei sich dann bei der Befruchtung der Eizelle durch die Samenzelle wieder der doppelte Chromosomensatz bildet. Wie vielfältig die genetischen Kombinationsmöglichkeiten sind, zeigt eine einfache Überlegung auf der Ebene der Chromosomen: Bei der Bildung des haploiden Chromosomensatzes gibt es 2^{23} = 8.388.608 verschiedene Möglichkeiten aus dem doppelten Chromosomensatz den einfachen Chromosomensatz zu bilden. Wenn man zudem noch bedenkt, dass Verhaltensmerkmale in der Regel wohl von einer Kombination verschiedener Gene bestimmt werden dürften, wird die außerordentliche Vielfalt der genetischen Ausstattung des Menschen bereits auf dieser stark vereinfachten Ebene der Betrachtung deutlich.

Auf den Chromosomen liegen die **Gene** als die eigentlichen Träger der Erbinformation, wobei diese Gene bei unterschiedlichen Menschen in unterschiedlichen Varianten (Allelen) auftreten. Alle Gene zusammen machen den **Genotyp oder das Genom** eines Individuums aus, wobei jeweils die Hälfte der Gene von mütterlicher und von väterlicher Seite stammt. Als **Phänotyp** bezeichnet man das beobachtbare Erscheinungsbild eines Individuums, also die Merkmale und ihre Ausprägungen, die dieses zu einem bestimmten Zeitpunkt seines Lebens aufweist.

Auch wenn sich das Genom eines Menschen – von seltenen Spontanmutationen einmal abgesehen – zwischen Zeugung und Tod nicht verändert, bedeutet dies nicht, dass der genetische Einfluss während des gesamten Lebens wie ein starres, unveränderbares Programm abgespult wird. Es wäre wohl eine starke Vereinfachung, wenn man die genetische Ausstattung gleichsam als unentrinnbares Schicksal betrachten würde, das die Entwicklung in seiner Gesamtheit bestimmt, einem Schicksal, dem man allenfalls noch durch genetische Eingriffe entrinnen kann. Genetische Einflüsse auf die Entwicklung entfalten sich immer in enger

Wechselwirkung mit Umweltbedingungen oder wie Lewontin (1986, zitiert nach Trautner 1992, S. 181) dies ausdrückt: „Genotyp und Umwelt sind untrennbare Faktoren, die gemeinsam den Gesamtorganismus und seine Variation hervorbringen." Wechselwirkung bedeutet mehr als ein additives Zusammenwirken von genetischen Einflüssen und Umwelteinflüssen: „Es gibt keine Einbahnstraße vom Genom zur Person....Die genetische Aktivität beeinflusst die neurale Aktivität, die Grundlage des Erlebens und Verhaltens ist; durch Verhalten kann die Umwelt verändert werden. Aber auch umgekehrt können Umweltbedingungen das Verhalten beeinflussen, dadurch die neuronale Aktivität und genetischen Wirkungen, vermutlich auch die genetische Aktivität" (Asendorpf, 2007, S. 165).

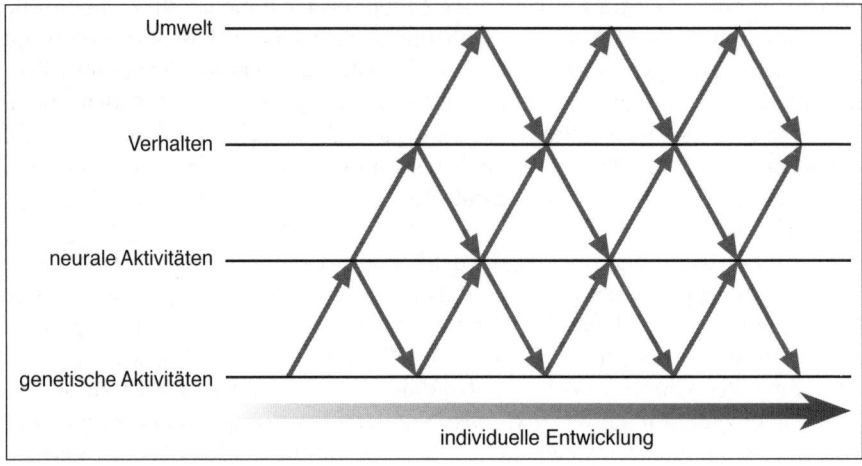

Abb. 7.2: Modell der Genom-Umwelt-Interaktion
(nach Asendorpf, 2007, S. 165)

Asendorpf (2007) hat die Wirkung des Genoms auf die Entwicklung im folgenden anschaulichen Bild beschrieben, in dem er das Genom mit einem Text vergleicht,

> *„aus dem im Verlaufe des Lebens zunehmend kleinere Teile abgelesen werden. Der Text begrenzt das, was abgelesen werden kann, legt aber keineswegs von vornherein vollständig fest, was überhaupt oder gar zu einem bestimmten Zeitpunkt abgelesen wird. Was zu einem bestimmten Zeitpunkt abgelesen wird, hängt davon ab, was **vorher** gelesen wurde und welche Wirkungen dies hatte, einschließlich Rückkopplungseffekte auf das Leseverhalten." (Asendorpf, 2007, S. 165; Hervorhebung im Original)*

7.2.2   Genetischer Einfluss auf die Entwicklung der Persönlichkeit

Welche Merkmalsausprägungen ein Individuum zu einem bestimmten Zeitpunkt seines Lebens haben wird, hängt ab von den bisherigen (kumulierten) Genaktivitäten und den bisherigen (kumulierten) Umwelterfahrungen und ihren Wechselwirkungen. Welche Entwicklung das Individuum künftig nehmen wird, hängt aber von den bisherigen und aktuellen genetischen und Umwelteinflüssen, den künftigen Einflüssen, denen das Individuum ausgesetzt sein wird oder sich selbst aussetzt, sowie den Wechselwirkungen zwischen all diesen Einflussgrößen ab. Obwohl die Zusammenhänge offensichtlich sehr komplex sind, stößt die stark vereinfachende Frage, welchen Anteil die Anlagen (genetische Grundlagen) und welchen Anteil die Umwelt an der menschlichen Entwicklung hat, auf Interesse, das weit über den wissenschaftlichen Bereich hinausgeht.

Der experimentellen Untersuchung des Einflusses von Anlage- und Umweltfaktoren auf die menschliche Entwicklung sind aus ethischen und methodischen Gründen sehr enge Grenzen gesetzt. Da auch aus Tieruntersuchungen beispielsweise zur Auswirkung selektiver Züchtung oder zur systematischen Manipulation von Umweltbedingungen nur sehr bedingt Schlüsse auf die menschliche Entwicklung gezogen werden können, haben in der empirischen Forschung die sog. Zwillings- und Adoptionsstudien eine besondere Bedeutung erlangt. Im Grundansatz geht es dabei jeweils um die Frage, inwieweit sich Menschen mit unterschiedlichen Graden der Erbverwandtschaft hinsichtlich bestimmter Persönlichkeitsmerkmale gleichen, wenn sie in den gleichen oder verschiedenen Umwelten aufwachsen. Sehen wir uns als Beispiel für entwicklungsgenetische Vorgehensweisen die in einer Vielzahl von Untersuchungen durchgeführten Zwillingsstudien an:

Zwillingsstudien basieren darauf, dass eineiige Zwillinge genetisch völlig übereinstimmen, während zweieiige Zwillinge oder Geschwister unterschiedlichen Alters oder Eltern und Kinder nur zu 50 % genetisch verwandt sind, d.h. die gleichen Erbanlagen haben. Man kann dann untersuchen, inwieweit Personen unterschiedlicher genetischer Verwandtschaft hinsichtlich bestimmter Merkmale miteinander übereinstimmen, wenn sie in der gleichen oder unterschiedlichen Umwelten aufwachsen. So müssten eineiige Zwillinge, die in der gleichen Familie aufwachsen, völlig übereinstimmen, da sie unter gleichen Umwelteinflüssen bei identischer genetischer Ausstattung stehen, während zweieiige Zwillinge oder Geschwister innerhalb einer Familie ebenfalls den gleichen Umwelteinflüssen ausgesetzt sind, aber nur zu 50 % genetisch verwandt sind, was zu einer geringeren Übereinstimmung führen müsste, sofern die genetische Ausstattung bei der Merkmalsausprägung eine Rolle spielt. Wachsen eineiige Zwillinge in getrennten Umwelten auf, müssten Übereinstimmungen zwischen ihnen allein auf genetische Einflüsse zurückgeführt werden, sofern sich die Umwelten auch tatsächlich vollständig unterscheiden. Derartige Untersuchungen wurden besonders häufig zur Übereinstimmung der intellektuellen Leistungsfähigkeit (Übereinstimmung des IQ) in Abhängigkeit vom genetischen Verwandtschaftsgrad und der Art des Aufwachsens durchgeführt. Ohne auf methodische und statistische Probleme derartiger Untersuchungen einzugehen, sollen zusammenfassend einige Ergebnisse anhand der durchschnittlichen Korrelationskoeffizienten genannt werden, die sich bei verschiedenen Untersuchungen ergeben haben. Eine von Bouchard & Mc Gue (1981, zitiert nach Trautner, 1992, S. 196) vorgenommene Zusammenstellung von einschlägigen Zwillingsuntersuchungen ergab die in der nachfolgenden Tabelle aufgeführten durchschnittlichen Korrelationskoeffizienten:

Tab. 7.1: Durchschnittliche Korrelationskoeffizienten in Abhängigkeit vom Grad der genetischen Verwandtschaft

Untersuchungsstichprobe	durchschnittlicher Korrelationskoeffizient (Median)
Zusammen aufgewachsene eineiige Zwillinge	.85
Zusammen aufgewachsene zweieiige Zwillinge	.58
Zusammen aufgewachsene Geschwister	.45
Kind/Eltern	.38
Getrennt aufgewachsene eineiige Zwillinge	.67
Getrennt aufgewachsene Geschwister	.24

Die Daten zeigen ganz offensichtlich, dass bei der Entwicklung der intellektuellen Leistungsfähigkeit genetische Faktoren eine Rolle spielen, d.h. die Ähnlichkeit nimmt mit zunehmender genetischer Verwandtschaft zu. Auch bei zahlreichen anderen Persönlichkeitsmerkmalen (z. B. Aggressivität, Ängstlichkeit, Impulsivität etc.) zeigten sich Paare eineiiger Zwillinge deutlich ähnlicher als Paare zweieiiger Zwillinge (siehe hierzu u. a. Goldsmith 1983; Rushton 1986). Allerdings sollte aus derartigen Daten nicht vorschnell abgeleitet werden, zu welchem Anteil die Anlagen und zu welchem Anteil die Umwelt zur Entwicklung beitragen. Anlagen und Umwelt stehen eben nicht in einem additiven, sondern in einem Wechselwirkungszusammenhang. Genau dies wird in Zwillingsstudien vernachlässigt. Weitere Probleme der Zwillingsstudien sind u.a.: mangelnde Trennung von Anlage- und Umweltbedingungen; fehlerhafte Annahme, dass „zusammen aufwachsen" gleichzusetzen ist mit „identischer Umwelt" und „getrennt aufwachsen" mit „völlig verschiedener Umwelt", ohne zumindest den Grad der Umweltverschiedenheit zu erfassen; irrige Annahme, dass eineiige und zweieiige Zwillinge gleichen Umwelteinflüssen ausgesetzt sind, Nichtrepräsentativität von Zwillingsstudien (differenzierter zur Problematik von Zwillingsstudien siehe Trautner, 1992, S. 203 ff.).

Welche Bedeutung haben nun diese Überlegungen und empirischen Erkenntnisse für die pädagogische Praxis? Zunächst einmal ist festzuhalten, dass eben nicht nur physische Merkmale, sondern auch psychische Merkmale von genetischen Einflüssen abhängen. Mit anderen Worten: Der Mensch ist durch Umwelteinwirkungen nicht beliebig beeinflussbar und formbar. Die Unterschiedlichkeit von Menschen, ihre genetisch bedingten Potenziale und Entwicklungsmöglichkeiten sind ebenso zu akzeptieren wie ihre Grenzen. Damit wird nicht pädagogische Passivität gefordert. Ebenso deutlich ist, dass Umwelteinflüsse die Entwicklung in erheblichem Maße beeinflussen. Da nun die genetischen Grundlagen – zumindest augenblicklich noch – nicht veränderbar sind, wird es darauf ankommen, menschliche Umwelt so zu gestalten, dass sich möglichst alle Menschen gemäß ihren Möglichkeiten entwickeln können, um damit dem bereits mehrfach erwähnten Wechselwirkungszusammenhang zwischen Anlagen und Umwelt Rechnung zu tragen.

Hierzu liefern Plomin, DeFries und Loehlin (1977) mit ihrer Unterscheidung von drei Formen der Genotyp-Umwelt-Kovariation in der kindlichen Entwicklung eine interessante Diskussionsanregung.

1. Passive Genotyp-Umwelt-Kovariation: Eltern gestalten die Lebensumwelt von Kindern entsprechend ihren eigenen Wert- und Zielvorstellungen, ihren finanziellen und sonstigen Möglichkeiten und Interessen, ihrer Persönlichkeitsstruktur und Lebensgeschichte. Die sich daraus ergebenden Angebote, Anregungen und Anforderungen in der Lebenswelt des Kindes können dem Genotyp des Kindes, seinen Möglichkeiten und Entwicklungspotenzialen entsprechen (passive Genotyp-Umwelt-Kovariation) oder auch nicht (fehlende Passung). So kann es sein, dass gesellschaftlich geforderte oder hoch bewertete Ziele, unabhängig von den Entwicklungspotenzialen des Kindes angestrebt werden oder aber dass Entwicklungsmöglichkeiten und -potenziale nicht richtig erkannt oder unterschätzt werden.

2. Evokative (oder reaktive) Kovariation ist dann gegeben, wenn die Umwelt auf die vom Kind ausgehenden, seinem Genotyp entsprechenden Anforderungen reagiert und darauf eingeht. Beispiel: Ein sehr musikalisches Kind möchte gerne ein Instrument spielen lernen. Die Eltern sind der Auffassung, dass in der Familie eigentlich noch nie jemand ein Instrument gespielt habe und Musikstunden verschwendetes Geld seien. Da das Kind unablässig und sehr vehement auf seinem Wunsch besteht, geben die Eltern irgendwann nach und melden das Kind zu einem Musikunterricht an. Es kann natürlich auch sein, dass Eltern die Bedürfnisse und Entwicklungsmöglichkeiten ihres Kindes nicht erkennen oder aufgrund ihrer Lebenslage (z.B. Armut) die Entwicklungsmöglichkeiten ihres Kindes zwar erkennen, aber eben nicht in ausreichender Weise darauf eingehen können.

3. Aktive Kovariation ist dann gegeben, wenn ein Individuum aus seiner Umwelt das an Anregungen auswählt, was seinem Genotyp entspricht und eventuell auch die Umwelt so beeinflusst und verändert, dass die Passung zwischen Genotyp und

Umwelt verbessert und optimiert wird. Die Annahme ist naheliegend, dass die Bedeutung der passiven Kovariation im Verlaufe des Lebens abnimmt, während die evokative und aktive Kovariation an Bedeutung gewinnt.

7.3 Reifungsprozesse und Entwicklung

Als reifungsbedingt werden jene Veränderungen in der Entwicklung bezeichnet, deren Zustandekommen nicht auf exogene Faktoren (Umwelteinwirkungen) zurückgeführt werden kann. Mit dem Konzept der Reifung wird auf die im Genprogramm des Menschen verankerten Steuerungsmechanismen verwiesen, die dafür sorgen, dass sich im Laufe des Lebens Veränderungen herausbilden, die bei allen Menschen auftreten (artspezifische genetische Verankerung), wenn auch eventuell mit zeitlichen Unterschieden (individuelle genetische Verankerung). Dabei denkt man zunächst einmal an die vielfältigen körperlichen Veränderungen, die insbesondere beim Heranwachsen des Individuums zu beobachten sind. Neben den von außen sichtbaren körperlichen Veränderungen ist die Ausreifung des Gehirns, des Nerven- und Muskelsystems und der endokrinen Drüsen das Ergebnis gengesteuerter, also innerkörperlicher Prozesse. Für die Entwicklungspsychologie ist die Klärung der Frage, ob und gegebenenfalls welche Verhaltensweisen vornehmlich durch Reifungsprozesse zustande kommen und damit nicht von außen beeinflussbar sind, von besonderem theoretischen und praktischen Interesse. Auf empirischem Wege lässt sich allerdings aus naheliegenden ethischen Gründen nicht überprüfen, ob beobachtete Veränderungen auch ohne Übung, Erfahrung und sonstige exogene Einflüsse zustande kommen können, so dass man dies allenfalls durch Plausibilitätsüberlegungen gedanklich erschließen kann. Einem Vorschlag von Heckhausen (1974) folgend, ist eine reifungsbedingte Veränderung dann anzunehmen, wenn folgende Bedingungen erfüllt sind:

1. Das Verhalten tritt universell auf, d.h. bei allen Individuen kann unabhängig von den gegebenen Umweltbedingungen die gleiche Abfolge in der Entwicklung beobachtet werden. Beispiel: Kinder können etwa ab dem 3./4. Lebensmonat mit Unterstützung der Arme den Kopf und die Brust von der Unterlage abheben und setzen dann die Arme zur Fortbewegung ein, indem sie sich (etwa ab dem 6./7. Lebensmonat) mit den Armen vorwärts ziehen und den Körper nachziehen. Neben diesem Robben bewegen sich manche Kinder auch vorwärts, indem sie sich um die Körperlängsachse drehen. So etwa ab dem 9. Lebensmonat beginnen die Kinder dann zu krabbeln, d.h. sich auf Händen und Knien fortzubewegen. Nach dem gleichzeitig auftretenden freien Stehen, das dann immer mehr vervollkommnet wird, folgt um das erste Lebensjahr herum das Laufen. Beim Greifen zeigt sich folgender typischer Ablauf: Wenn zwischen dem 4. und 7. Lebensmonat die Auge-Hand-Koordination zu funktionieren beginnt, werden Gegenstände zunächst mit der ganzen Hand ergriffen (sog. palmares Greifen), ehe dann Gegenstände mit gestreckten Daumen und Zeigefinger (sog. Pinzettengriff) und dann mit gebeugten Zeigefinger und Daumen (sog. Zangengriff) erfasst werden.

2. Die Veränderung des Verhaltens tritt in einem zeitlich eng begrenztem Rahmen auf, d.h. von einem bestimmten Alter an zeigen immer mehr Kinder in sehr schneller Folge ein bestimmtes Verhalten und in relativ kurzer Zeit wird das Verhalten von allen Kindern beherrscht. Ein typisches Beispiel ist das Laufen, das bei allen Kindern um das erste Lebensjahr einsetzt. Diese Zeitangabe und die Zeitangaben im vorangehenden Abschnitt sind deswegen etwas vage gefasst, weil bei dem Erwerb dieser Fertigkeiten immer mit erheblichen interindividuellen Unterschieden zu rechnen ist, wie man auch aus Alltagsbeobachtungen weiß. Derartige Altersangaben sind aber auch populations- und zeitabhängig. So konnten Appleton, Clifton & Goldberg (1975) zeigen, dass afrikanische Kinder in diesem motorischen Entwicklungsbereich einen Entwicklungsvorsprung gegenüber amerikanischen und europäischen Kindern haben. Veränderungen des Zeitpunktes, zu dem bestimmte reifungsbedingte Veränderungen auftreten, ergeben sich aber auch bei einem längerfristigen Vergleich über mehrere Generationen hinweg. So hat sich der Eintritt der Geschlechtsreife bei Mädchen zwischen 1840 und 1980 von etwa 17 Jahren auf etwa 13 Jahre vorverlagert, davon in den letzten 40 Jahren um etwa zwei Jahre (siehe hierzu Steinberg 1989). Zur Erklärung dieses Phänomens der säkularen Akzeleration werden unterschiedliche Hypothesen genannt, wie etwa die veränderte Ernährungssituation, vermehrte Reizzufuhr durch zivilisatorische Veränderungen, Stresseinwirkungen auf den Organismus. Diese Erklärungsversuche können hier nicht diskutiert werden. Es gilt aber festzuhalten, dass offensichtlich auch das Genprogramm, das die im Zusammenhang mit der Geschlechtsreife stehenden Vorgänge steuert, nicht starr abläuft, sondern in Verbindung mit der Umwelt steht.

3. Das Verhalten ist schnell nachholbar. Damit ist gemeint, dass ein Entwicklungsfortschritt, der bisher von außen unterbunden wurde, nach Wegfall der von außen gesetzten Einschränkung sehr schnell und ohne viel Übung nachgeholt werden kann. Derartige Entwicklungseinschränkungen können aus verständlichen ethischen Gründen nicht gezielt eingesetzt werden. Man kann allenfalls vorfindbare Daten heranziehen, um zu klären, ob bestimmte Verhaltensänderungen überwiegend reifungsbedingt zustande gekommen sind oder nicht. In vielen Lehrbüchern der Entwicklungspsychologie wird in diesem Zusammenhang auf die Arbeit von Dennis & Dennis (1940) verwiesen, die sich mit der Praxis der Säuglingsbetreuung bei den Hopi-Indianern beschäftigten. Ein Teil dieses Stammes praktizierte eine traditionelle Wickeltechnik, bei der Säuglinge in den ersten Lebensmonaten fest auf ein Wickelbrett gebunden werden, wobei sich die Säuglinge weder drehen noch Arme und Beine bewegen können. Losgebunden werden die Säuglinge nur kurzzeitig zum Waschen und Wechseln der Windeln. Ab dem vierten Lebensmonat wird diese Wickeltechnik allmählich reduziert, bis dann um das erste Lebensjahr herum völlig auf dieses Festbinden verzichtet wird. Ein anderer Teil des Stammes hatte diese Wickeltechnik von vornherein vollständig aufgegeben. Obwohl die erste Gruppe wesentlich geringere Möglichkeiten zu motorischer Betätigung und Übung hatte, konnten Kinder dieser Gruppe nicht später laufen als Kinder der anderen Gruppe. Offensichtlich spielen also Reifungsvorgänge bei der motorischen Entwicklung eine wichtige Rolle. Aus diesem Ergebnis darf man nun nicht den Schluss ziehen, bei der motorischen Entwicklung spielten Übung, Erfahrung und sonstige exogene Einwirkungen überhaupt keine Rolle. Dies gilt wohl nur so lange, wie die Entwicklungsanregungen durch die Umwelt einen bestimmten Grenzwert nicht unterschreiten. In einer normalen Umgebung gehören Reifungs- und Lernprozesse untrennbar zusammen und bedingen gemeinsam eine störungsfreie Entwicklung. Darauf wird noch einzugehen sein.

4. Das Verhalten ist nicht umkehrbar, d.h. einmal erzielte Fortschritte in der Entwicklung gehen nicht mehr verloren, sondern sind irreversibel. Beispiel: Wer einmal laufen kann, verliert diese Fertigkeit im Regelfall lebenslang nicht mehr. Nun lassen sich allerdings unschwer Verhaltensweisen benennen, die auch irreversibel sind, aber nicht auf Reifungsprozesse zurückgeführt werden können. Zum Beispiel: Schwimmen, Fahrradfahren. Das Kriterium der Nicht-Umkehrbarkeit lässt also keinen eindeutigen Schluss auf die Reifungsbedingtheit von Verhaltensänderungen zu.

Eigentlich lassen sich Reifung und Lernen nicht trennen, sondern hängen miteinander zusammen und wirken zusammen auf die Entwicklung ein. Reifungsprozesse schaffen zumindest in der frühen Kindheit häufig erst die körperlichen Voraussetzungen für Lernprozesse. Am Beispiel der Sprachentwicklung lässt sich dieser Zusammenhang zwischen Lernen und Reifung sehr gut aufzeigen: Die sprachlichen Anregungen aus der Umwelt können von einem Kind erst dann aufgenommen und in eigene Sprachproduktionen umgesetzt werden, wenn die notwendigen Verbindungen zwischen dem motorischen und dem sensorischen Sprachzentrum im Gehirn geschaltet und die Nervenbahnen zu den Sprechorganen ausgereift sind. Andererseits würden Reifungsprozesse allein bei fehlender sprachlicher Anregung durch die Umwelt den Spracherwerb nicht in Gang setzen. Ein weiteres Beispiel: Die „Trainingsmaßnahmen" im Zusammenhang mit der Sauberkeitserziehung eines Kindes machen erst dann wirklich Sinn und führen erst dann schnell zum Erfolg, wenn Reifungsprozesse die Voraussetzung dafür geschaffen haben, dass das Kind seine Schließmuskulatur gezielt kontrollieren kann. Gewöhnlich ist diese Voraussetzung um das Ende des 2. Lebensjahres herum gegeben. Diese und vergleichbare Beobachtungen haben in der Entwicklungspsychologie, wie in Tabelle 7.2 dargestellt, zu dem Konzept sensibler Perioden geführt. Damit ist die Vorstellung gemeint, dass es in der Entwicklung Zeitabschnitte gibt, in denen das sich entwickelnde Individuum besonders empfänglich für Umwelteinwirkungen ist. Dies können sowohl entwicklungsfördernde als auch entwicklungshemmende oder -schädigende Faktoren sein.

Tab. 7.2: Konzept der „sensiblen Perioden" in der Entwicklung (modifiziert nach Wieczerkowski & zur Oeveste, 1982, S. 60)

Phase der Unreife Indifferenz, Widerstand gegen Stimulation, keine Bereitschaft zum Lernen
Sensible Periode (Phase maximaler Empfänglichkeit) Hohe Sensitivität gegenüber Reizzufuhr, hohe Bereitschaft zum Lernen
Phase herabgesetzter Empfänglichkeit Geringe Wirkung von Reizzufuhr, geringe Bereitschaft zum Lernen

Diese Vorstellung sensibler Perioden in der Entwicklung erscheint aus der Sicht der Praxis zunächst einmal sehr interessant, weil damit Entwicklungsabschnitte bezeichnet werden, in denen es sich lohnt, positive Entwicklungs- und Lernanreize zu setzen oder aber in denen der Einfluss schädigender Entwicklungsbedingungen besonders zu vermeiden ist. So haben zum Beispiel Spitz (1945) und Bowlby (1951) aufzuzeigen versucht, wie wichtig die ersten Lebensjahre für den Aufbau stabiler Bindungen zu einer dauerhaft anwesenden Bezugsperson sind. Allerdings gilt es festzuhalten, dass der differenzierte Nachweis sensibler Perioden in der menschlichen Entwicklung alleine schon aus ethischen Gründen empirisch überzeugend kaum zu führen sein wird. Wer wollte und könnte schon verantworten, Menschen während einer vermuteten sensiblen Periode von fördernden Umwelteinflüssen abzuschotten, um dann zu untersuchen, ob eventuelle Umwelteinflüsse auch später noch und in welchem Ausmaß wirksam werden können. Wichtiger als starre Angaben zum optimalen Zeitpunkt für den Einsatz entwicklungsfördernder Maßnahmen und die Vermeidung entwicklungsschädigender Umwelteinflüsse scheint mir eine Haltung zu sein, die sorgfältig beobachtet und immer wieder kritisch reflektiert, wie Individuen auf ihre Umwelt reagieren und deren Einwirkungen verarbeiten, um dann gezielt darauf reagieren zu können.

7.4   Lernen und Entwicklung

Unter Lernen wird in der Psychologie nicht nur die Anhäufung von Fähigkeiten, Fertigkeiten und Kenntnissen verstanden, sondern jegliche überdauernde Verhaltensänderung, die nicht auf Reifung oder momentane Zustände des Organismus (z. B. Ermüdung, Zustand nach Drogengebrauch) zurückgeführt werden kann. Bei einer derart weitgefassten Definition fragt man sich natürlich, worin denn nun der Unterschied zum Entwicklungsbegriff besteht und ob man denn nicht

Entwicklung mit Lernen gleichsetzen kann, wie sich dies ja auch tendenziell bei der Befragung der Sozialpädagogik-Studenten gezeigt hat, über die im 1. Kapitel (siehe S. 11ff.) berichtet wurde. Die in den vorangegangenen Abschnitten diskutierten Überlegungen zu den genetischen Einflüssen auf die Entwicklung und den dabei ablaufenden Reifungsprozessen haben gezeigt, dass man menschliche Entwicklung nicht ausschließlich auf Lernprozesse zurückführen kann. Ohne Zweifel kommt aber dem Lernen im Rahmen der menschlichen Entwicklung eine hohe Bedeutung zu. Nachfolgend sollen daher unterschiedlichen Formen des Lernens in Grundzügen dargestellt und hinsichtlich ihrer Bedeutung für die menschliche Entwicklung zumindest kurz diskutiert werden.

7.4.1 Klassisches Konditionieren

Der Begriff „Klassisches Konditionieren" wird in der Regel zwar nicht zum Alltagssprachgebrauch gehören, der damit bezeichnete Lernvorgang dürfte jedoch nicht nur der Fachöffentlichkeit bekannt sein. Das Wissen über die von dem russischen Physiologen und Nobelpreisträger Pawlow durchgeführten Experimente gehört fast schon zum traditionellen Bildungsgut. Pawlow konnte zeigen, dass es bei Hunden nicht nur dann zu Speichelsekretion kommt, wenn ihnen Futter angeboten wird, sondern auch dann, wenn eine Glocke ertönt, die über einen längeren Zeitraum hinweg zusammen mit der Futterdarbietung ertönt war. Die Hunde hatten also gelernt, nicht nur auf das Futter, sondern auch auf den Glockenton mit der Speichelsekretion zu reagieren, die zur Nahrungsaufnahme und Vorbereitung der Verdauung gehört. In einem Experiment, das wohl auch wegen seiner ethischen Fragwürdigkeit einige Berühmtheit erlangte, haben Watson & Rayner (1920) einen derartigen Konditionierungsvorgang auch beim Menschen nachgewiesen. Dem kleinen, 11 Monate alten Albert wurde eine Ratte gezeigt, die der kleine Junge ohne Angst oder Erschrecken betrachtete. Gleichzeitig mit dem Zeigen der Ratte ertönte ein lautes Geräusch, das bei dem kleinen Jungen Erschrecken und Angst hervorrief. Wurde dieser Vorgang mehrmals wiederholt, so reagierte schließlich der kleine Albert beim Anblick der Ratte mit Schreck- und Angstreaktionen, auch wenn das laute Geräusch weggelassen wurde. Diese Angstreaktion generalisierte er dann sogar noch auf andere Felltiere (z.B. Hund, Hase), d.h. dass auch diese Objekte die Angstreaktionen auslösten.

Man muss nun nicht auf derartige Experimente zurückgreifen, wenn man den Vorgang des Klassischen Konditionierens veranschaulichen möchte. Deshalb ein Beispiel, das wohl jeder kennt: Beim Zahnarztbesuch kommt es bei vielen Menschen nicht erst beim Surren des Bohrers, sondern schon beim Betreten des Wartezimmers zu Angstreaktionen, die dann noch zunehmen, wenn man das Behandlungszimmer betritt, sich auf den Behandlungsstuhl begibt, das Klappern der Instrumente hört usw. Zu diesen Reaktionen hat der in der nachfolgenden Abbildung schematisch dargestellte Lernvorgang geführt.

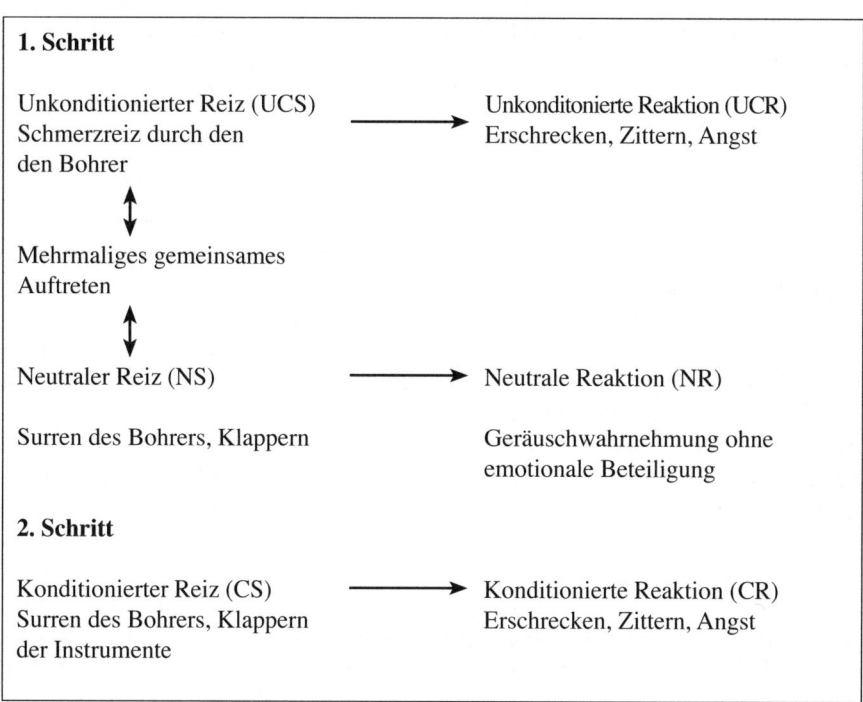

1. Schritt

Unkonditionierter Reiz (UCS)   ⟶   Unkonditonierte Reaktion (UCR)
Schmerzreiz durch den   Erschrecken, Zittern, Angst
den Bohrer

↕

Mehrmaliges gemeinsames
Auftreten

↕

Neutraler Reiz (NS)   ⟶   Neutrale Reaktion (NR)

Surren des Bohrers, Klappern   Geräuschwahrnehmung ohne
                                           emotionale Beteiligung

2. Schritt

Konditionierter Reiz (CS)   ⟶   Konditionierte Reaktion (CR)
Surren des Bohrers, Klappern   Erschrecken, Zittern, Angst
der Instrumente

Abb. 7.3: Schematische Darstellung der klassischen Konditionierung

Es müssen keineswegs immer nur unangenehme, negative Reaktionen sein, die durch einen ursprünglich neutralen Reiz ausgelöst werden, der häufig gemeinsam mit einem unkonditionierten Reiz (UCS = **unc**onditioned **s**timulus) aufgetreten war und damit zum konditionierten Reiz (CS = **c**onditoned **s**timulus) wurde: Ein Kuscheltier, das einem ängstlichen Kleinkind in die Arme gelegt wird, während sich die Eltern erfolgreich darum bemühen, das Kind zu beruhigen, entfaltet nach einiger Zeit auch selbst eine beruhigende Wirkung.

Der Vorgang der klassischen Konditionierung spielt in der menschlichen Entwicklung sicher eine Rolle, wenn es um die Ausbildung von emotionalen Reaktionen auf bestimmte Umweltgegebenheiten geht. Konditionierungsprozesse treten sehr früh in der Entwicklung auf. Sie konnten experimentell bereits für die ersten Lebenstage nachgewiesen werden. Die Konditionierbarkeit nimmt in den ersten fünf bis sechs Lebensjahren kontinuierlich zu und im Verlauf des weiteren Lebens allmählich wieder ab, wobei die Konditionierungswirkung zunächst durch akustische Reize, dann auch durch Berührung, Geruch, Geschmack und schließlich durch visuelle Reize einsetzt. In der praktischen Arbeit können die Grundprinzipien der klassischen Konditionierung nicht nur hilfreich sein für eine Analyse und das Verstehen des Klientenverhaltens in bestimmten Situationen, sondern bieten auch Ansatzpunkte für eine Modifikation unerwünschter, belastender Reaktionen, wie zum Beispiel bei starken, situationsinadäquaten

Angstreaktionen (zu Desensibilisierungs- und Konfrontationstechniken siehe ausführlich Jungnitsch, 1999).

7.4.2 Operantes Konditionieren

Menschen zeigen in der Regel jene Verhaltensweisen häufiger, die zu angenehmen Konsequenzen führen und meiden jene Verhaltensweisen, die unangenehme Konsequenzen haben („Aus Schaden wird man klug"). Diese Erkenntnis gehörte wohl bereits zum alltagspsychologischen Wissensbestand lange bevor Skinner (1938) seine Überlegungen und Erkenntnisse zum operanten Konditionieren formulierte. Im Rahmen des Konzepts des operanten Konditionierens spricht man davon, dass die Auftretenswahrscheinlichkeit eines zunächst einmal zufällig auftretenden Verhaltens durch die Konsequenzen bestimmt wird, die auf das Verhalten folgen. Dabei werden vier unterschiedliche Verhaltenskonsequenzen unterschieden:

7.4.2.1 Positive Verstärkung
Die positive Verstärkung ist dadurch gekennzeichnet, dass auf ein zunächst zufällig auftretendes Verhalten eine Belohnung (Verstärkung) folgt, d.h. es tritt eine dem Individuum angenehme Situation ein. Dies führt dazu, dass das Verhalten künftig häufiger gezeigt wird. Beispiele: Ein Kind hat mit seinen Bauklötzen selbständig einen Turm gebaut und bekommt von den Eltern als Belohnung dafür ein Eis; ein im Sandkasten spielendes Kind schubst ein anderes Kind weg, vertreibt es dadurch und kann anschließend mit dessen Spielsachen spielen; ein gehemmter Jugendlicher trinkt einige Biere und wagt es dann, in seiner Clique auch seine Meinung zu sagen; beim Hantieren mit einem verschlossenen Bonbonglas dreht ein Kind den Deckel auch zufällig nach links, der Deckel kann abgenommen und Bonbons entnommen werden.

Die Lernpsychologie hat zeigen können, dass die Auftretenswahrscheinlichkeit eines Verhaltens durch ganz unterschiedliche Verstärker erhöht werden kann. Dies reicht von der Befriedigung physiologischer Bedürfnisse (Hunger, Durst, Sexualität), über materielle Verstärker (Besitz attraktiver Gegenstände, Geld) bis hin zu sozialen Verstärkern (Lob, freundliches Zulächeln, Streicheln, zustimmendes Nicken). Weiterhin gehört zum gesicherten lernpsychologischen Wissensbestand, dass ein Verhalten gar nicht regelmäßig verstärkt werden muss, um eine stabile Verhaltensrate zu zeigen. Ganz im Gegenteil: Wenn ein Verhalten in unregelmäßigen Abständen eine Verstärkung (sog. intermittierende Verstärkung) erfährt, erweist sich das Verhalten als wesentlich stabiler, als wenn das Verhalten regelmäßig verstärkt wird. Beispiel: Ein Kind erhält auf sein Quengeln hin stets die gewünschten Pommes mit Ketchup, die Eltern eines anderen Kindes reagieren nur ab und zu einmal auf das Quengeln in der geschilderten Weise. Beschließen nun beide Eltern dem Quengeln unter keinen Umständen mehr nachzukommen, so wird das erstgenannte Kind das Quengeln schneller aufgeben als das zweite Kind.

Dem operanten Konditionieren und hierbei insbesondere der positiven Verstärkung – weitere Formen des operanten Konditionierens werden erst in den nachfolgenden Abschnitten besprochen – kommt für die Erklärung des Erwerbs zumindest einfacher Verhaltensweisen erhebliche Bedeutung zu. Bereits in den ersten Lebensjahren müssen viele unterschiedliche Verhaltensweisen erworben werden. Ihre Zahl ist viel zu groß, als dass sie alle durch systematische Unterweisung und gezieltes Training seitens der sozialen Umgebung vermittelt werden könnten. Das Lernprinzip des operanten Konditionierens bietet eine plausible Erklärung auch für Verhaltensänderungen und Lernvorgänge, die gleichsam nebenher ablaufen und nicht das Ergebnis gezielter Erziehungsbemühungen und Lernanstrengungen sind. Verhaltensweisen können durch ganz unterschiedliche Verstärker gelernt werden, die in der Lebenswelt des Menschen gewöhnlich in großer Vielzahl zur Verfügung stehen und, wie oben ausgeführt wurde, gar nicht regelmäßig auf ein Verhalten folgen müssen, um wirksam zu sein. Dies ist ein wesentlicher Grund dafür, dass im Verhaltensrepertoire eines Individuums nicht nur erwünschte, sondern auch sozial unerwünschte Verhaltensweisen (z. B. aggressives Verhalten) auftreten und dabei auch noch eine hohe Stabilität aufweisen, d. h. nicht oder nur mühsam zum Verschwinden gebracht werden können. Auf den ersten Blick erscheint ein Lernprinzip, das besagt, dass Verstärkungen oder Belohnungen von zentraler Bedeutung für das Lernen sind, sehr einsichtig und ob seiner Einfachheit gut geeignet, Verhalten zu verstehen und gezielt zu beeinflussen. Eine erhebliche Schwierigkeit ergibt sich aber daraus, dass nicht von vornherein festliegt und auch nicht immer gleich bleibt, von welchen Umweltgegebenheiten im Einzelfall eine Verstärkerwirkung ausgeht und von welchen nicht. Hier können sich sowohl intraindividuelle Veränderungen als auch interindividuelle Unterschiede ergeben, die man erst einmal analysieren und erkennen muss, wenn man Verhalten verstehen und gegebenenfalls auch systematisch beeinflussen will, wie dies die Soziale Arbeit ja tun muss, wenn sie ihrem gesellschaftlichen Auftrag gerecht werden will.

7.4.2.2 *Negative Verstärkung*

Von negativer Verstärkung spricht man dann, wenn auf ein bestimmtes Verhalten hin ein dem Individuum unangenehmer Zustand beendet wird. Dieses Verhalten wird dann künftig häufiger gezeigt. Beispiel: Ein Kind gibt zu erkennen, dass es sein Verhalten bereut, sein Tun künftig völlig auf die Wünsche der Eltern ausrichten und nicht mehr widersprechen wird und die Eltern hören auf zu schimpfen; eine Person mit panischer Angst vor Hunden beschließt, auf den eigentlich geplanten Spaziergang zu verzichten und fühlt sich augenblicklich viel besser; in Angst und Panik vor einer anstehenden Prüfung beschließt ein Student, eine Prüfung auf ein späteres Semester zu verschieben und fühlt sich nach dieser Entscheidung sichtlich erleichtert.

Die Wirkung der negativen Verstärkung kann nun nicht nur darin bestehen, dass beim Eintreten der unangenehmen Situation immer wieder dieses Verhalten gezeigt wird, sondern die unangenehme Situation wird antizipiert und ihr Eintreten nach Möglichkeit vermieden. Das Individuum bemüht sich, gar nicht erst in die unangenehme Situation zu geraten, die dann durch ein entsprechendes Verhalten beendet werden kann. An den obigen Beispielen veranschaulicht: Das Kind zeigt von sich aus wenig Aktivität und wartet immer darauf, von den Eltern gesagt zu bekommen, was es tun soll; die hundeängstliche Person zieht sich immer mehr in die eigene Wohnung zurück; der prüfungsängstliche Student sagt immer wieder Prüfungen ab und gibt vielleicht irgendwann sein Studium auf oder wird durch die Regelungen der Prüfungsordnung dazu gezwungen.

7.4.2.3 Bestrafung durch aversive Reize

Die Auftretenswahrscheinlichkeit eines Verhaltens wird vermindert, wenn auf ein bestimmtes Verhalten hin ein dem Individuum unangenehmer Zustand eintritt. Beispiel: Auf eine „freche" Äußerung hin bekommt ein Kind eine Ohrfeige; der wiederholt zu spät kommende Mitarbeiter erhält eine Abmahnung; der ohne gültigen Fahrschein fahrende Jugendliche muss 40 Euro Strafe bezahlen; das Berühren der heißen Herdplatte führt zu einer Verbrennung an den Fingern usw. In der Regel wird man aus diesen negativen Konsequenzen lernen und die beschriebenen Verhaltensweisen seltener zeigen, wobei die negativen Konsequenzen gar nicht immer von außen als „Erziehungsmaßnahme" gezielt eingesetzt werden müssen, sondern sich auch aus der Situation heraus ergeben können.

Die Frage, ob und inwieweit man durch Bestrafung unerwünschtes Verhalten tatsächlich vermindern oder ausschalten und die individuelle Entwicklung positiv beeinflussen kann, haben Eltern, Erzieher, Lehrer, Sozialpädagogen, Richter immer schon kontrovers diskutiert und werden dies wohl auch weiter tun, ohne letztlich zu einer einvernehmlichen Lösung zu kommen, zumal die Lernpsychologie hier auch keine eindeutige Antworten anbieten kann. Einerseits weiß man zwar, dass Strafen, sofern sie im Alltag überhaupt so zu realisieren sind, dass sie unmittelbar, konsequent sowie in spürbarer Intensität und Dauer auf ein unerwünschtes Verhalten folgen, durchaus eine verhaltensreduzierende Wirkung haben können. Andererseits erfolgen Strafen immer wieder unter Rahmenbedingungen, die eine Strafwirkung vermindern oder gar eine der Strafintention zuwiderlaufende Wirkung haben. Einige dieser Effekte seien kurz genannt (siehe hierzu ausführlicher Fürntratt 1974; Rothgang 1990; Schermer 1998, S. 73–74):

- Bestrafung wirkt häufig nur situationsspezifisch, d.h. das bestrafte Individuum gibt das unerwünschte Verhalten nicht vollständig auf, sondern lernt lediglich in welchen Situationen das Verhalten „gefahrlos" gezeigt werden kann und wann nicht, weil aufgrund der situativen Gegebenheiten mit Strafe zu rechnen ist. Beispiel: Ein Kind hatte wiederholt damit Erfolg, auf dem Spielplatz durch Wegschubsen anderer Kinder schneller an das gewünschte Spielgerät zu kommen. Es wird dieses erfolgreiche Verhalten immer wieder einsetzen. Macht nun dieses Kind irgendwann die Erfahrung, dass diese „Strategie" zu unangenehmen Konsequenzen führt, wenn ein verdrängtes Kind von einem älteren Geschwister oder einem Elternteil begleitet wird, die sanktionierend eingreifen, wird es das bisher so erfolgreiche Verhalten nicht sofort aufgeben, wenn dieses sanktionierende Eingreifen nicht dazu führt, dass das aggressive

Kind die Notwendigkeit gegenseitiger Rücksichtnahme und Fairness einsieht. Es wird vielmehr lernen, dass das unerwünschte Verhalten unter bestimmten Rahmenbedingungen (Anwesenheit kontrollierender, strafender Erwachsener) zwar nicht gezeigt werden sollte, aber ansonsten nicht aufgegeben werden muss.

- Bestrafung erfolgt häufig inkonsequent, d.h. nicht bei jedem Auftreten des unerwünschten Verhaltens wird bestraft, weil das Verhalten überhaupt nicht bemerkt wird oder weil die Situationsumstände eine Bestrafung nicht gestatten. Bereits die immer wieder einmal ausbleibende Bestrafung könnte für das Individuum eine intermitterende Verstärkung darstellen, was dann zur Stabilisierung des unerwünschten Verhaltens führt.

- Bestrafung kann häufig nicht unmittelbar auf das unerwünschte Verhalten folgen und verliert damit wesentlich an Wirkung. Beispiel: Wenn ein Jugendlicher erst viele Monate nach einer Straftat vor dem Jugendrichter zu erscheinen hat, wird der Jugendliche die Verhandlung und die verhängte Strafe eher als ein „Aufwärmen alter Geschichten" und nicht als zwingende negative Konsequenz aus seinem unerwünschten Verhalten ansehen.

- Selbst wenn die Bestrafung ein stets zuverlässig wirksames Mittel zur Verminderung unerwünschten Verhaltens wäre, zeigt die Bestrafung noch keine Alternativen für unerwünschtes Verhalten auf. „Kritik und Angst vor Strafe können zwar davon abhalten, etwas Unrechts zu tun, aber sie veranlassen uns nicht, das Rechte zu tun" (Bettelheim, 1987, S.127).

- Bestrafung führt häufig zu Angst bei den Bestraften. Angst stellt aber eine sehr ungeeignete Voraussetzung für das Lernen dar. Hier kann es zu einer Verbindung von Prozessen der klassischen Konditionierung und des Vermeidungsverhaltens im Sinne des operanten Konditionierens kommen. Die bestrafende Instanz wird zum konditionierten Reiz für Angstreaktionen, denen man dadurch entkommt, indem man den Kontakt mit dem konditionierten Reiz vermeidet. Damit reduzieren sich wiederum die Möglichkeiten der Verhaltensbeeinflussung.

- Bestrafung kann zu Gewöhnungseffekten führen, die wiederum die Wirkung der Strafe vermindern, es sei denn, man steuert diesen Gewöhnungseffekten durch eine „Dosissteigerung" bei der Strafe entgegen. Früher oder später führt dies dann u.a. auch zu dem ethischen Problem, inwieweit die Strafe dem unerwünschten Verhalten überhaupt noch angemessen ist.

- Bestrafung durch aversive Reize hat häufig selbst Modellcharakter für unerwünschtes Verhalten. Beispiel: Ein Kind erhält eine körperliche Strafe, weil es ein kleineres Geschwister geschlagen hat. Das Kind lernt, dass die Erwachsenen für identisches Verhalten straffrei ausgehen, weil sie in einer entsprechenden Machtposition sind.

- Statt einer tatsächlichen Bestrafung sind es häufig Strafandrohungen mit denen versucht wird, unerwünschtes Verhalten zu verhindern. Häufig werden aber Strafandrohungen nicht oder nur inkonsequent angewandt.

- Bei der Einschätzung der Wirksamkeit von Strafen wird häufig nicht bedacht, dass eine Strafe dann wesentlich an Wirkung verliert, wenn die Normen der strafenden Instanz nicht mit den Normen des Bestraften und seiner Bezugsgruppe übereinstimmen. Beispiel: Die verhaltensbeeinflussende Wirkung einer Strafe, die ein Lehrer in der Schule verhängt, wird dann nur sehr gering sein, wenn die empfangene Strafe von den Eltern eines Schülers als völlig bedeutungslos eingeschätzt wird oder wenn der Schüler durch die Strafe einen Statusgewinn innerhalb der Klassengemeinschaft verbuchen kann.

Diese Anmerkungen dürften deutlich gemacht haben, dass Strafen eben nicht immer die intendierte Wirkung zeigen und kein Allheilmittel sind, um unerwünschte Verhaltensweisen zu verhindern oder abzubauen. Es zeigt sich auch, dass Strafen eben nicht unverzichtbar sind, um der individuellen Entwicklung eine positive Richtung zu geben. Angesichts der geschilderten Nebenwirkungen erscheinen Strafen nur dann gerechtfertigt, wenn auf andere Weise ein selbst- oder fremdgefährdendes Verhalten eines Individuums nicht gestoppt werden kann. Gleichzeitig sollten allerdings immer Bemühungen einsetzen, erwünschte Verhaltensweisen durch positive Verstärkung zu fördern. Dies wird dann eher möglich sein, wenn die Bestrafung nicht durch aversive Reize, sondern durch Verstärkerentzug erfolgt.

7.4.2.4 Bestrafung durch Verstärkerentzug

Von Bestrafung durch Verstärkerentzug spricht man dann, wenn auf ein unerwünschtes Verhalten hin ein angenehmer Zustand beendet, d. h. eine Verstärkung nicht mehr gegeben wird. Dies klingt zunächst etwas realitätsfern, denn wer wird schon, so kann man spontan einwenden, ein unerwünschtes Verhalten auch noch verstärken. Genau dies passiert jedoch im pädagogischen Alltag immer wieder. Ein Beispiel: Ein Kind, obwohl sehr müde, möchte abends nicht einschlafen, quengelt, bestreitet müde zu sein und weigert sich schlichtweg, zu Bett zu gehen. Die Eltern erklären jedes Mal geduldig, wie wichtig doch ausreichender Schlaf sei, lesen dem Kind eine Geschichte vor, singen ein Gute-Nacht-Lied und wundern sich, dass ihre erzieherischen Bemühungen so wenig Erfolg haben, ohne zu bemerken, dass sie durch ihre Reaktionen das unerwünschte Verhalten immer wieder verstärken. Eine Reduzierung des unerwünschten Verhaltens durch Verstärkerentzug würde nun darin bestehen, auf das geschilderte Verhalten überhaupt nicht mehr zu reagieren und darauf zu vertrauen, dass das Kind doch irgendwann von selbst einschläft und das unerwünschte Verhalten dadurch gelöscht wird. Dies wird aber nur dann zu erwarten sein, wenn das unerwünschte Verhalten ganz konsequent nicht mehr beachtet wird. Ansonsten kommt es zu intermittierender Verstärkung und das Verhalten wird nicht gelöscht, sondern immer wieder gezeigt.

Eine Bestrafung durch Verstärkerentzug kann auch darin bestehen, dass Verstärker entzogen werden, die unmittelbar nichts mit dem unerwünschten Verhalten zu tun haben, sondern willkürlich darauf bezogen werden. Beispiele: Ein Kind erhält nach einer Lüge Taschengeldentzug; der jugendliche Heimbewohner bekommt die abendliche Ausgehzeit verkürzt, weil er sein Zimmer nicht aufgeräumt hat; ein störendes Gruppenmitglied wird für eine bestimmte Zeit von den Gruppenaktivitäten ausgeschlossen (sog. Time-out). Damit ein derartiger Verstärkerentzug auch tatsächlich wirksam wird, muss man natürlich wissen, was für das betroffene Individuum überhaupt als Verstärker wirkt, ansonsten kann es leicht zu Effekten kommen, die das unerwünschte Verhalten noch verstärken. Das klassische Beispiel hierfür ist ein störender Schüler, der vor die Tür geschickt wird und sich dort nicht grämt, die wichtigen Ausführungen des Lehrers zu versäumen, sondern sich freut, einem langweiligen Unterricht entkommen zu sein.

7.4.2.5 Grenzen des Ansatzes

Mit dem Ansatz des operanten Konditionierens scheint man den idealen Erklärungsansatz für die Veränderungen des Erlebens und Verhaltens während des gesamten Lebens zu haben. Es gibt aber auch Grenzen und Schwächen dieses Ansatzes sowohl hinsichtlich des Erklärungswerts als auch der praktischen Umsetzung, die nicht zu übersehen sind: Mit dem Ansatz des operanten Konditionierens kann nicht erklärt werden, weshalb neue Verhaltensweisen, die dann extern verstärkt werden, überhaupt auftreten. Es ist zudem ausgesprochen unwahrscheinlich, dass die vielfältigen Verhaltensweisen, die während der menschlichen Entwicklung erstmals auftreten und dann stabil zum Verhaltensrepertoire des Individuums gehören, tatsächlich alle extern verstärkt wurden (z. B. sprachliche Formulierungen und Äußerungen). Angesichts der Vielzahl denkbarer Verstärker wären sicherlich klare theoretische Vorstellungen darüber wünschenswert, welche Verstärker bei welchem Individuum in welchen Entwicklungsphasen und warum wirksam sind. So wird man zusammenfassend festhalten können, dass mit dem Ansatz des operanten Konditionierens zwar viele, aber eben nicht alle Verhaltensänderungen im Verlaufe des Lebens erklärt werden können.

7.4.3 Beobachtungslernen

In den beiden bisher besprochenen lerntheoretischen Ansätzen war entweder die einem Verhalten vorausgehende Reizsituation (klassische Konditionierung) oder die auf ein Verhalten folgende Reizsituation (operante Konditionierung) entscheidend für das Lernen. In den primär auf Bandura (1979) zurückgehenden Überlegungen zum sog. Beobachtungslernen, auch als Lernen am Modell bezeichnet, werden nun beide Lernprinzipien miteinander verbunden, indem Aussagen darüber gemacht werden, welche innerpsychischen Prozesse ablaufen, zwischen der Wahrnehmung dessen, was andere tun (Modellverhalten) und einer eventuellen Nachahmung dieses Verhaltens. Nach Bandura sind hier vier Prozesse zu unterscheiden, die in Abbildung 7.4 dargestellt sind.

In den ersten beiden Schritten beim Beobachtungslernen geht es darum, ob sich ein Beobachter ein bestimmtes Modellverhalten aneignet oder nicht. Es stehen fortwährend mehr Modelle und Verhaltensweisen zur Nachahmung zur Verfügung, als man tatsächlich nachahmen kann. Dies gilt insbesondere deshalb, weil nicht nur die Menschen, mit denen man aktuell im sozialen Kontakt steht (reale Modelle), sondern auch symbolisch, durch Film oder Sprache, vermittelte Modelle beobachtet und nachgeahmt werden können. Eltern, Lehrer, Erzieher,

Sozialpädagogen müssen immer wieder die betrübliche Erfahrung machen, dass ein ganz anderes Modellverhalten übernommen wird, als man dies erwünscht und erhofft hatte. Wovon hängt es also ab, ob und gegebenenfalls welches Modellverhalten sich Individuen aneignen?

Es ist naheliegend, dass nur jene Verhaltensweisen durch Beobachtungslernen erworben werden können, die überhaupt wahrgenommen werden, auf die sich also die **Aufmerksamkeit** eines Beobachters richtet. Dies wiederum hängt von Merkmalen des Modells und Merkmalen des Beobachters ab. So werden unter anderem attraktive Modelle (soziales Ansehen, Macht, gutes Aussehen), deren Verhalten nicht zu komplex ist und sich als effektiv und nützlich erweist (Funktionaliät des Verhaltens), eher nachgeahmt. Die Merkmale des Modells sind, wie andere Umweltgegebenheiten auch, abhängig von den Einstellungen, Wahrnehmungs- und Deutungsmustern des Beobachters ebenso wie von seinen Wahrnehmungsfähigkeiten. Komplexe Verhaltensabläufe können zum Beispiel von einem jüngeren Kind nicht so differenziert wahrgenommen werden, wie wir das bei einem älteren Kind oder einem Erwachsenen erwarten können. Mittlere Grade der emotionalen Beteiligung eines Beobachters an einem Geschehen, also ein mittleres Erregungsniveau, werden einen Beobachter eher veranlassen, seine Aufmerksamkeit auf ein Modellverhalten zu richten.

Ein Verhalten, das mit Aufmerksamkeit beobachtet wurde, kann nur dann nachgeahmt und gelernt werden, wenn man sich an das Verhalten erinnern kann, wenn das Verhalten im Gedächtnis abgespeichert wird. Ansonsten ist nur ein Nachahmen in der aktuellen Situation und nicht darüber hinaus möglich. Neben den Aufmerksamkeitsprozessen entscheiden beim Beobachtungslernen also auch

Gedächtnisprozesse über die Aneignung eines Modellverhaltens. Wahrgenommene Verhaltensweisen können entweder unmittelbar bildlich, also so, wie sie wahrgenommen wurden, in der Vorstellung repräsentiert oder symbolisch kodiert (z. B. über die Sprache) werden. In der menschlichen Entwicklung kommt zunächst der vorstellungsmäßigen Kodierung die zentrale Bedeutung zu, ehe dann mit der Entwicklung der Sprache die symbolische Kodierung immer wichtiger wird. Bandura führt das bemerkenswerte Tempo menschlichen Beobachtungslernens auf die sprachliche Kodierung zurück, weil damit eine größere Informationsmenge schneller verarbeitet und auch leichter wiederholt werden kann. Die Möglichkeit zur Wiederholung eines beobachteten Verhaltens im Geiste, sei es nun so, dass man sich bildlich vorstellt, wie man das Verhalten ausführt oder eine sprachliche Beschreibung des Verhaltensablaufes im Geiste wiederholt, sichert die korrekte Abspeicherung des Geschehens im Gedächtnis und die spätere Reproduzierbarkeit. Auch hier wird es, wie schon bei den Aufmerksamkeitsprozessen, interindividuelle Unterschiede geben in Abhängigkeit von den kognitiven Fähigkeiten und Strukturen, die dem Individuum jeweils zur Verfügung stehen. Zudem werden sich auch im Lauf der Entwicklung die Voraussetzungen für das Beobachtungslernen verbessern, weil beobachtete Verhaltensweisen besser kodiert und in bereits bestehende Verhaltensmuster und kognitive Strukturen integriert werden können.

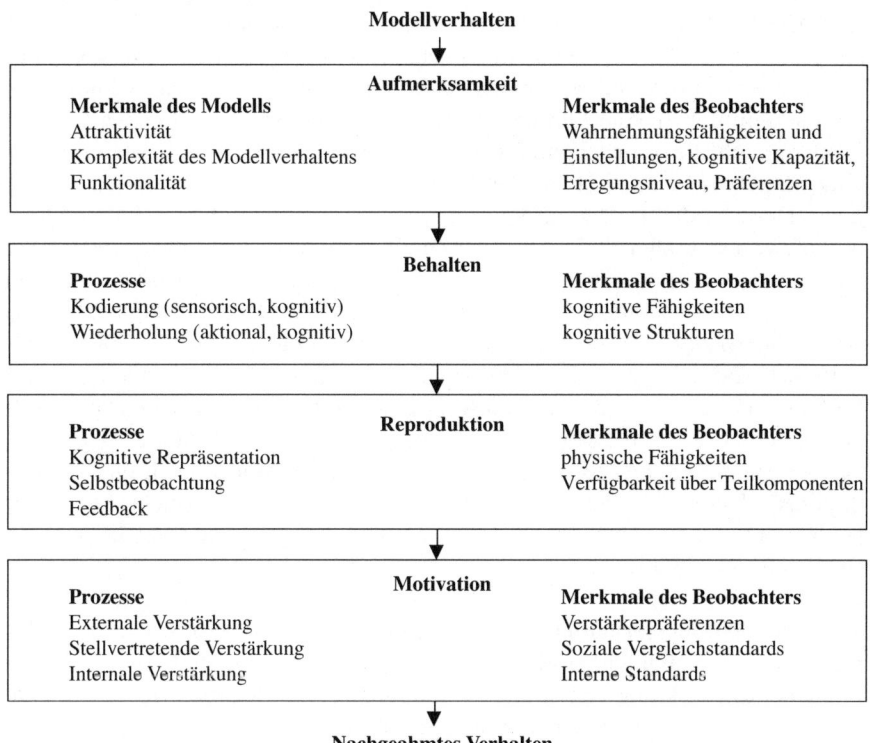

Abb. 7.4: Schematische Darstellung des Lernens am Modell

Ob man sich nun ein beobachtetes Verhalten auch wirklich angeeignet hat, zeigt sich letztlich erst dann, wenn man das Verhalten auch tatsächlich korrekt ausführen kann. Bandura bezeichnet diesen dritten Schritt beim Beobachtungslernen als motorische **Reproduktion**. Dazu müssen die auszuführenden Handlungsschritte gedanklich so geordnet werden, dass ein Muster, ein Plan des auszuführenden Verhaltens entsteht. Ob die Ausführung dann auch gelingt, wird von der Angemessenheit des Plans und den physischen Fähigkeiten des Individuums abhängen. Wenn eine Verhaltenssequenz nur ungenau beobachtet und unzureichend kognitiv erfasst wurde oder wenn die physischen Fähigkeiten wie zum Beispiel Kraft, Ausdauer, Geschicklichkeit nicht in ausreichendem Maße vorhanden sind oder Teilkomponenten fehlen, wird es allenfalls nach einer längeren Übungs- und Trainingsphase an das angestrebte Modellverhalten kommen. Beispiele: Versuche eines Kindes, eine Schleife zu binden; Ausführen einer Schrittfolge, die der Tanzlehrer so elegant demonstriert hat; Bemühungen von Eltern ebenso geschickt auf Inline-Skates zu stehen, wie ihre halbwüchsigen Kinder. Inwieweit komplexe Fertigkeiten schließlich korrekt reproduziert werden können, wird von der Fähigkeit des Individuums zur Selbstbeobachtung und vom Feedback abhängen, das ein Individuum von seiner Umwelt erhält.

In einem vierten Schritt entscheiden dann **Motivationsprozesse** darüber, ob aus einem beobachteten Verhalten ein nachgeahmtes Verhalten wird, das in das Verhaltensrepertoire aufgenommen und auch gezeigt wird. Dabei sind nicht nur die unmittelbar vom Lernenden erlebten Verhaltenskonsequenzen wichtig, sondern auch die beobachteten Verhaltenskonsequenzen. Die Reaktionen der Umwelt geben wichtige Hinweise darauf, ob ein Verhalten erfolgreich ist oder nicht. Diese stellvertretende Bekräftigung ist für die menschliche Entwicklung deshalb von so großer Bedeutung, weil nicht jedes Verhalten hinsichtlich seiner Angemessenheit und Erfolgswahrscheinlichkeit von jedem selbst ausgetestet werden muss. Man kann aus den Erfahrungen anderer lernen. Mit dem Hinweis auf die internale Bekräftigung oder Selbstbekräftigung macht Bandura schließlich noch deutlich, dass Menschen auch nach eigenen Zielen handeln und ihr Verhalten danach ausrichten, inwieweit dieses Verhalten zum Erreichen selbst gesteckter Ziele führt, unabhängig davon, wie die Umwelt reagiert. Wie schon bei den anderen Schritten des Beobachtungslernens können auch hier interindividuelle Unterschiede auftreten etwa im Hinblick darauf, welche Verstärker bevorzugt werden, welche Standards an Verstärker angelegt und welche sozialen Vergleiche ausgeführt werden.

Das Beobachtungslernen spielt, wie bereits mehrfach betont wurde, in der menschlichen Entwicklung eine zentrale Rolle: Die Schnelligkeit, mit der im Laufe der Entwicklung vielfältigste Verhaltensweisen erworben werden, könnte mit einem Lernen allein auf der Grundlage von Konditionierungsvorgängen nicht erreicht werden. Wenn man nicht aus den Erfahrungen von Modellen lernen könnte, seien diese nun real vorhanden oder symbolisch repräsentiert (Sprache, Bilder usw.), wäre allein schon der Erwerb grundlegender Fertigkeiten zur Alltagsbewältigung, der dann nach Versuch und Irrtum erfolgen müsste, ein äußerst mühsames und wohl auch gefährliches Unterfangen. Ohne Beobachtungslernen müsste gleichsam das „Rad immer wieder neu erfunden werden" und kulturelle Inhalte könnten nicht tradiert werden. Auch im Hinblick auf die motivationalen Anreize für ein Verhalten ist das Beobachtungslernen insofern von Bedeutung, als nicht nur die selbst erfahrenen, sondern auch die bei Modellen beobachteten positiven oder negativen Verhaltenskonsequenzen die Auftretenswahrscheinlichkeiten bestimmter Verhaltensweisen verändern.

Im Kontext entwicklungspsychologischer Überlegungen gilt es noch festzuhalten, dass Beobachtungslernen im Sinne von Bandura mehr meint als bloße Imitation, sondern es beinhaltet auch eine kognitive Verarbeitung der durch Beobachtung – auch unterschiedlicher Modelle – gewonnenen Informationen und die Entwicklung neuer Verhaltensmöglichkeiten, ohne dass sich diese auch sofort im offenen Verhalten zeigen müssten. Das Beobachtungslernen ist nun nicht eine Lernform, die vom Beginn der Entwicklung an in vollem Umfang vorhanden und wirksam wäre, sondern die Fähigkeit zum Beobachtungslernen entfaltet sich in enger Abhängigkeit von der kognitiven Entwicklung erst allmählich. Das Kind muss die Teilprozesse des Bebachtungslernens (selektive Aufmerksamkeit, symbolische Kodierung, kognitive Repräsentation, motivationale Prozesse usw.) erst einmal beherrschen, damit es über die zunächst zu beobachtende Imitation von Modell-verhalten zu einer eigenständigen und kreativen Verarbeitung von beobachteten Verhaltensweisen kommen kann. Am Beginn der kindlichen Entwicklung steht die reine Imitation im Vordergrund, die durch das Verhalten der Eltern gefördert wird, die neues kindliches Verhalten nachahmen und das Kind damit zu erneuter Nachahmung anregen (sog. reziproke Imitation). Erst allmählich, gegen Ende der sensomotorischen Phase können Kinder ihr Verhalten systematisch variieren, bis es dem beobachteten Verhalten entspricht. Ein weiterer wichtiger Entwicklungsschritt ist dann getan, wenn die Nachahmung durch konkretes Tun und konkretes Experimentieren von einer Informationsverarbeitung abgelöst wird, die sich auf der Vorstellungsebene auch unter Zuhilfenahme sprachlicher Mittel mit beobachteten Verhaltensweisen auseinander setzt. Dann allerdings bekommt das Beobachtungslernen eine sehr umfassende Bedeutung

7.5   Selbststeuerung der Entwicklung

Bereits bei einem Kleinkind lässt sich beobachten, dass individuelles Verhalten nicht ausschließlich das Ergebnis von Umwelteinwirkungen ist, dass man Verhalten nicht vollständig von außen steuern kann. Ein 2 $^1/_2$-jähriges Kind wird man nicht wirkungsvoll und auf Dauer auch nicht durch vielfältiges Spielzeugangebot davon abhalten können, die erreichbaren Schubladen in der Küche zu inspizieren und auszuräumen, wenn es den Inhalt der Schubladen oder die Aktion des Ausräumens als interessant erlebt und einschätzt. Eltern mögen mit noch so durchdachten Argumenten einem Jugendlichen die Notwendigkeit eines guten Schulabschlusses verdeutlichen, wenn der Jugendliche davon überzeugt ist, dass sein Gitarrespiel beste Perspektiven für die Mitwirkung in einer Band verheißen, werden die schulischen Anstrengungen wohl gering bleiben und das Üben mit der Gitarre im Vordergrund stehen.

7.5.1   Selbststeuerung der Entwicklung
durch primäre und sekundäre Kontrolle

Die Steuerung der eigenen Entwicklung spielt in den Überlegungen zur „selektiven Optimierung mit Kompensation" im Rahmen der *life-span* Entwicklungspsychologie (Baltes & Baltes 1989, 1990) eine ganz zentrale Rolle. Demnach investieren Individuen auf ihrem Lebensweg ihre interindividuell sehr unterschiedlichen Ressourcen (Zeit, Anstrengungen, Kenntnisse, Begabungen) zunehmend selektiv in bestimmte Ziele oder Bereiche und optimieren so die erzielbaren Ergebnisse. Wenn sich die Ressourcen verknappen, z. B. durch altersbedingte Abbauprozesse, werden Kompensationsprozesse zunehmend wichtig, indem externe Hilfen in Anspruch genommen werden. Diese Überlegungen haben Heckhausen & Schulz (1995) in ihrer „Lebenslauftheorie der Kontrolle" weiter ausdifferenziert. In der Lebenslauftheorie der Kontrolle geht es um die Frage, welche Möglichkeiten Individuen haben, ihre Entwicklung aktiv zu gestalten, zu kontrollieren und zu bestimmen, welche Wirkungen sie in ihrer Umwelt erzielen wollen. Diese sog. primäre Kontrolle zeigt sich bereits früh in der Entwicklung, wenn zum Beispiel das Kleinkind durch seine immer weiter verbesserte Motorik zunehmend mehr in die Lage versetzt wird, durch Robben, Krabbeln und später Laufen selbst zu entscheiden, welche Bereiche der Wohnung es aufsucht und erkundet, auch wenn dies nicht immer mit den Vorstellungen der Eltern übereinstimmt. In Kindheit und Jugend und dann im Erwachsenenalter steigt auf der Grundlage von Reifungs-, Lern- und Sozialisationsprozessen das primäre Kontrollpotenzial immer mehr an. Kinder und Jugendliche entscheiden mit zunehmendem Alter immer mehr selbst, welche Hobbies sie betreiben, in welchen Interessenbereichen außerhalb der Schule sie Kenntnisse und Kompetenzen erwerben, ob und gegebenenfalls in welchen Sportarten sie Leistungen anstreben und steigern wollen, welche beruflichen Perspektiven sie entwickeln und verfolgen. Dieser Prozess der primären Kontrolle wird unterstützt durch einen Prozess der sekundären Kontrolle, der im Gegensatz zur primären Kontrolle nicht auf die Außenwelt, sondern auf die Innenwelt des Individuums gerichtet ist. Dabei geht es darum, die auf ein bestimmtes Ziel gerichtete Motivation zu erhalten und gegebenenfalls zu steigern (z.B. „Meine sportlichen oder beruflichen Ziele sind mir so wichtig, dass ich alle sonstigen Interessen diesen Zielen unterordne") und ein mögliches Scheitern bei der Zielerreichung so abzufangen, dass das Selbstwertgefühl möglichst wenig beeinträchtigt wird, indem vorteilhafte Vergleiche gezogen werden („Andere haben wesentlich schlechtere Leistungen erzielt"), das Ziel abgewertet wird („Sportliche Leistungen sind doch nicht so wichtig") oder indem eine externe Ursachenzuschreibung erfolgt („Der Schiedsrichter war gegen mich"). In der Lebenslauftheorie der Kontrolle geht man nun davon aus, dass sich die Möglichkeiten zu primärer und sekundärer Kontrolle im Verlaufe des Lebens deutlich verändern, wie die in Abbildung 7.5 wiedergegebene hypothetische Lebensverlaufskurve zur primären und sekundären Kontrolle zeigt.

In der Lebenslauftheorie der Kontrolle geht man weiterhin davon aus, dass in der zweiten Lebenshälfte die Möglichkeiten zur primären Kontrolle kontinuierlich abnehmen, zum Beispiel bedingt durch allmählich einsetzende körperliche Abbauprozesse, soziale und berufliche Einschränkungen (Fehlen beruflicher Aufstiegsmöglichkeiten, Verrentung), während die sekundäre Kontrolle zunehmend wichtiger wird und sich auf hohem Niveau stabilisiert. Wenn es schwieriger wird, Ziele zu erreichen, wird es zunehmend wichtig, erreichbare Ziele auszuwählen und sich verstärkt auf die Zielerreichung zu konzentrieren und sich gegebenenfalls auch externer Hilfen zu versichern, wenn die eigenen Ressourcen nicht mehr ausreichen. Damit sind bereits zwei Mechanismen angedeutet, die bei der Kontrolle der eigenen Entwicklung neben der primären und der sekundären Kontrolle noch eine wichtige Rolle spielen, nämlich Selektivität und Kompensation. Beide Mechanismen sind nicht nur im Zusammenhang mit Altersprozessen von Bedeutung, sondern sind zentrale Erfordernisse der Entwicklungsregulation durch das Individuum.

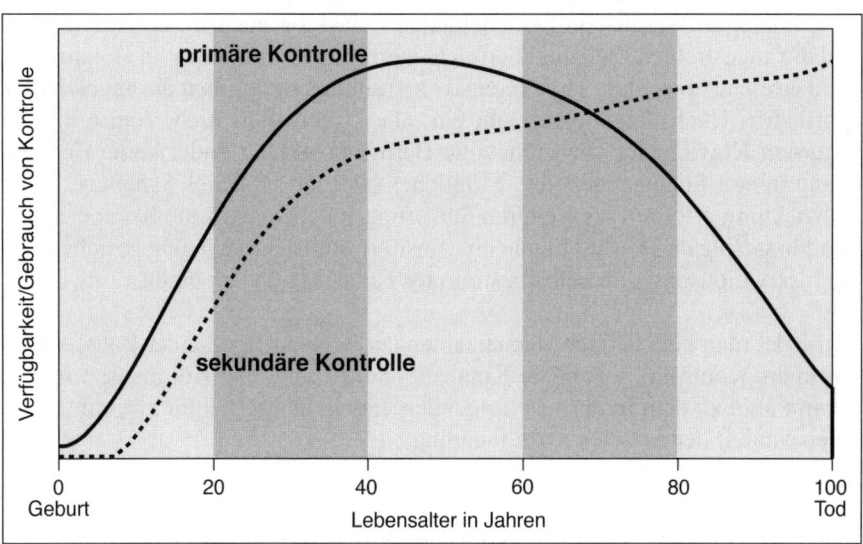

Abb. 7.5: Hypothetische Lebensverlaufskurven der primären und sekundären Kontrolle (nach Heckhausen & Mayr, 1998, S. 406)

7.5.2 Selbststeuerung der Entwicklung durch Selektivität und Kompensation

„Selektivität in Verhalten und Entwicklung bedeutet, dass aus der Vielzahl möglicher Optionen zu jedem gegebenen Zeitpunkt eine aus- gewählt wird, in die das Individuum dann seine Ressourcen (z.B. Zeit, Aufmerksamkeit, Anstrengungen, Fähigkeiten) investiert. Nur so kann Handeln und Interaktionen mit der Umwelt effektiv sein." *(Heckhausen & Mayr, 1998, S. 404)*

Erfolgreiche primäre Kontrolle, d. h. in der Umwelt effektiv sein, hängt demnach davon ab, inwieweit Ziele für die eigene Entwicklung ausgewählt werden, die den eigenen Ressourcen und je gegebenen Rahmenbedingungen der Entwicklung (so- zial, kulturell) entsprechen. Beispiele: Das Ziel, einen Achttausender zu besteigen, wird nur dann Erfolgschancen haben, wenn man über ein überdurchschnittliches bergsteigerisches Können verfügt, genügend Zeit hat, durch intensives Training das Können auf hohem Niveau zu stabilisieren und die für die Vorbereitung und Durchführung der Expedition notwendigen finanziellen Mittel aufbringen kann. Die Entscheidung, einen höheren Bildungsabschluss zu erwerben, wird dann eher erfolgreich realisiert werden können, wenn Begabung und Lernbereitschaft vorhanden und die Rahmenbedingungen der gesellschaftlichen Norm (Schulische Bildungsabschlüsse werden im Jugendalter erworben) entsprechen.

Es gehört zum Wesen von Entscheidungen, dass sie auch falsch sein können und die angestrebten Ziele nicht erreicht werden oder zumindest in Gefahr sind, nicht erreicht zu werden. Trotz intensiven Trainings stellen sich die angestrebten sportlichen Höchstleistungen nicht ein; alles Üben führt nicht zum erhofften virtuosen Klavierspiel; die mühevolle Berufsausbildung findet keine Entsprechung in den Stellenangeboten. Mögliches oder tatsächliches Scheitern in der Entwicklung erfordert als weiteren Steuerungsmechanismus die Kompensation von Misserfolg und Verlust, damit eine positive Selbsteinschätzung gesichert und die Motivationsbasis für selbstbestimmtes Handeln erhalten bleibt.

Verbindet man nun die vier Mechanismen der Selbststeuerung der Entwicklung – primäre Kontrolle, sekundäre Kontrolle, Selektivität und Kompensation – so kommt man zu dem in der nachfolgenden Tabelle dargestellten zweidimensionalen Modell der Entwicklungssteuerung:

Tab. 7.3: Strategien zur Optimierung der primären und sekundären Kontrolle (modifiziert nach Heckhausen & Mayr, 1998, S. 409)

	Selektion	**Kompensation**
Primäre Kontrolle	**Selektive primäre Kontrolle** Investition von internen Ressourcen: Anstrengung, Zeit, Fähigkeiten, aktivitätsintrinsische Fertigkeiten	**Kompensatorische primäre Kontrolle** Gebrauch externer Ressourcen: Hilfe, technische Hilfsmittel, aktivitätsfremde Fertigkeiten
Sekundäre Kontrolle	**Selektive sekundäre Kontrolle** Auffangen negativer Effekte von Misserfolgen: Erhöhung der Zielbindung, Fokussierung, Zielabschirmung, Ablenkungsvermeidung	**Kompensatorische sekundäre Kontrolle** Zielwechsel, strategische soziale Vergleiche, strategische Ursachenzuschreibungen

Im Geflecht dieser vier Kontrollstrategien nimmt die selektive primäre Kontrolle die zentrale Position ein, während die anderen drei Strategien die primäre Kontrolle unterstützen und optimieren. Das einmal ausgewählte Ziel wird durch den Einsatz der dem Individuum zur Verfügung stehenden internen Ressourcen zu erreichen versucht. Die Ziele können dabei unterschiedlich komplex sein: Erlernen einer Sportart mit schwierigen Bewegungsabläufen, Erreichen des Klassenziels in der Schule, Auftritt mit der eigenen Band bei einem Musikwettbewerb, Bestehen einer wichtigen Prüfung, beruflicher Aufstieg, politische Karriere usw. Die Aktivitäten zum Erreichen des ausgewählten Ziels werden durch die selektive sekundäre Kontrolle abgesichert und verstärkt. Verschiedene interne, auf die Willensbildung und die Motivation ausgerichtete Prozesse der Selbstbeeinflussung sorgen dafür, dass das ausgewählte Ziel im Mittelpunkt des Handelns bleibt und man sich weder ablenken noch entmutigen lässt. Einige Beispiele: Man stellt sich vor, wie toll man sich fühlen wird, wenn man das angestrebte Ziel geschafft hat und dass man letztlich doch immer das erreicht hat, was man sich vorgenommen hat, wenn man nur alle anderen Aktivitäten und Interessen zurückstellt und sich nur auf das Ziel konzentriert hat und sich von nichts und niemandem ablenken ließ. Allerdings wird man mitunter erkennen müssen, dass die eigenen Ressourcen keine ausreichende Garantie dafür bieten, dass man auch tatsächlich das angestrebte Ziel erreichen wird, so sehr man sich auch selbst motiviert hat. Hier ist dann die kompensatorische primäre Kontrolle gefordert, d.h. die Nutzung externer Ressourcen: Der angehende Sportler aus dem obigen Beispiel wird die Ratschläge eines erfahrenen Trainers einholen, seine Sportausrüstung verbessern und – im negativen Fall – durch Doping seine Leistung steigern; der Schüler, der unbedingt das Klassenziel erreichen will, wird vielleicht Nachhilfeunterricht nehmen, seine Prüfungsangst durch einen Kurs zum autogenen Training zu überwinden und mangelnde Kenntnisse durch die Vorbereitung von Spickzetteln auszugleichen versuchen usw. Wenn all dies nichts nützt und primäre und sekundäre Kontrolle sowie primäre Kompensation nicht zum Erfolg führen, müssen Misserfolge so verarbeitet werden, dass das Selbstwertgefühl nicht zu sehr beeinträchtigt und die Motivation für aktives Handeln erhalten bleibt. Diese kompensatorische sekundäre Kontrolle kann darin bestehen, dass man einen Zielwechsel vornimmt (das verhinderte Sportass konzentriert sich doch lieber auf die Berufsausbildung, der gescheiterte Schüler bemüht sich um einen Ausbildungsplatz), vorteilhaft Vergleiche zieht („Andere haben noch viel weniger Karriere gemacht") oder entschuldigende Ursachenzuschreibungen vornimmt („Das Scheitern lag nicht an mir, sondern an widrigen Umständen").

7.5.3 Optimierung der Selbststeuerung der Entwicklung

Im individuellen Lebenslauf sind immer wieder Entscheidungen zu treffen, welche Ziele man auswählt und unter Einsatz der internen und externen Ressourcen anstrebt, wobei die Bemühungen nicht immer zum Erfolg führen, so dass sich die Frage stellt wovon es abhängt, ob diese Bemühungen zur Steuerung der eigenen Entwicklung über den Lebenslauf hinweg betrachtet letztlich erfolgreich sind oder nicht. In der Lebenslauftheorie der Kontrolle werden hier drei Bedingungen genannt.

1. Erhalt von Diversität: Diversität bleibt dann erhalten, wenn bei der Auswahl eines Ziels, das angestrebt wird, keine so hohe Spezialisierung erfolgt, dass zumindest noch einige Optionen und Wahlmöglichkeiten künftig offen bleiben. Wenn z.B. alles auf die angestrebte Karriere als Solotänzerin im Staatsballett ausgerichtet wird und deshalb die schulische oder berufliche Ausbildung völlig vernachlässigt wird und auch sonst keine Hobbies und Interessen entwickelt werden, gibt es irgendwann im Lebenslauf gar keine Wahlmöglichkeiten mehr. Man muss auf dem eingeschlagenen Weg bleiben, selbst wenn sich das ursprünglich angestrebte Ziel als ziemlich illusorisch erweist. Andererseits nimmt die Wahrscheinlichkeit ein Ziel zu erreichen zu, wenn alle Ressourcen auf ein Ziel konzentriert werden. Wer alles auf eine Karte setzt, kann ebenso scheitern, wie jemand, der sich alle Optionen offen halten will und der es versäumt, Prioritäten zu setzen. Ganz offensichtlich stellt die Selbststeuerung der Entwicklung die Individuen vor ein kompliziertes Optimierungsproblem, für das es keine klaren Entscheidungskriterien gibt.

2. Angemessene Zielselektion: „Die angemessene Zielselektion muss die altersgradierten Gelegenheitstrukturen zur Verwirklichung primärer Kontrollziele berücksichtigen" (Heckhausen & Mayr 2000, S. 409). Einfach ausgedrückt meint dies, dass die Erreichbarkeit von Zielen und damit die Erfolgswahrscheinlichkeit primärer Kontrolle zunächst einmal davon abhängt, ob die Ziele dem Lebensalter und den damit verbundenen Möglichkeiten entsprechen oder nicht. So ist es zum Beispiel in unserer Gesellschaft wesentlich einfacher, einen höheren Schulabschluss (z. B. Abitur) während des Jugendalters zu erwerben als später im Erwachsenenalter. Sportliche Höchstleistungen werden wohl eher im Jugendalter und frühen Erwachsenenalter zu erzielen sein. Bei der Steuerung der eigenen Entwicklung werden aber nicht nur altersbezogene Aspekte zu berücksichtigen sein, sondern auch die internalen und externalen Möglichkeiten und Ressourcen, die dem Individuum jeweils zur Verfügung stehen. So wird zum Beispiel beim Anstreben sportlicher Ziele neben der eigenen Begabung auch die Unterstützung durch die Umgebung (Familie, Schule, Arbeitgeber) und die gegebenen Trainingsmöglichkeiten zu berücksichtigen sein.

3. Management von positivem und negativem Transfer über Funktionsbereiche und Lebenslaufabschnitte: Mit diesem Aspekt werden die Auswirkungen des primären Kontrollstrebens thematisiert, d. h. dass das auf ein bestimmtes Ziel ausgerichtete Kontrollstreben nicht isoliert betrachtet werden darf, sondern immer eingebunden ist in einen gesamten Lebenslauf und niemals nur auf einen Lebensbereich beschränkt ist. Eigentlich zeigt sich erst in einer Gesamtbilanz, wie gut die Steuerung der eigenen Entwicklung gelungen ist. An Beispielen verdeutlicht: Wenn eine Person über Jahre hinweg alles dem Ziel unterordnet eine große berufliche Karriere zu machen, werden die dabei erworbenen Kompetenzen dann nicht unbedingt nützlich sein, wenn neue Lebensabschnitte zu gestalten sind (z.B. Ausscheiden aus dem Beruf). Mitunter fällt es dann schwer, neue, angemessene Ziele für das eigene Leben zu finden, ein „Entwicklungsregulationsbankrott" (Heckhausen & Schulz 2000, S. 410) droht. Ehepartner, die ihre Beziehung nur über die Fürsorge für die gemeinsamen Kinder definiert haben, werden dann in Schwierigkeiten geraten, wenn die Kinder aus dem Haus sind. Wer nur für seinen Beruf lebt, keine Hobbies und Freizeitaktivitäten entwickelt und seine sozialen Beziehungen vernachlässigt, wird bei plötzlicher Arbeitslosigkeit zumindest erheblich zu kämpfen haben, dem eigenen Leben eine neue Richtung und ein neues Ziel zu geben.

7.5.4   Selbststeuerung der Entwicklung und Soziale Arbeit

Aus den eben dargestellten Mechanismen der Selbststeuerung der Entwicklung sollte nun nicht abgeleitet werden, dass es sich hierbei um einen autonomen, irgendwie zum Menschsein gehörenden, von außen möglichst nicht zu beeinflussenden Vorgang handle. Ganz im Gegenteil: Es gehört nach meinem Verständnis zu den zentralen Aufgaben der Sozialen Arbeit, Menschen darin zu unterstützen und zu befähigen, Kontrolle über ihre eigene Entwicklung zu wahren oder wieder zu erlangen, d.h. ihr Leben selbstbestimmt zu gestalten. Die eben skizzierten Überlegungen der Lebenslauftheorie der Kontrolle bieten vielfältige Anregungen für das praktische Handeln in der Sozialen Arbeit. Einige seien hier – ohne Anspruch auf Vollständigkeit – kurz erwähnt:

Selektive primäre Kontrolle: Die Ausführungen zur Lebenslauftheorie der Kontrolle dürften deutlich gemacht haben, dass die Optimierung der primären Kontrolle ganz zentral davon abhängt, welche Ziele für die eigene Entwicklung überhaupt ausgewählt und dann verfolgt werden. Nun kann und sollte die Soziale Arbeit den Menschen ihre Entwicklungsziele nicht vorgeben, sie aber bei der Wahl ihrer Ziele informieren, beraten, unterstützen und fördern und dies in mehrfacher Weise:

• **Aufzeigen möglicher Ziele für die primäre Kontrolle:** Die Soziale Arbeit kann die Selbststeuerung der Entwicklung fördern, indem verschiedene Handlungsalternativen und Handlungsziele aufgezeigt werden, an die Menschen bisher nicht gedacht haben oder die ihnen evtl. auch nicht bekannt waren. Im Bereich der Jugendarbeit/Jugendsozialarbeit könnte dies z.B. die Darstellung von Ausbildungsmöglichkeiten und der dafür notwendigen Voraussetzungen und Kompetenzen sein. Die Erwachsenenbildung könnte ihren Adressaten neue Freizeitaktivitäten aufzeigen, für die es sich einzusetzen lohnt. Wenn es im Rahmen einer Schuldnerberatung gelingt, einer überschuldeten Familie doch wieder „Luft zum Atmen" zu verschaffen, so ist auch dies ein Beitrag zur Ermöglichung primärer Kontrolle für die Betroffenen.

• **Verdeutlichung realistischer, personadäquater Ziele für die primäre Kontrolle:** Die Optimierung primärer Kontrolle hängt davon ab, dass Ziele ausgewählt werden, die zu den Fähigkeiten, Fertigkeiten und sonstigen Ressourcen einer Person passen. Wenn in der Jugendsozialarbeit im Rahmen von Qualifizierungsmaßnahmen Jugendliche Gelegenheit erhalten, sich über ihre Stärken und Schwächen klar zu werden, so wird damit auch die Chance erhöht, dass sie eine Ausbildung wählen, die ihren Möglichkeiten entspricht, sofern denn der Ausbildungsmarkt überhaupt passende Angebote macht.

- **Schaffen von Rahmenbedingungen, die primäre Kontrolle ermöglichen und fördern:** Die Soziale Arbeit kann auch Rahmenbedingungen schaffen und bereitstellen, die Menschen Gelegenheiten bieten, die Selbststeuerung der Entwicklung zu erproben und einzuüben. Dies kann in einem selbstverwalteten Jugendzentrum sein, in dem Jugendliche lernen, ihr alltägliches Miteinander zu organisieren und zu regeln und über die Gestaltung ihrer Freizeit selbstbestimmt zu entscheiden. Oder in einer Übergangseinrichtung für psychisch Kranke wird Betroffenen ermöglicht, ihr Leben zunehmend wieder selbst in die Hand zu nehmen und notwendige Entscheidungen wieder nach eigener Überlegung zu treffen. Werden hierbei Erfolge erlebt, so ist zu erwarten, dass hieraus die Motivation zur Selbststeuerung der eigenen Entwicklung erwächst.

Selektive sekundäre Kontrolle: Sich erreichbare, den eigenen Ressourcen und den gegebenen Rahmenbedingungen entsprechende Ziele auszuwählen, ist eine notwendige, aber nicht hinreichende Voraussetzung für erfolgreiche primäre Kontrolle. Hinzukommen muss in jedem Fall ein ausreichendes Maß einer auf die Zielerreichung gerichteten Motivation. Der Sozialen Arbeit wird hier eher eine beratende und unterstützende Funktion zukommen. Diese könnte darin bestehen, dass in der Beratung und Information von Klientinnen und Klienten der Sozialen Arbeit die Wichtigkeit der Selbstmotivation klar herausgearbeitet wird und die Prozesse, die hier unterstützend wirken (z. B. Ablenkungsvermeidung, Zielabschirmung etc.), verdeutlicht und eingeübt werden.

Kompensatorische primäre Kontrolle: In der Sozialen Arbeit wird man es häufig mit Menschen zu tun haben, deren individuellen Möglichkeiten, Fähigkeiten, Fertigkeiten, Kenntnisse nicht ausreichen, angestrebte Ziele zu erreichen oder deren Lebenslage ein selbstbestimmtes Leben nicht, nicht mehr oder nur unzureichend zulässt. Hier sind dann externe Hilfen und Unterstützungen erforderlich, die von der Sozialen Arbeit angeboten, initiiert oder vermittelt werden. Man könnte hier eigentlich das ganze breite Arbeitsfeld der Sozialen Arbeit anführen: von der Frühförderung bis zur Seniorenarbeit, von der Familienhilfe bis hin zu Maßnahmen der Resozialisierung und Rehabilitation. Schließlich geht es dabei immer auch darum, dass Menschen darin unterstützt werden, Kontrolle über ihr eigenes Leben zu erreichen oder wiederzugewinnen, also ihre eigene Entwicklung selbst steuern zu können.

Kompensatorische sekundäre Kontrolle: Die Bemühungen um primäre Kontrolle werden nicht immer zum Erfolg führen. Im Verlaufe der menschlichen Entwicklung gilt es immer auch Misserfolge, Niederlagen und Schicksalsschläge so zu verarbeiten, dass das Selbstwertgefühl so weit erhalten bleibt, dass man es noch als chancenreich und erstrebenswert erachtet, auf das eigene Leben und die eigene Entwicklung selbstbestimmt Einfluss zu nehmen. Die Soziale Arbeit wird häufig Ansprechpartner nach kritischen Lebensereignissen und Misserfolgen sein und gemeinsam mit den Klientinnen und Klienten daran arbeiten müssen, die Ursachen für ein Scheitern aufzudecken und neue Perspektiven, d.h. neue Ziele für die primäre Kontrolle zu entwickeln.

8   Entwicklungsprognosen und praktisches Handeln

Im Rahmen der bisherigen Überlegungen war immer wieder davon die Rede, dass menschliche Entwicklung als ein lebenslanges Veränderungsgeschehen zu sehen ist, in dem sich Individuen im Rahmen ihrer biologisch vorgegebenen Möglichkeiten und der jeweils vorhandenen, sich ständig verändernden Umweltbedingungen aktiv mit der Umwelt auseinander setzen, selbst verändernd auf die Umwelt einwirken und von ihr selbst wiederum verändert werden. Ist es angesichts der komplexen Wirkungszusammenhänge überhaupt sinnvoll, menschliche Entwicklung vorhersagen zu wollen? Die Komplexität oder die Schwierigkeit von Prognosevorhaben kann für sich allein noch kein Grund dafür sein, gänzlich auf Prognosen zu verzichten, sollte aber vor überzogenen Erwartungen an die Treffsicherheit der Prognose warnen. Ein Beispiel aus dem Bereich der Naturwissenschaften soll das Gemeinte verdeutlichen: Die Meteorologie hat trotz des Einsatzes von Großrechnern erhebliche Schwierigkeiten, das Wetter der nächsten Tage oder gar der nächsten Woche einigermaßen zuverlässig vorherzusagen. Sinnvoller Weise wird man sich nicht blind auf Wettervorhersagen verlassen, aber trotz aller Skepsis und immer wieder erlebter fehlerhafter Prognosen würde man mit einem gänzlichen Verzicht auf offizielle Wettervorhersagen nichts gewinnen. Alltägliche Handlungsentscheidungen („Nehme ich meinen Schirm mit oder nicht?") müssten dann eben auf der Basis einer gänzlich subjektiven, persönlichen Wetterprognose gefällt werden. Im Bereich der Sozialen Arbeit scheint mir die Situation ähnlich zu sein: Auch wenn Entwicklungsprognosen – wie in diesem Kapitel zu zeigen sein wird – mit einem hohen Grad an Unsicherheit behaftet sind, wird man nicht ohne sie auskommen können.

8.1   Entwicklungsprognosen in der Sozialen Arbeit

Die Förderung menschlicher Entwicklung und der Abbau von Benachteiligungen der Entwicklung gehört ohne jeden Zweifel zu den zentralen Aufgaben der Sozialen Arbeit, wie bereits an früherer Stelle (siehe Seite 27ff.) anhand des Kinder- und Jugendhilfegesetzes (SGB VIII) gezeigt wurde. Daraus lässt sich meines Erachtens auch ableiten, dass alles daran zu setzen ist, im Arbeitsfeld der Sozialen Arbeit entwicklungsfördernde Bedingungen bereitzustellen oder zu schaffen und gegebenenfalls rechtzeitig einzugreifen, wenn Fehlentwicklungen zu befürchten sind. Dabei stellt sich dann allerdings immer die Frage, was man denn unter „rechtzeitigem Eingreifen" zu verstehen hat. Die hier angesprochene

Prävention kann zu ganz unterschiedlichen Zeitpunkten einsetzen, wie dies auch in der von Caplan (1964) getroffenen Unterscheidung zwischen primärer, sekundärer und tertiärer Prävention deutlich wird:

- **Primäre Prävention** meint, dass vorbeugend bereits Ursachen ausgeschaltet werden, die zu Fehlentwicklungen führen können. Zu denken wäre hier an eine Korrektur und Optimierung von Entwicklungsbedingungen, damit es gar nicht erst zu Entwicklungsauffälligkeiten kommt.

- **Sekundäre Prävention** meint die Früherkennung und frühzeitige Beratung, Betreuung und Behandlung von Individuen, die erste Zeichen einer Fehlentwicklung zeigen.

- **Tertiäre Prävention** meint die Korrektur, Veränderung, Besserung von Fehlentwicklungen, die bereits klar sichtbar sind. Es erscheint allerdings wenig sinnvoll, bei dieser Art von Intervention noch von Prävention zu sprechen, wenn man unter Prävention vorbeugendes Handeln versteht.

Am Beginn einer primären oder sekundären Prävention steht in der Praxis eigentlich immer eine Prognose, mit der die Notwendigkeit des vorbeugenden Handelns begründet wird. Sei es, dass man Entwicklungsbedingungen beobachtet, die nach vorliegenden Erkenntnissen zu unerwünschten Konsequenzen führen und deshalb verändert werden müssen, sei es, dass man bei Individuen Merkmale und Verhaltensweisen feststellt, die auf künftige Fehlentwicklungen hindeuten. Prognosen sind in diesem Zusammenhang deshalb so wichtig, weil präventive Soziale Arbeit nicht nach dem Motto betrieben werden kann „Wenn präventive Maßnahmen auch eventuell nichts nützen, schaden werden sie keinesfalls". Dies aus mehreren Gründen: Die finanziellen und personellen Ressourcen der Sozialen Arbeit sind derzeit schon eng begrenzt und werden auch künftig kaum ausgeweitet werden, was zu einem erheblichen Legitimierungsdruck auf die Soziale Arbeit führt. Es ist zudem auch zu bedenken, dass mit dem präventiven Handeln häufig auch unmittelbar in die Lebenswelt der Adressaten verändernd, korrigiernd und steuernd eingegriffen wird. Derartige Eingriffe bedürfen nicht nur aus ökonomischen, sondern auch aus ethischen Gründen immer einer sorgfältigen Begründung und Rechfertigung. Zudem kann niemals vollständig ausgeschlossen werden, dass die gewählten präventiven Maßnahmen unter Umständen nicht nur wirkungslos bleiben, sondern zudem noch unerwünschte Nebenwirkungen haben (z. B. Etikettierung und Stigmatisierung der Adressaten).

Zusammenfassend bedeutet dies: Das Dilemma präventiven Handelns in der Sozialen Arbeit besteht darin, dass häufig auf der Grundlage einer keineswegs mit Sicherheit zu erwartenden zukünftigen Entwicklung, sondern auf der Grundlage einer eventuell auch fehlerhaften Prognose agiert werden muss. Deshalb ist aus der Perspektive der Praxis die Frage besonders interessant, wie sehr man sich nach dem bisherigen Kenntnisstand auf Entwicklungsprognosen verlassen kann. Die Kenntnis der Möglichkeiten und Grenzen von Entwicklungsprognosen stellt demnach eine wichtige Grundlage für das beruflichen Handeln in der Sozialen Arbeit dar. In den nachfolgenden Überlegungen sollen nicht statistische Vorhersagemodelle zur menschlichen Entwicklung im Mittelpunkt stehen, sondern es ist auf dem Hintergrund entwicklungspsychologischer Erkenntnisse herauszuarbeiten, worauf bei einer am Einzelfall orientierten Entwicklungsprognose – womit die Soziale Arbeit üblicherweise auch zu tun hat – besonders zu achten ist

8.2   Grundlagen von Entwicklungsprognosen

Bei Entwicklungsprognosen geht es im Prinzip immer darum, zu einem Zeitpunkt t möglichst gut vorherzusagen, welche Merkmalsausprägungen Individuen zum Zeitpunkt t + x aufweisen werden. Diese **Prognosen** können, wie die nachfolgende Abbildung zeigt, auf **unterschiedlichen Grundlagen** beruhen:

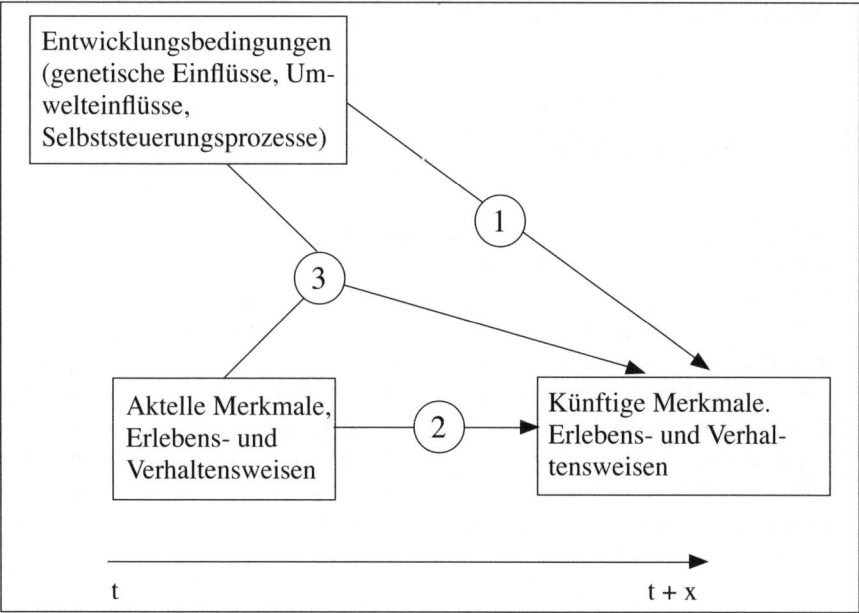

Abb. 8.1: Bedingungsorientierte (1), merkmalsorientierte (2) und kombinierte Entwicklungsprognosen (3)

1. Bedingungsorientierte Prognosen: Diese Prognosen sollten auf einem theoretisch fundierten und empirisch gesicherten Wissen über den Zusammenhang zwischen den zum Prognosezeitpunkt erfassten Entwicklungsbedingungen und späteren Merkmalen, Erlebens- und Verhaltensweisen von Individuen beruhen. Beispiel: Aus den Bedingungen des Aufwachsens in den ersten Lebensjahren wird auf Persönlichkeitsmerkmale im Jugend- und Erwachsenenalter geschlossen.

2. Merkmalsorientierte Prognosen: Diese Prognosen beruhen in der Regel auf empirisch gesichertem Wissen über den Zusammenhang zwischen aktuellen, zum Prognosezeitpunkt feststellbaren Merkmalen von Individuen (sog. Prädiktorvariablen) und künftigen Merkmalen (sog. Kriteriumsvariablen). Besonders häufig sind dabei jene Fälle, in denen Prädiktor- und Kriteriumsvariable identisch sind. Die Prognose beruht dann auf Erkenntnissen über die Stabilität oder Instabilität von Erlebens- und Verhaltensweisen. Beispiel: Aus dem Ausmaß aggressiven Verhaltens in der Kindheit wird auf aggressives Verhalten im Jugend- und Erwachsenenalter geschlossen. Prädiktorvariablen können aber verschieden von den Kriteriumsvariablen sein und Frühindikatoren für das später zu erwartende Auftreten der Kriteriumsvariablen sein.

3. Kombinierte Prognosen: Man kann jedoch auch versuchen, die Prognose auf eine möglichst breite Basis zu stellen, indem man zum Prognosezeitpunkt sowohl Merkmale der Person als auch der einflussnehmenden Umwelt gleichzeitig erfasst, d. h. das merkmalsorientierte Vorgehen mit dem bedingungsorientierten Vorgehen bei der Prognose verbindet.

8.3   Bedingungsorientierte Entwicklungsprognosen

Über den Zusammenhang zwischen Entwicklungsbedingungen und mittel- und langfristigen Folgen wurde bereits in früheren Kapiteln gesprochen. So geht beispielsweise die Psychoanalyse (siehe Kap. 5) davon aus, dass insbesondere psychische Störungen im Erwachsenenalter durch frühe und früheste Kindheitserfahrungen bedingt sind. Allerdings wird in der Psychoanalyse ein derartiger Zusammenhang in der Regel nicht prognostiziert, sondern gewöhnlich im Nachhinein erst erschlossen. Bei derartigen retrospektiv gewonnenen Erkenntnissen kommt es aus methodischen Gründen eher zu einer Überschätzung der Enge des Zusammenhangs zwischen frühen Entwicklungsbedingungen und späteren Verhaltensweisen, wie Trautner (2003, S. 142–146) in einer exemplarischen Modellrechnung überzeugend demonstriert hat.

Im Entwicklungsmodell von Havighurst (siehe Kap. 5.3) wird die Interdependenz zwischen lebensgeschichtlich frühen und späteren Entwicklungsaufgaben betont. Wenn es Individuen nicht gelingt, die Entwicklungsaufgaben einer früheren Entwicklungsstufe zu lösen, ist mit Schwierigkeiten bei der Lösung der Entwicklungsaufgaben späterer Stufen zu rechnen. Wer in der mittleren Kindheit aufgrund bestimmter Entwicklungsbedingungen nicht lesen und schreiben lernen konnte – in einem hoch industrialisierten Land wie Deutschland sind das immerhin etwa 4 Millionen Menschen – wird es schwer haben, berufliche Perspektiven zu entwickeln und weitere Entwicklungsaufgaben des Jugend- und Erwachsenenalters erfolgreich zu lösen. Die im Rahmen der Jugendsozialarbeit entwickelten Maßnahmen zur beruflichen Eingliederung und zur Berufsfindung dienen letztlich auch dem Ziel, aktuelle Benachteiligungen und Beeinträchtigungen abzubauen oder zu vermindern, damit später eine selbstbestimmte Gestaltung des eigenen Lebens möglich wird.

Zwei weitere Beispiele zum Zusammenhang zwischen früheren Entwicklungsbedingungen und späteren Verhaltensweisen: Als unmittelbare, mittel- und langfristige Konsequenzen extrem negativer Entwicklungsbedingungen, wie sie sexueller Missbrauch darstellt, nennt Engfer (1995a, S. 1013):

> *„Bei Vorschulkindern handelt es sich vorwiegend um Ängste, internalisiertes und sexualisiertes Verhalten. Kinder im Schulalter leiden unter Ängsten, Alpträumen und zeigen aggressives Verhalten. Besonders problematisch sind die Belastungen im Jugendalter mit Problemen wie Depressionen, Suizidneigung, Somatisierungen, Weglaufen, Promiskuität und Alkohol- und Drogenmissbrauch."*

Dies waren nur einige Beispiele für empirisch gesicherte Zusammenhänge zwischen Entwicklungsbedingungen und mittel- und langfristigen Folgen, die aber nicht vorschnell zu dem Schluss verleiten sollten, aktuelle negative Entwicklungsbedingungen hätten in jedem Fall negative langfristige Folgen und positive Entwicklungsbedingungen in der (frühen) Kindheit würden in jedem Fall auch eine insgesamt positive Entwicklung erwarten lassen. Wenn man in der Sozialen Arbeit die aktuell gegebenen Entwicklungsbedingungen zu beschreiben und zu bewerten hat, um daraus Hinweise auf mögliche künftige Entwicklungsprozesse abzuleiten, sollte man immer folgende Einschränkungen mit bedenken:

- **Frühere Entwicklungsbedingungen sind gewöhnlich nur unvollständig zu erfassen.** Die Kenntnis der Vorgeschichte und nicht nur der aktuellen Entwicklungsbedingungen ist deshalb von Interesse, weil die aktuelle Situation eines Individuums und die weitere Entwicklung eben auch von früheren Erfahrungen beeinflusst sein kann. So kann das Verhalten eines Jugendlichen und die Prognose der weiteren Entwicklung, wie oben im Zusammenhang mit sexuellem Missbrauch und Kindesmisshandlung dargelegt wurde, auch von länger zurückliegenden Ereignissen beeinflusst sein. Was aus der Vergangenheit bei Ermittlung der Vorgeschichte (Anamnese) tatsächlich zutage tritt, hängt zunächst einmal davon ab, was im Gedächtnis haften geblieben ist und auch nicht verdrängt wurde. Zudem liegt es ja immer in der Entscheidung der Klienten, was sie über ihre eigene Lebensgeschichte oder – bei einer Fremdanamnese – über die Lebensgeschichte von Angehörigen und anderen Personen erzählen wollen. Eine retrospektive Betrachtung des Entwicklungsgeschehens ist immer mit diesem Problem der Selektivität konfrontiert, so dass auch aus diesem Grund Annahmen über den engen Zusammenhang zwischen frühen Entwicklungsbedingungen und späteren Merkmalen des Individuums mit erheblicher Vorsicht zu betrachten sind, wenn sie nicht aus prospektiven Studien stammen, in denen die Enge des Zusammenhangs an Voraussagen überprüft wird.

- **Aktuelle Entwicklungsbedingungen können immer nur teilweise erfasst werden.** Dies soll am Beispiel der Kindesvernachlässigung demonstriert werden, die in der Praxis Sozialer Arbeit eine nicht unerhebliche Rolle spielt. So machen nach Engfer (2002, S. 802) Kindesvernachlässigungen im Klientel der Jugendämter ca. zwei Drittel aller betreuten Misshandlungsfälle aus. Den nachfolgenden Überlegungen zur Vernachlässigungsproblematik liegt eine sehr weit gefasste Definition zu Grunde:

> *„Vernachlässigung ist die andauernde oder wiederholte Unterlassung für-*
> *sorglichen Handelns sorgeverantwortlicher Personen (Eltern oder andere*
> *von ihnen autorisierte Betreuungspersonen), welches zur Sicherstellung*
> *der physischen und psychischen Versorgung des Kindes notwendig wäre.*
> *Diese Unterlassung kann aktiv oder passiv (unbewusst), aufgrund unzu-*
> *reichender Einsicht oder unzureichenden Wissens erfolgen. Die durch*
> *Vernachlässigung bewirkte chronische Unterversorgung des Kindes durch*
> *nachhaltige Nichtberücksichtigung, Missachtung oder Versagung seiner*
> *Lebensbedürfnisse hemmt, beeinträchtigt oder schädigt seine körperliche,*
> *geistige oder seelische Entwicklung und kann zu gravierenden bleibenden*
> *Schäden oder gar zum Tod führen.“ (Schone, Gintzel, Jordan, Kalscheuer*
> *& Münder, 1997, S. 21)*

Versucht man nun auf der Grundlage dieser Definition Kindesvernachlässigung zu operationalisieren, d. h. beobachtbar und messbar zu machen, so kommt man sehr schnell zu einer umfangreichen Liste denkbarer Indikatoren für Vernachlässigung. Ohne Anspruch auf Vollständigkeit seien einige Beispiele genannt: ungenügende Körperpflege und Hygiene; unangemessene, den Jahreszeiten und der Witterung nicht entsprechende Bekleidung; unzureichende Ernährung; mangelnde Gesundheitsvor- sorge oder Fürsorge bei Erkrankungen; unzureichende Beaufsichtigung und Schutz vor Gefahren; fehlende Beachtung der verbalen und nicht-verbalen Äußerungen des Kindes; fehlende Zuwendung und Geborgenheit; fehlendes Bemühen um die Bildung und Förderung des Kindes usw. Nur ein Teil der genannten Indikatoren für Vernachlässigung wird der unmittelbaren Beobachtung zugänglich sein, wobei selbst bei Beobachtbarkeit immer noch zu entscheiden ist, ab welchem Ausprägungsgrad, Alter des Kindes, Dauer der Unterversorgung, Zahl der Indikatoren von Vernach- lässigung auszugehen ist, die dann Maßnahmen der Sozialen Arbeit, beginnend mit Beratungs- und Informationsangeboten über Hilfen zur Erziehung (§§ 27 ff KJHG) bis hin zur Inobhutnahme, als erforderlich erscheinen lässt. Unabhängig davon wirken vielfältige weitere Umweltfaktoren – je nach Alter des Kindes unterschiedlich – auf das Kind ein (z. B. außerhäusliche Umgebung, Kindergarten, Schule, Medien). Was hier exemplarisch demonstriert wurde, lässt sich generalisieren: Die Beschreibung der Entwicklungsbedingungen von Menschen kann auch bei größtem Aufwand immer nur ausschnitthaft und unvollständig sein.

- **Die Gewichtung und das Zusammenwirken einzelner Entwicklungsfaktoren wird häufig noch nicht oder unzureichend verstanden**, weil die entwick- lungspsychologische Forschung und Theoriebildung hier noch erheblichen

Nachholbedarf hat. So wird man häufig bei der Einschätzung möglicher Auswirkungen von Entwicklungsbedingungen auf Plausibilitätsüberlegungen statt auf empirisch und theoretisch gesicherte Grundlagen zurückgreifen müssen. Am Beispiel der Vernachlässigung veranschaulicht: Eine unzureichende Bekleidung und mangelnde Körperhygiene wird, da auch von außen gut erkennbar, eventuell für ein Kind gravierender sein, weil dies zu ablehnenden Reaktionen anderer Kinder, der Erzieherinnen und der Lehrer führt, als eine Vernachlässigung der gesundheitlichen Vorsorge, die keine unmittelbaren, wahrnehmbaren Auswirkungen hat. Wenn wir in der Praxis eine Reihe belastender Entwicklungsbedingungen erfassen und beschreiben, bleibt in der Regel zudem noch offen, ob sich die Risikofaktoren einfach aufsummieren oder sich in ihrer Wirkung gegenseitig aufschaukeln. In der Entwicklungspsychologie fehlen häufig noch multivariate (mehrere Einflussfaktoren gleichzeitig berücksichtigende) Untersuchungspläne, die prospektiv und nicht nur im Nachhinein die Auswirkungen komplexer Entwicklungsbedingungen untersuchen.

- **Gleiche Entwicklungsbedingungen werden individuell unterschiedlich wahrgenommen und haben demnach auch unterschiedliche Auswirkungen auf die weitere Entwicklung.** In früheren Kapiteln wurde bereits mehrfach darauf hingewiesen, dass die gleiche Umwelt von verschiedenen Personen auch unterschiedlich wahrgenommen, gedeutet und verarbeitet wird. Wir werden auch in diesem Kapitel im Zusammenhang mit den Ergebnissen der Resilienzforschung (siehe S. 158) nochmals darauf zurückkommen, dass Individuen Belastungen und Risikofaktoren ganz unterschiedlich bewältigen.

- **Die zum Prognosezeitpunkt feststellbaren Entwicklungsbedingungen können sich ändern und werden sich im Verlaufe der individuellen Entwicklung häufig auch ändern.** Belastende Entwicklungsbedingungen und Risikofaktoren sind kein unabwendbares Schicksal, das die weitere Entwicklung bestimmt. Beispiel: Eine starke elterliche Vernachlässigung, die das Kindeswohl zu gefährden droht, muss ja keine Dauerzustand sein. Die Soziale Arbeit hat ja eben die Aufgabe durch Information, Beratung und Hilfen Entwicklungsbedingungen wie Kindesvernachlässigung zu verändern und tut dies hoffentlich auch erfolgreich. Dass sich Entwicklungsbedingungen verändern können, gilt aber auch für den Fall positiver Entwicklungsbedingungen. Auch wenn in der Kindheit Entwicklungsbedingungen anzutreffen sind, die optimal erscheinen, heißt das nicht, dass damit der weitere Verlauf der Entwicklung ungefährdet ist. Erkrankungen in der Familie, Arbeitslosigkeit, Scheidung der Eltern, können – um nur einige Beispiele zu nennen – die Entwicklungsbedingungen für ein zunächst optimal gefördertes Kind grundlegend verändern. Eigentlich muss jede Prognose künftiger Entwicklung auf der Grundlage aktueller Entwicklungsbedingungen immer mit dem einschränkenden Zusatz versehen werden „sofern sich die festgestellten Entwicklungsbedingungen nicht verändern".

- **Es ist nicht mit Sicherheit vorherzusehen, welchen Entwicklungsbedingungen sich Individuen künftig selbst aussetzen werden.** Mit zunehmendem Lebensalter gewinnen Menschen in der Regel zunehmend auch mehr Einfluss auf ihre eigene Entwicklung und können die Richtung ihrer Entwicklung auch selbst beeinflussen. Welchem Freundeskreis sich beispielsweise ein Jugendlicher anschließt, können Eltern, Erzieher, Lehrer, Sozialpädagogen nur sehr eingeschränkt steuern. Je offener und gezielter sie Einfluss zu nehmen versuchen, desto eher ist mit jugendlichem Reaktanzverhalten zu rechnen. Ratschläge und Vorschriften werden als Einschränkung des eigenen Verhaltensspielraums erlebt und werden allein schon deshalb abgelehnt.

8.4   Merkmalsorientierte Prognosen

8.4.1   Stabilitätsdaten als Grundlage von Prognosen

Eine Vorhersage künftiger Entwicklung auf der Grundlage aktuell erfasster Merkmale von Individuen ist nur dann möglich, wenn eine regelhafte Beziehung zwischen einem früheren und einem späteren Entwicklungsstand besteht. So wird man eine künftige Entwicklung dann besonders gut prognostizieren können, wenn die Ausprägung eines Merkmals zu einem früheren Zeitpunkt eng mit der Ausprägung dieses Merkmals zu einem späteren Zeitpunkt zusammenhängt, wenn also Merkmalsstabilität gegeben ist. In der Entwicklungspsychologie werden die in der Abb. 8.2 aufgezeigten Aspekte der Stabilität unterschieden:

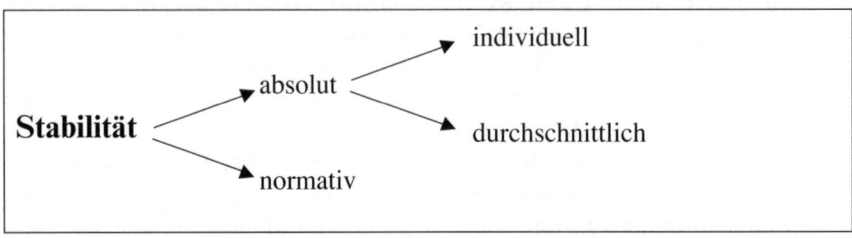

Abb. 8.2: Aspekte der Stabilität in der Entwicklung

Die **absolute Stabilität** eines Merkmals bedeutet, dass sich ein Merkmal innerhalb eines bestimmten Zeitraums oder aber auch dauerhaft nicht mehr verändert. Beispiel: Alle Individuen, die ab einem bestimmten Zeitpunkt ihrer Entwicklung schwimmen oder Fahrrad fahren können, werden dies auch in Jahren noch können, zwischenzeitlich eingetretene Behinderungen oder Gebrechlichkeit einmal ausgenommen. Bei gegebener absoluter Stabilität gibt es letztlich nichts mehr zu prognostizieren, sondern es ist lediglich festzustellen, dass ab einem bestimmten Zeitpunkt bei einem bestimmten Merkmal keine Veränderung und damit auch keine Entwicklung mehr festzustellen ist. Wenn von absoluter Stabilität die Rede ist, sollte man allerdings immer auf folgende Punkte achten:

- Die Feststellung absoluter Stabilität ist nicht unabhängig von der Art der Erfassung eines Merkmals. Wird ein Merkmal nur in sehr grober Weise erfasst, indem man lediglich feststellt, ob ein Merkmal vorhanden ist oder nicht, wird man Stabilität annehmen, obwohl bei differenzierterer Betrachtung sehr wohl Veränderungen festzustellen gewesen wären. Beispiel: Wenn man lediglich beobachtet, ob jemand schwimmen kann oder nicht, wird man die vielfältigen möglichen Veränderungen bei den Schwimmern übersehen: Während manche Schwimmer kaum Fortschritte machen, werden andere Schwimmer durch intensives Training ihre Geschwindigkeit und Ausdauer deutlich steigern, neue Schwimmstile erlernen usw.
- Die Feststellung absoluter Stabilität darf nicht vorschnell über verschiedene Merkmalsbereiche hinweg generalisiert werden. Aus der Beobachtung der Stabilität bei einem Merkmal kann nicht geschlossen werden, dass auch andere Merkmale Stabilität zeigen und sich nicht mehr verändern. Auf diesen Aspekt der Multidimensionalität und Multidirektionalität der Entwicklung wurde bereits früher verwiesen (siehe S. 42f.).
- Empirische Untersuchungen und Aussagen zur Stabilität von Merkmalen sind nicht auf einzelne Individuen bezogen, sondern auf die Gesamtheit einer Stichprobe oder Population. Aus einer empirisch gesicherten, durchschnittlichen absoluten Stabilität kann nicht geschlossen werden, dass diese Stabilität auch bei den einzelnen Individuen der Stichprobe gegeben sei. Man muss also mit entsprechenden Prognosen vorsichtig sein. Beispiel: Wenn die sprachliche oder soziale Intelligenz im Erwachsenenalter, wie bereits früher gezeigt wurde (siehe S. 40), durchschnittlich relativ konstant oder stabil bleibt, so schließt dies nicht aus, dass manche Individuen in diesen Intelligenzbereichen einen Zuwachs und andere ein Absinken der Kompetenz aufweisen werden. Die durchschnittliche und die individuelle Stabilität sind also nicht gleichzusetzen.

Während absolute Stabilität bedeutet, dass sich ein Entwicklungsmerkmal nicht mehr verändert, meint **normative Stabilität,** man spricht auch von **Positionsstabilität,** dass zwar Veränderungen eines Merkmals auftreten können, die Positionen der einzelnen Individuen einer Stichprobe innerhalb der Verteilung eines Merkmals jedoch gleich bleiben. Beispiel: Individuen, die bei einer ersten Messung der Intelligenz oder der Ängstlichkeit in der Kindheit hohe Werte erzielt haben, erreichen auch bei einer Wiederholung der Messung im Jugendalter wieder hohe Werte, während Individuen mit vorher niedrigen Werten auch nachher niedrige Werte aufweisen, obwohl die intellektuelle Leistungsfähigkeit insgesamt zugenommen und die Ängstlichkeit insgesamt vielleicht abgenommen hat. Das Ausmaß der normativen Stabilität wird über die Korrelation der Messwerte bestimmt, die zu unterschiedlichen Zeitpunkten bei den gleichen Individuen erhoben wurden, d. h. je höher der Korrelationskoeffizient desto höher ist die normative Stabilität. Bei einer hohen normativen Stabilität, kann man eher Prognosen wagen als bei einer geringen Stabilität.

Die bisher aus Längsschnittuntersuchungen, d.h. der wiederholten Untersuchung der gleichen Stichprobe unter gleichen Bedingungen und mit dem gleichen Verfahren im zeitlichen Abstand von Monaten oder Jahren, gewonnenen empirischen Erkenntnisse geben keinen Anlass zu übertriebenem Optimismus, was die Stabilität von Merkmalen im Entwicklungsprozess betrifft. Auf Stabilität wird man ohnehin nur dann hoffen, wenn es sich um erwünschte Merkmale und Verhaltensweisen handelt, während man bei unerwünschten Verhaltensweisen eher auf eine Veränderbarkeit setzt oder zumindest hofft. Nur muss man eben im pädagogischen Alltag mitunter auch die Erfahrung machen, dass sich gerade unerwünschte Verhaltensweisen und Merkmale als besonders stabil erweisen. Nun zu einigen empirisch gewonnenen Stabilitätsdaten:

- Besonders häufig wurde die Stabilität der Intelligenz untersucht, wohl auch deshalb, weil zur Messung der Intelligenz bewährte Verfahren zur Verfügung stehen. Bloom (1971) hat in seiner immer wieder zitierten Arbeit zeigen können, dass die Stabilität der Intelligenz bis zum 8. Lebensjahr steil ansteigt, wenn man die erreichten Werte in der Kindheit mit dem Wert im 18. Lebensjahr vergleicht und dann über das Erwachsenenalter hinweg ziemlich konstant bleibt. Immerhin werden ab dem 8. Lebensjahr Stabilitätskoeffizienten zwischen 0.70 und 0.80 erreicht. Dies sollte aber nicht in der Weise fehlinterpretiert werden, dass sich die Intelligenz ab dem genannten Alter nicht mehr verändert. Die gemessenen Werte liegen immer noch deutlich unter dem maximal möglichen Wert von 1,0, d.h. dass ein erheblicher Teil der untersuchten Individuen seine Position innerhalb der Gesamtverteilung doch verändert. Warum sich Individuen doch noch verändern, lässt sich aus den beschriebenen Daten nicht ableiten. Man weiß nur, dass es so ist. Weiterhin ist festzuhalten, dass die Stabilität der Intelligenz unter den gegebenen Bedingungen relativ hoch ist. Daraus ist aber keineswegs abzuleiten, dass die Intelligenzentwicklung in diesem Alter abgeschlossen ist und die Intelligenz überhaupt nicht mehr verändert werden könnte, wenn man etwa die Bedingungen der Entwicklung verändern würde.
- Insgesamt zeigen die Daten zur Stabilität von Persönlichkeitsmerkmalen nach den Ergebnissen der großen Längsschnittstudien wie z.B. *Kelly Longitudinal Study* (Conley 1985) oder *Baltimore Longitudinal Study of Aging* (Costa & McCrea 1988) kein sehr einheitliches Bild, so dass sich festhalten lässt,

> „*dass sich die Frage nach der Stabilität individueller Differenzen für manche Merkmale (vor allem Extraversion und Neurotizismus) vergleichsweise klar bejahen lässt. Doch differieren die Ergebnisse stark in Abhängigkeit von Erhebungsmodus und dem betrachteten Intervallzeitraum.*" (Filip & Schmidt, 1995, S. 469)

Aus dem Gesagten lässt sich ableiten, dass Prognosen, die auf Stabilitätsdaten beruhen immer mit einem Irrtumsrisiko verbunden sind. Bei der Interpretation und der Verwendung der empirisch gewonnenen Stabilitätsdaten ist daher eine differenzierte Betrachtungsweise angesagt:

- Für alltagspsychologische Prognosen („Was Hänschen nicht lernt, lernt Hans nimmermehr") bieten die bisher vorliegenden Daten keine ausreichende Rechtfertigung. Im beruflichen Alltag der Sozialen Arbeit empfiehlt es sich, nicht vorschnell zu resignieren („Da ist Hopfen und Malz verloren. Der/Die ist nicht mehr zu ändern"), sondern bis zum Beweis des Gegenteils von der Veränderbarkeit individueller Merkmale und Verhaltensweisen auszugehen.

- Selbst bei einer hohen normativen Stabilität kann man nicht ableiten, dass man keinen Einfluss auf die Entwicklung eines Merkmals nehmen kann, da diese Positionsstabilität auch durch das Gleichbleiben der Entwicklungsbedingungen bedingt sein könnte. Ändern sich die Entwicklungsbedingungen nicht, so ändern sich auch die Differenzen zwischen den Individuen nicht. Mit anderen Worten: Es wäre durchaus denkbar, dass man beispielsweise Teilgruppen aus eine Population gezielt fördert und damit die interindividuellen Differenzen und somit auch die Positionsstabilität reduziert. Beispiel: Gezielte Programme zur Förderung der intellektuellen Leistungsfähigkeit, die nur für Leistungsschwache eingesetzt werden.

- Zu warnen ist allerdings auch vor einer Unterschätzung der Stabilität von Merkmalen im Entwicklungsprozess. Dies aus mehreren Gründen: Es ist nicht auszuschließen, dass eine Gesamtpopulation, die durchschnittlich nur eine mittlere Stabilität aufweist, sich eventuell aus mehreren Teilpopulationen zusammensetzt, von denen einige eine hohe und andere eine niedrige Stabilität eines Merkmals aufweisen. Für theoretische Überlegungen und für praktische Belange wäre es dann natürlich interessant zu wissen, welche Individuen zu welchen Teilpopulationen gehören und von welchen Entwicklungsbedingungen jeweils die Stabilität oder Instabilität abhängt. Weiterhin wird die Stabilitätsschätzung auch davon abhängen, ob man die gewöhnlich nicht direkt beobachtbaren Merkmale (z. B. Aggressivität, Ängstlichkeit, Intelligenz) zu unterschiedlichen Entwicklungszeitpunkten auch tatsächlich valide erfasst hat. Beispiel: Die Aggressivität eines Kindes äußert sich in ganz anderer Weise als die Aggressivität eines Erwachsenen: So könnte sich die Aggressivität von Kindern eher in Formen des Schlagens, Schreiens und sonstiger unmittelbar physischer Aktionen zeigen, während Erwachsene ihre Aggressivität stärker auf psychischer Ebene durch Ironie, Sarkasmus usw. ausagieren. Hinsichtlich der äußeren Erscheinungsform besteht keine Stabilität, wohl aber hinsichtlich der zugrundeliegenden Persönlichkeitseigenart.

Versucht man nun, ein Fazit der bisher vorliegenden empirischen Erkenntnisse zur Stabilität psychischer Merkmale in der Entwicklung zu ziehen, so liegt wohl folgende Schlussfolgerung nahe:

> *„... die überwiegend bloß als Durchschnittstendenz ermittelte, schwache bis mittlere Stabilität vieler psychischer Größen ist im Einzelfall ohne Aussagekraft. Es ist in der Praxis ratsam, Veränderlichkeit des Individuums anzunehmen, ohne allerdings auszuschließen, dass auch Stabilität vorkommen kann."* (Dollase, 1985, S. 134)

8.4.2 Frühzeitige Prognose von Entwicklungsauffälligkeiten

Wenn sekundäre Prävention effektiv betrieben werden soll, kommt es darauf an, möglichst frühzeitig und möglichst sicher zu erkennen, ob und mit welcher Wahrscheinlichkeit bestimmte Fehlentwicklungen drohen, ob es also gleichsam Frühindikatoren für künftige Entwicklungsauffälligkeiten gibt. Es sollen hier an zwei Beispielen die Möglichkeiten und Grenzen einer merkmalsorientierten Prognose von Entwicklungsauffälligkeiten beleuchtet werden.

Bei Grimm (1998) findet sich ein sehr anschauliches Beispiel für einen Zusammenhang zwischen früh feststellbaren Auffälligkeiten und zeitlich wesentlich später auftretenden Auffälligkeiten. Wie in Abbildung 8.3 dargestellt ist, besteht zwischen dem verspäteten Wortschatzerwerb im Alter von zwei Jahren und bestimmten Auffälligkeiten im Schulalter ein interessanter Zusammenhang:

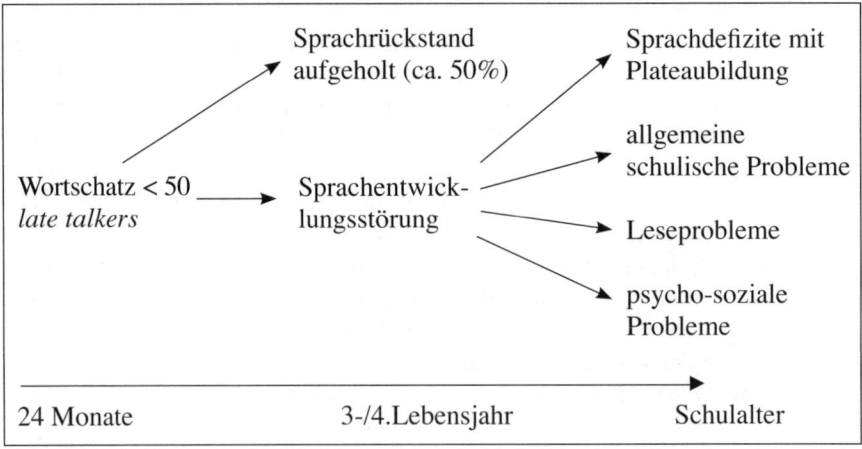

Abb. 8.3: Folgeprobleme früher sprachlicher Auffälligkeiten (modifiziert nach Grimm, 1998, S. 465)

Kinder, deren Wortschatz im Alter von zwei Jahren unter 50 Wörtern liegt, werden als sog. *late talkers* bezeichnet, d.h. sie weisen eine Verzögerung des Wortschatzerwerbs auf. Wie die Abbildung 8.3 zeigt, hat die Feststellung des verspäteten Spracherwerbs einigen prognostischen Wert und stellt gleichsam einen Frühindikator für spätere Auffälligkeiten dar, die sich zunächst einmal in einer allgemeinen Sprachentwicklungsverzögerung und sich dann im Schulalter in Auffälligkeiten zeigen, die nicht nur auf den sprachlichen Bereich beschränkt sind. Die Zahl 50 ist eine „entwicklungskritische Zahl", nach deren Erreichen normalerweise geradezu eine „Wortexplosion" einsetzt und der Grammatikerwerb eingeleitet wird. Zunächst einmal könnte man meinen, dass sich auf der Grundlage dieser Zahl ganz gut Prognosen aufbauen und Ansatzpunkte für präventive Maßnahmen aufbauen lassen. Dennoch lassen sich hier die Schwierigkeiten früher Prognosen gut veranschaulichen:

- Wenn nach den vorliegenden empirischen Erkenntnissen etwa 13–20 % eines Altersjahrgangs zu den sog. *late talkers* gehören, wird davon auszugehen sein, dass diese Auffälligkeit der Sprachentwicklung angesichts des häufigen Vorkommens von der Umgebung nicht so ohne weiteres bemerkt, sondern eher zu der „normalen" interindividuellen Variabilität in der Sprachentwicklung gerechnet werden wird. Zudem wird sich im Alltag kaum jemand die Mühe machen, den tatsächlichen Wortschatzumfang auch nur annähernd exakt zu erfassen, wenn nicht ganz extreme Verzögerungen vorliegen.
- Selbst wenn der verzögerte Wortschatzerwerb überhaupt bemerkt und exakt erfasst würde, dürften angesichts der Tatsache, dass etwa 50 % der *late talkers* ihren Sprachrückstand bis zum 3./4. Lebensjahr doch noch aufholen, mit frühzeitigen Maßnahmen zur Sprachförderung häufig gezögert werden in der Hoffnung, dass diese Auffälligkeiten sich schon noch von selbst geben werden.

Nur etwa die Hälfte der Kinder, deren Wortschatzerwerb zunächst einmal verzögert war, holt den Rückstand bis zum 3./4. Lebensjahr auf, während die übrigen Kinder hinsichtlich ihrer sprachlichen Leistungsfähigkeit immer weiter hinter sprachunauffälligen Kindern zurückbleiben, obwohl weder eine geistige Retardierung, sensorische (Blindheit, Taubheit) oder neurologische Schädigungen (Aphasien), noch Störungen in der emotionalen und sozialen Entwicklung vorliegen. Neben dem stark verlangsamten Spracherwerb ist bei den Kindern mit dieser Störung der Sprachentwicklung noch festzustellen, dass sich Sprachverständnis und Sprachproduktion nicht angleichen, wie dies bei unauffälligen Kindern zu beobachten ist, die sich zunächst auch leichter damit tun, sprachliche Äußerungen zu verstehen als selbst zu produzieren. Außerdem gelingt es unauffälligen Kinder immer besser, variable Satzkonstruktionen zu entwickeln, während entwicklungsdysphasische Kinder über sehr einfache und häufig auch falsche Wortordnungen nicht hinauskommen.

Zwischen den frühzeitig feststellbaren frühkindlichen Sprachauffälligkeiten und Auffälligkeiten im Schulalter bestehen nun interessante Zusammenhänge, die sich nicht nur auf den unmittelbar sprachlichen Bereich beschränken. Die geschilderten Sprachdefizite scheinen sich zu verfestigen, d.h. es ist keine Weiterentwicklung, sondern eher ein Stillstand, eine Plateaubildung zu beobachten. Da die Wissensvermittlung und die Wissenskontrolle in der Schule ganz wesentlich auf sprachlicher Ebene erfolgt, ergeben sich häufig Schulprobleme, weil das angebotene Wissen nur unzureichend aufgenommen und wiedergegeben werden kann. Dass es auch zu Leseproblemen kommt sowohl was die Lesegenauigkeit und -geschwindigkeit als auch das Leseverständnis betrifft, kommt nicht überraschend. Schließlich werden von den Sprachproblemen auch die sozialen Interaktionen tangiert:

„So gibt es Hinweise darauf, dass sowohl Peers als auch erwachsene Bezugspersonen sprachgestörte Kinder negativer beurteilen als sprachunauffällige Vergleichskinder ... Es beginnt eine ‚negative soziale Spirale'

..., in deren Verlauf die sprachgestörten Kinder immer weiter in eine Außenseiterposition geraten." (Grimm, 1998, S. 469)

Es liegt damit eine sehr umfassende Beeinträchtigung der Entwicklung vor, auf die, wie oben ausgeführt wurde, erste Anzeichen bereits in der frühen Kindheit hindeuten. Dies bedeutet nun aber nicht zwingend, dass man damit eine sichere Basis für präventives Handeln hätte. Dies aus mehreren Gründen:

- Die große Zahl der Kinder, die zu den *late talkers* zu zählen sind und die Tatsache, dass die Hälfte dieser Kinder den Sprachrückstand doch noch aufholt, wird es allein schon aus ökonomischen Gründen verhindern, dass auf breiter Basis eine gezielte sprachliche Förderung einsetzen kann. Zumindest aber sollten diese ersten Anzeichen einer möglichen Fehlentwicklung Anlass sein, den Entwicklungsverlauf sehr gewissenhaft und kontinuierlich zu beobachten, ob sich der Sprachrückstand verfestigt, damit man dann gezielt Sprachförderung betreiben kann.
- Das gezielte präventive Handeln wird allerdings dadurch wesentlich erschwert, dass bisher lediglich Hypothesen und noch keine gesicherten Erkenntnisse über die Entstehung der geschilderten Sprachauffälligkeiten vorliegen.
- Auf eine weitere Schwierigkeit präventiven Handelns auf der Grundlage von Prognosen sei hier noch hingewiesen. Wenn man nicht alle Individuen, die einen verzögerten Spracherwerb zeigen, in präventive Maßnahmen einbeziehen kann, sondern eine Auswahl treffen muss, gerät man in folgendes Dilemma: Um möglichst sicher zu gehen, niemanden zu übersehen, legt man einen eher weiten Maßstab an und bezieht möglichst viele Individuen in eine Behandlung oder Betreuung ein. Man erfasst damit auch einen Teil jener, die auch unbehandelt keine Entwicklungsauffälligkeit zeigen würden. Selbst wenn die Prävention keine unerwünschten Wirkungen hat, würde man damit immerhin die in der Sozialen Arbeit knappen Ressourcen mehr als nötig verbrauchen. Fasst man die Auswahlgrenzen sehr eng, bleiben möglicherweise Personen unberücksichtigt, die eigentlich einbezogen werden müssten. Man wird diese Gratwanderung solange betreiben müssen, wie Entwicklungsprognosen nicht auf einer empirisch und theoretisch wesentlich besser fundierten Basis vorgenommen werden können.

Das eben skizzierte Beispiel hat aufgezeigt, dass es zu einem bestimmten Zeitpunkt in der Entwicklungsgeschichte zwar keinen absolut sicheren Prädiktor, so doch zumindest einen deutlichen Hinweis auf mittel- und langfristig drohende Fehlentwicklungen geben kann. Es gibt aber auch Beispiele für Entwicklungsabläufe, die wiederholt Hinweise auf drohende Fehlentwicklungen liefern und damit Ansatzpunkte bieten für präventives Handeln. Als Beispiel soll hier die Entwicklung aggressiven Verhaltens dienen. Aggressives Verhalten erweist sich insbesondere bei männlichen Individuen als relativ stabil von der Kindheit bis hin zum Jugend- und Erwachsenenalter. Es gibt in der Entwicklungsgeschichte von Individuen immer wieder Auffälligkeiten, die mit späterem aggressiven oder delinquenten Verhalten einen deutlichen Zusammenhang aufweisen. Loeber

(1990) und Petermann & Warschburger (1998) haben den Entwicklungsverlauf aggressiven Verhaltens in einer Art Stufenmodell dargestellt, das in Abbildung 8.4 wiedergegeben wird:

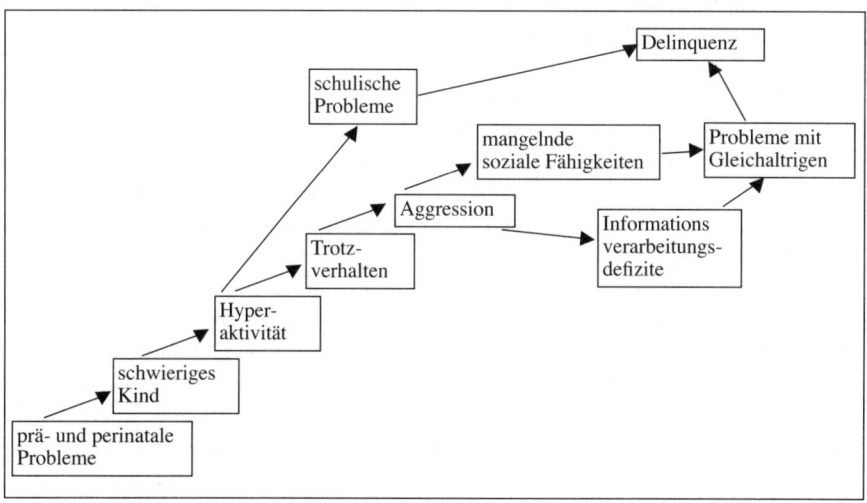

Abb. 8.4: Entwicklungsverlauf aggressiven Verhaltens (modifiziert nach Petermann & Warschburger, 1998, S. 135)

Betrachtet man den in der Abbildung 8.4 dargestellten Entwicklungsprozess, so fällt auf, dass das aggressive Verhalten offensichtlich eingebunden ist in eine ganze Fülle verschiedener Problemverhaltensweisen. Es ist also nicht eine bestimmte Art des (aggressiven) Verhaltens, die im Verlaufe der Entwicklung immer wieder auftritt, sondern eher eine Vielfalt problembehafteter Verhaltensweisen. So wäre es eventuell auch sinnvoller, allgemeiner von antisozialem Verhalten zu sprechen, das offensichtlich über den Lebenslauf hinweg in unterschiedlichen Ausprägungen auftritt und auch aggressive Verhaltensweisen beinhaltet. Nun sollte man den dargestellten Entwicklungsablauf nicht so verstehen, als werde hier eine zwingend eintretende Abfolge beschrieben, die dann auch bereits zu einem frühen Zeitpunkt absolut verlässliche Prognosen über den weiteren Entwicklungsverlauf gestatten würde. Allerdings scheint eine kontinuierliche Beobachtung des problematischen Verhaltens dringend geboten, wenn man die von Petermann (1995, S. 1023) skizzierten Bedingungen berücksichtigt, die für ungünstige Entwicklungsverläufe maßgeblich sind. Stabile Verhaltensauffälligkeiten sind besonders dann zu erwarten, wenn Problemverhalten bereits in frühen Lebensphasen auftritt (aggressives Verhalten zeigt sich nicht erst im Jugendalter, sondern schon im Vorschulalter oder im Schulalter), d. h. wenn

- Problemverhalten in ganz unterschiedlichen Situationen auftritt (Ein Kind verhält sich nicht nur innerhalb der Familie, sondern auch in Kindergarten und Schule aggressiv);

- vielfältige Problemverhaltensweisen gezeigt werden (Die Verhaltensauffälligkeit beschränkt sich nicht nur auf einen Bereich, wie etwa aggressives Verhalten, sondern es kann auch Lügen, Stehlen etc. beobachtet werden);
- das Problemverhalten besonders intensiv ist und
- das Problemverhalten besonders häufig auftritt.

Für die Praxis der Sozialen Arbeit sollte das Problemverhalten, das wiederholt im Verlauf der Kindheit auftritt, nicht so sehr als Grundlage von langfristigen Prognosen sondern eher als Hinweis- oder Warnzeichen verstanden werden, die dann entsprechende Informations-, Beratungs- und gegebenenfalls auch Hilfeangebote nach sich ziehen sollten. Der Einstieg in eine aggressive Karriere kann eigentlich auf jeder Stufe dieser Entwicklungsleiter erfolgen, ebenso wie die Problemkarriere eigentlich auch auf jeder Stufe beendet werden kann. Das oben skizzierte Modell der Entstehungsgeschichte aggressiven Verhaltens hat eine entscheidende Schwäche: Die Betrachtungsweise ist auf beobachtbare Merkmale und Verhaltensweisen von Individuen zentriert und lässt die Bedingungen unberücksichtigt, unter denen Problemverhaltensweisen auftauchen und stabilisiert werden oder auch wieder zum Verschwinden gebracht werden. Genau dies interessiert immer dann, wenn im Rahmen sozialpädagogischer Arbeit auf Problemverhalten eingewirkt werden soll. Dieser Aspekt wird wieder aufgenommen bei der Darstellung kombinierter Entwicklungsprognosen (siehe S. 165 ff.). Vorher soll allerdings nochmals zusammenfassend dargestellt werden, worin die Möglichkeiten und Grenzen merkmalsorientierter Prognosen in Abhängigkeit vom Lebensalter bestehen.

8.4.3   Lebensalter und Treffsicherheit von Prognosen

Die bisherigen Überlegungen haben gezeigt, dass es die sichere Prognose nicht geben wird, insbesondere dann nicht, wenn es sich um individuelle Prognosen handelt. Man muss immer mit einer hohen Irrtumswahrscheinlichkeit rechnen. Dennoch lässt sich nach den von Montada (1995c, S. 901 f.) zusammengetragenen empirischen Erkenntnissen festhalten, dass mit dem Lebensalter, zu dem bestimmte Prädiktoren erhoben werden, auch die Treffsicherheit von Prognosen zunimmt:

- Im **Säuglings- und Kleinkindalter** (1. und 2. Lebensjahr) sind treffsichere Prognosen der weiteren Entwicklung kaum möglich, es sei denn, es liegen schwere neurale (z. B. frühkindlicher Hirnschaden) oder endokrine Schädigungen (z. B. Störungen der inneren Sekretion und bestimmte Formen der Gehirnstoffwechselstörung) vor. So hat beispielsweise auch der sog. Apgar-Index nur geringen prognostischen Wert für zu erwartende Gesundheits- oder Verhaltensstörungen. Der Apgar-Index wird innerhalb der ersten zehn Minuten nach der Geburt drei Mal bestimmt, wobei jeweils Herzschlag/Pulsfrequenz, Reflexauslösbarkeit, Muskeltonus, Gleichmaß und Art der Atmung, Hautfärbung auf einer 3-stufigen Skala von 0 (niedriges Ergebnis) bis 2 (gutes Ergebnis) eingestuft werden. Aufaddiert können so maximal 10 Punkte erreicht werden, wobei ein Wert von 10 als optimal, von 7 bis 10 Punkten als normal, von 4 bis 7 als nicht optimal und darunter als sehr bedenklich gilt. Interessant ist nun, dass ein suboptimaler Apgar-Wert nur bei Kindern der Unterschicht einen gewissen prognostischen Wert hat, nicht aber bei Kindern der Mittel-und Oberschicht, die offensichtlich eher in der Lage sind bei drohenden Entwicklungstörungen Ressourcen zu ihrer Verhinderung zu aktivieren.

- Auch im **Vorschulalter** können verlässliche, langfristige Prognosen kaum gestellt werden. Einige Temperamentseigenschaften (z.B. Irritabilität) scheinen allerdings eine gewisse Stabilität aufzuweisen. Die geringe Möglichkeit, in dieser Lebensphase treffsichere Prognosen zu stellen, könnte unter anderem damit zu tun haben, dass immer wieder ganz neue Umweltbereiche (z.B. von der familialen Umgebung in den Kindergarten) erschlossen werden. Damit ändern sich auch die Entwicklungsbedingungen in nicht genau vorhersehbarer Weise.
- Im **Grundschulalter** beginnt dann der prognostische Wert erfasster Personmerkmale allmählich zu steigen, wobei Leistungsmerkmale besser vorherzusagen sind als Persönlichkeitsmerkmale.
- In **Kindheit und Jugend** sind Persönlichkeitsstörungen (Neurosen, Ängste) weniger stabil als Verhaltensstörungen (Aggressivität, Delinquenz). Für die Soziale Arbeit dürfte folgendes Resümee von Montada zur Persistenz von Verhaltensweisen in Kindheit und Jugend von besonderem Interesse sein:

„Auch bei beunruhigenden Auffälligkeiten in Kindheit und Jugend ist eine persistierende Fehlentwicklung nicht vorprogrammiert ...Während die Persistenz von Störungen nur mäßig hoch ist, ist die Persistenz der guten Anpassung sehr hoch. Wer bis zum Jugendalter nie wegen Verhaltensproblemen auffällig wurde, wird mit hoher Wahrscheinlichkeit im Erwachsenenalter unauffällig sein." (Montada, 1995c, S. 902)

8.5   Kombinierte Entwicklungsprognosen

Die bisherigen Überlegungen im 8. Kapitel haben deutlich werden lassen, mit welchen Schwierigkeiten zu rechnen ist, wenn man menschliche Entwicklung nicht nur rückwirkend betrachtet, sondern auch Aussagen zu künftigen Entwicklungsveränderungen abzugeben hat. Geht man von den aktuellen Entwicklungsbedingungen aus, so kann man nicht mit Sicherheit sagen, ob und in welchem Ausmaß sich diese Bedingungen künftig verändern werden, sofern man sie denn überhaupt angemessen erfasst hat, und wie die Umweltbedingungen subjektiv wahrgenommen, gedeutet und verarbeitet werden. Konzentriert man sich auf aktuell feststellbare individuelle Merkmale und Verhaltensweisen von Individuen und versucht daraus, auf die künftige Entwicklung zu schließen, so basiert dieses Vorgehen auf Annahmen zur Stabilität von Merkmalen und Verhaltensweisen, die aber nur dann einigermaßen realistisch sind, wenn sich die Umwelt nicht gravierend verändert. Wenn man den Anspruch nicht völlig aufgeben will, nicht nur über abgelaufene, sondern auch über künftige Entwicklungsprozesse Aussagen treffen zu wollen, liegt es wohl nahe, beide Betrachtungsperspektiven zu verbinden. In einer kombinierten Entwicklungsprognose werden die aktuell feststellbaren Merkmale und Verhaltensweisen von Individuen ebenso betrachtet wie die gegebenen und zu erwartenden Umweltbedingungen und ihre wechselseitige Beeinflussung. An einem Beispiel veranschaulicht: Ein schwieriger Säugling, der sehr viel schreit, einen sehr unregelmäßigen Schlafrhythmus zeigt und mit der angebotenen Nahrung offensichtlich nicht zurechtkommt, kann auf ganz unterschiedliche elterliche Reaktionen treffen, wie Ärger, Wut, Resignation oder auch nimmermüde Geduld. Die Reaktionen der Umwelt werden dann wiederum die kindlichen Verhaltensweisen stabilisieren oder auch verändern und damit wiederum auf elterliche Verhaltensweisen zurückwirken. Die Sichtweise menschlicher Entwicklung als einem Geflecht von Person- und Umweltvariablen, die sich wechselseitig beeinflussen, macht Aussagen über künftige Entwicklungsprozesse zwar nicht einfacher, kommt aber der Realität näher, weil sie die multifaktorielle Bedingtheit von Entwicklungsprozessen in das Blickfeld nimmt.

Die bereits früher skizzierte Entwicklung aggressiven Verhaltens (siehe S. 163) soll hier nochmals aufgegriffen werden, jetzt aber aus einer Perspektive, die sowohl Person- als auch Umweltvariablen berücksichtigt. Man kommt dabei sehr schnell zu einem komplexen Geflecht von Einflussfaktoren, die in Abbildung 8.5 dargestellt sind:

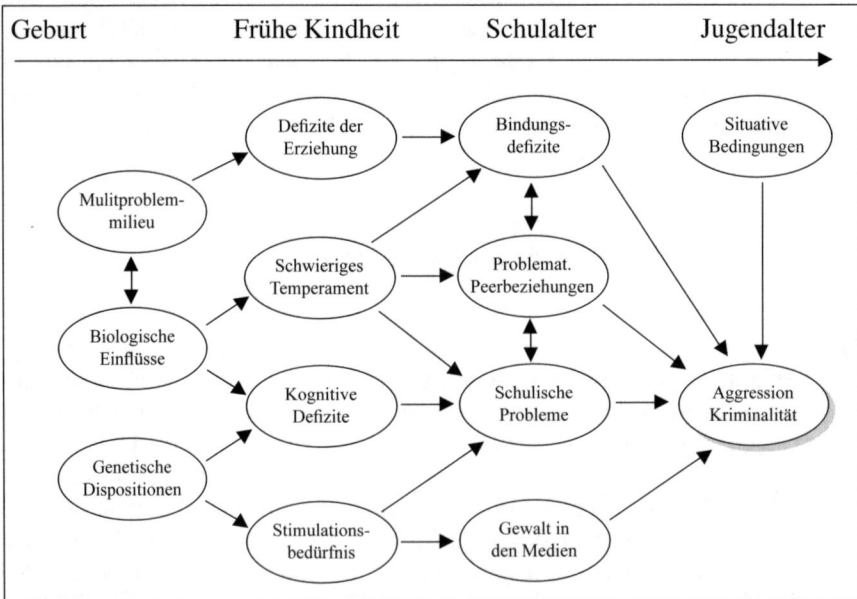

Abb. 8.5: Entstehung von Aggression und Kriminalität im Jugendalter (modifiziert nach Bliesener, 1999, S. 13)

- Verhaltensweisen wie Aggressivität und Kriminalität entstehen nicht plötzlich aus dem Nichts, sondern haben eine Vorgeschichte, die weit zurückreichen kann.
- Es konnten bisher sowohl psychologische als auch soziale und biologische Einflussfaktoren nachgewiesen werden, die häufig miteinander interagieren und insbesondere in ihrer Kumulation die Entstehung von Aggressionsbereitschaft fördern können.
- Auch zahlreiche belastende Faktoren müssen nicht zwangsläufig zu einem auffälligen Verhalten führen. Es gibt sog. schützende Faktoren (z. B. enge emotionale Beziehungen zu einer festen Bezugsperson), die trotz problematischer Ausgangsbedingungen eine normale Entwicklung ermöglichen (siehe hierzu den Abschnitt über die Resilienzforschung.
- Angesichts der Komplexität einflussnehmender Faktoren mag zunächst der Eindruck entstehen, planvolles präventives Handeln sei nicht möglich. Das Gegenteil ist der Fall. Präventive Ansätze können und müssen demnach an sehr vielen verschiedenen Punkten ansetzen.

8.6 Resilienz und Entwicklung

Es kann immer wieder beobachtet werden, dass manche Kinder und Jugendliche trotz ungünstigster Lebensumstände, trotz vielfältiger schädigender Einflüsse, trotz einem Aufwachsen in einem Multiproblem-Milieu keine Entwicklungsauffälligkeiten zeigen, dass manche Kinder und Jugendliche aktuelle Belastungen gut aushalten und sich auch von schweren Traumata erholen, während andere die von Ihrer Umwelt ausgehenden Belastungen nicht bewältigen können und daran zu zerbrechen drohen. Offensichtlich weisen manche Individuen eine hohe Widerstandskraft (Resilienz) gegen Belastungen, Schädigungen und Risikofaktoren auf. Zuweilen wird in diesem Zusammenhang auch von „unverwundbaren Kindern" oder „Unverwundbarkeit" gesprochen, ein Begriff, der aus verschiedenen Gründen nicht ganz glücklich gewählt ist:

1. Es gibt ohne jeden Zweifel extrem schädigende Lebensumstände (z. B. starke Deprivation menschlicher Grundbedürfnisse nach Nahrung, sozialen Kontakten usw.), unter denen kein Kind, kein Jugendlicher und kein Erwachsener normal leben und sich ohne Störungen entwickeln kann.
2. Es gibt sicher keine absolute Unverwundbarkeit, also Merkmale, Eigenschaften, Fähigkeiten und Komepetenzen, die ein Individuum eben aufweist oder auch nicht. Es ist wohl sinnvoller, von unterschiedlichen Graden einer Widerstandskraft auszugehen, die sich zudem noch im Verlauf des Lebens verändern können.
3. Der Begriff „Unverwundbarkeit" erweckt zudem den Eindruck, als sei die Verhinderung schädigender Auswirkungen von Risikofaktoren nur von Merkmalen der Person abhängig. Schützende, die Widerstandskraft stärkende

Faktoren liegen – wie anschließend zu zeigen sein wird – sowohl in Merkmalen der Person, ebenso wie in Merkmalen der familialen und außerfamilialen Unterstützungssystems.

Seit Garmezy (1971) hat die Resilienzforschung als ein Teilgebiet der klinischen Entwicklungspsychologie einen richtiggehenden Boom erlebt und ist in zahlreichen empirischen Untersuchungen der Frage nachgegangen, wovon diese Widerstandskraft gegen Risikofaktoren abhängt. Die vielfältigen empirischen Erkenntnisse können hier nicht im Detail referiert werden (siehe ausführlicher hierzu u.a. Masten, 2001). Es sollen hier lediglich jene Faktoren kurz beschrieben werden, die sich nach den vorliegenden Forschungsergebnissen als besonders wichtig für die Widerstandskraft gegen Risiken, Störungen und Beeinträchtigung der Entwicklung erwiesen haben:

- **Sichere emotionale Bindung an eine Bezugsperson**: Hier wird zwar häufig die große Bedeutung der Beziehung zur Mutter hervorgehoben, doch kann auch von einer guten emotionalen Bindung an ein anderes Familienmitglied oder an eine Person außerhalb der Familie eine schützende Wirkung ausgehen.
- **Erziehungsklima:** Ein warmherziges Erziehungsklima, das ein Gefühl des Angenommen-Seins vermittelt bei gleichzeitiger Betonung fester Regeln für das Verhalten, die Struktur, Orientierung und Sicherheit schaffen, tragen ebenfalls zu einer stabilen Resilienz bei. Es wird hier bewusst von Erziehungsklima und nicht von Familienklima gesprochen, weil dieses Erziehungsklima ja auch außerfamilial, z.B. im Rahmen einer Heimunterbringung, angestrebt werden kann.
- **Soziale Unterstützung innerhalb und außerhalb der Familie:** Familienmitglieder aber auch Verwandte, Lehrer, Sozialarbeiter, Gleichaltrige, Nachbarn können helfen, Probleme zu reduzieren und auch Modelle sein für ein aktives und konstruktives Bewältigen von Problemen. Neben der direkten Unterstützung bei der Problembewältigung kommt der Vorbildwirkung und dem Modell-Lernen deshalb eine große Bedeutung zu, weil damit die Eigenaktivität des Kindes oder Jugendlichen angeregt wird, sich mit Risiken und Bedrohungen aktiv auseinander zu setzen.
- **Dosierte soziale Verantwortlichkeit und Leistungsanforderungen**: z.B. Sorge für Geschwister oder andere Verwandte, Pflichten in der Schule.
- **Kognitive und soziale Kompetenzen**: Zu Resilienz wird es auch dann eher kommen, wenn zumindest eine durchschnittliche Intelligenz vorhanden ist, die es gestattet, Problemsituationen zu analysieren, zu verstehen und Handlungspläne zu entwerfen. Wichtig ist auch, dass ein Individuum über kommunikative Fähigkeiten verfügt, die es ihm ermöglichen, erfolgreich Kontakt mit der Umwelt aufzunehmen und sich mitzuteilen. Dies ist besonders wichtig für die oben erwähnten sozialen Bindungen und dafür, dass in Problemsituationen soziale Unterstützung gesucht und aufrechterhalten werden kann.
- **Temperamentseigenschaften, die eine effektive Bewältigung von Problemen und Risiken begünstigen**: Individuen, die sich auf unterschiedliche

Situationen flexibel einstellen können, vor Anforderungen nicht flüchten und ihre Impulse gut kontrollieren können, werden eher Widerstandskraft zeigen.

- **Aktivitätsunterstützende Selbstwahrnehmung:** Wer auf der Grundlage einer positiven Selbsteinschätzung sich als Person erlebt, die etwas bewirken kann und sich für die Ergebnisse ihres Handelns selbst verantwortlich fühlt (internale Kontrollüberzeugung) wird nach den vorliegenden empirischen Erkennnissen eher mit Risikofaktoren fertig werden und sich bei Belastungen auch selbst eher um eine aktive Problembewältigung bemühen. Zu dieser positiven Selbstwahrnehmung kann beitragen, wenn Kinder und Jugendliche schulische Erfolge erleben und auch ansonsten mit anspruchsvollen, aber lösbaren Aufgaben konfrontiert werden.
- **Erleben von Sinn und Struktur in der eigenen Entwicklung:** Damit ist eine eher globale Sichtweise der eigenen Entwicklung und des eigenen Lebens gemeint, die auch in Schwierigkeiten und Problemen noch einen Sinn entdecken kann. Zu dieser Sinnstiftung können unter anderem auch religiöse Bindungen und Überzeugungen beitragen.

Zu diesen hier nur kurz und ausschnitthaft vorgetragenen Erkenntnissen der Resilienzforschung ist zunächst noch anzumerken, dass man noch weit davon entfernt ist, wirklich zu verstehen, wie die Widerstandskraft eines Individuums letztlich entsteht und wie die aufgezeigten Schutzfaktoren dabei miteinander zusammenwirken und mit den Risikofaktoren interagieren. Aber bereits die Kenntnis verschiedender schützender Faktoren hat meines Erachtens wichtige Auswirkungen auf die Praxis der Sozialen Arbeit:

- Soziale Arbeit hat häufig mit Menschen in besonders schwierigen Lebenslagen zu tun. Die fortwährende Konfrontation mit Defiziten, Schwierigkeiten, Problemen und Risiken von Kindern, Jugendlichen und auch Erwachsenen stellt erhebliche psychische Anforderungen an Sozialarbeiter. Die Erkenntnisse zur Resilienz erweitern die Perspektive und beleuchten eher positive, hoffnungsvolle Facetten des Berufsfelds. Selbst unter schwierigen Bedingungen kann menschliche Entwicklung auch gelingen. Ob diese „Einsicht ... in schwierigen Berufsfeldern auch Burn-Out-Probleme, Zynismus und Resignation vermeiden helfen (kann)" (Lösel & Bender 1994, S. 16), sei hier dahingestellt.
- Diese Erkenntnisse sind für die Soziale Arbeit in mehrfacher Hinsicht bedeutsam: Auch wenn man es mit Klienten mit vielfacher Problembelastung zu tun hat, sollte nicht vorschnell resigniert werden nach dem Motto „Unter den schlimmen Umständen hat alles keinen Sinn". Es gilt vielmehr herauszufinden, welche Schutzfaktoren wirksam sein könnten oder zumindest in Ansätzen vorhanden sind und durch sozialpädagogische Maßnahmen gefördert und gestärkt werden können. Zudem bedarf es wohl keiner weiteren Begründung, dass gerade jene Klienten intensiver Betreuung bedürfen, bei denen man auf Grund ihrer Persönlichkeitsstruktur und Lebenslage nicht von vorneherein auf die Wirkung schützender Faktoren, wie sie oben genannt wurden, bauen kann. Hier gilt es dann, solche schützende Faktoren erst anzuregen, aufzubauen und

zu verstärken, wobei sowohl auf die Persönlichkeitsentwicklung der betreuten Person als auch auf ihre Umwelt im Sinne obiger Faktoren verändernd einzuwirken ist.

Literaturverzeichnis

Achenbach, T.M. (1982). Developmental psychopathology. New York: John Wiley & Sons.

Appleton, T., Clifton, R. & Goldberg, S. (1975). The development of behavioral competence in infancy. In F.D. Horowitz (Hrsg.), Review of child development research. (Vol. 4) New York: Russeoo Sage Foundation.

Asendorpf, J.B. (1998). Entwicklungsgenetik. In H. Keller (Hrsg.), Lehrbuch Entwicklungspsychologie (S. 97–118). Bern: Huber.

Asendorpf, J.B. (2007). Entwicklungsgenetik. In J. Brandtstädter & U. Lindenberger (Hrsg.), Entwicklungspsychologie der Lebensspanne. Ein Lehrbuch (S. 162–193). Stuttgart: Kohlhammer.

Atzesberger, M. (1978). Sprachaufbau, Sprachbehinderungen, Pädagogische Hilfen. Stuttgart: Klett.

Ausubel, D.P. & Sullivan, E. (1974). Das Kindesalter. Fakten – Probleme – Theorien. München: Juventa.

Baltes, B.P. (Hrsg.), (1978). Life-span development and behavior. Vol.1. New York Academic Press.

Baltes, B.P. (Hrsg.), (1979). Entwicklungspsychologie der Lebensspanne. Stuttgart: Klett-Cotta.

Baltes, P.B. (1990). Entwicklungspsychologie der Lebensspanne: Theoretische Leitsätze. Psychologische Rundschau, 41, 1–24.

Bandura, A. (1979). Sozial-kognitive Lerntheorie. Stuttgart: Klett-Cotta.

Beck, U. (1986). Risikogesellschaft. Auf dem Weg in eine andere Moderne. Frankfurt: Suhrkamp.

Beller, E. K. (1995). Die Krippe. In R. Oerter & L. Montada (Hrsg.), Entwicklungspsychologie: ein Lehrbuch (3. Auflage, S. 915–928). Weinheim: Psychologie Verlags Union.

Bettelheim, B. (1987). Ein Leben für Kinder. Erziehung in unserer Zeit. Stuttgart: Deutsche Verlagsanstalt.

Bischof-Köhler, D. (1998). Zusammenhänge zwischen kognitiver, motivationaler und emotionaler Entwicklung in der frühen Kindheit und im Vorschulalter. In H. Keller (Hrsg.), Lehrbuch Entwicklungspsychologie (S. 319–376). Bern: Huber.

Bliesener, T. (1999). Gewaltkarrieren: Risiko- und Schutzfaktoren. In Aktion Jugendschutz Landesarbeitsstelle Bayern & Stadt Regensburg (Hrsg.), Tagungsdokumentation der Tagung „Gemeinsam gegen Gewalt" vom 16.11.1999.

Bliesener, T. (2008). Prävention und Bewältigung von Delinquenz und Devianz. In F. Petermann & W. Schneider (Hrsg.), Enzyklopädie der Psychologie: Themenbereich C Theorie und Forschung, Serie V Entwicklungspsychologie, Band 7 Angewandte Entwicklungspsychologie (S. 677–719). Göttingen: Hogrefe.

Bloom, B. S. (1971). Stabilität und Veränderung menschlicher Merkmale. Weinheim: Beltz.

Bouchard, T.J. & McGue, M. (1981). Familial studies of intelligence – A review. Science, 21, 1055–1059.

Bodenmann, G. (2008). Prävention von Partnerschaftsstörungen und Paarberatung. In F. Petermann & W. Schneider (Hrsg.), Enzyklopädie der Psychologie: Themenbereich C Theorie und Forschung, Serie V Entwicklungspsychologie, Band 7 Angewandte Entwicklungspsychologie (S. 751–776). Göttingen: Hogrefe.

Bowlby, J. (1951). Maternal care and mental health (WHO Monographs No. 2) Genf.

Brandtstädter, J. & Lindenberger, U. (Hrsg.), (2007). Entwicklungspsychologie der Lebensspanne. Ein Lehrbuch. Stuttgart: Kohlhammer.

Brenner, Ch. (1976). Grundzüge der Psychoanalyse. Frankfurt: Fischer Taschenbuch Verlag.

Bridges, K.M.B. (1932). Emotional Development in early infanca. Child Development, 3, S. 324–341. [deutsch: Die Entwicklung der Gefühle in der frühen Kindheit. In O.M. Ewert (Hrsg.), Entwicklungspsychologie (Band 1, S. 171–173). Köln: Kiepenheuer & Witsch].

Bronfenbrenner, U. (1977). Toward an experimental ecology of human development. American Psychologist, 32, 513–531. [deutsch: Bronfenbrenner, U. (1978). Ansätze zu einer experimentellen Ökologie menschlicher Entwicklung. In R. Oerter (Hrsg.), Entwicklung als lebenslanger Prozess, S. 33–65). Hamburg: Hoffmann & Campe].

Buggle, F. (2001). Die Entwicklungspsychologie Jean Piagets. 4. Auflage. Stuttgart: Kohlhammer.

Caplan, G. (1964). Principles of preventive psychiatry. New York: Basic Books.

Caesar, B. (1972). Autorität in der Familie. Reinbek bei Hamburg: Rowohlts dt. Enzyklopädie.

Conley, J.J. (1985). Longitudinal stability of personality traits: A multitrait-multimethod-multioccasion analysis. Journal of Personality and Social Psychology, 49, 1266–1282.

Costa, P.T. & Mc Crea, R.R. (1988). Personlity in adulthood: A six-year longitudinal study of self-reports and spouse ratings on the NEO Personality Inventory. Journal of Personality and Social Psychology, 54, 853–863.

Dennis, W. & Dennis, M.G. (1940). The effect of cradling practices upon the onset of walking in Hopi children. Journal of Genetic Psychology, 56, 77–86.

Dollase, R. (1985). Entwicklung und Erziehung: Angewandte Entwicklungspsychologie für Pädagogen. Stuttgart: Klett.

Dreher, E. & Dreher, M. (1985). Entwicklungsaufgaben im Jugendalter: Bedeutsamkeit und Bewältigungskonzepte. In D. Liepmann & A. Sticksrud (Hrsg.), Entwicklungsaufgaben und Bewältigungsprobleme in der Adoleszenz, (S. 56–70). Göttingen: Hogrefe.

Dreher, M. & Dreher, E. (1997). Entwicklungsaufgaben im Jugendalter – Urteilstendenzen im Wandel eines Jahrzehnts. In J. Glück (Hrsg.), 13. Tagung Entwicklungspsychologie. Kurzfassungen (S. 37). Wien: Universität Wien.

Duhm, E. (1959). Entwicklung und Differenzierung. In H. Thomae (Hrsg.), Handbuch der Psychologie (Band 3: Entwicklungspsychologie, S. 220–239). Göttingen: Hogrefe.

Eckensberger, L.H. (1998). Die Entwicklung des moralischen Urteils. In Keller, H. (Hrsg.), Lehrbuch Entwicklungspsychologie (S. 475–516). Göttingen: Huber.

Elhardt, S. (1988). Tiefenpsychologie: eine Einführung. 11. Auflage. Stuttgart: Kohlhammer.

Engfer, A. (1995 a). Sexueller Mißbrauch. In R. Oerter & L. Montada (Hrsg.), Entwicklungspsychologie: ein Lehrbuch (3. Auflage, S. 1006–1015). Weinheim: Psychologie Verlags Union.

Engfer, A. (1995 b). Kindesmißhandlung und Vernachlässigung. In R. Oerter & L. Montada (Hrsg.), Entwicklungspsychologie: ein Lehrbuch (3. Auflage, S. 960–966). Weinheim: Psychologie Verlags Union.

Engfer, A. (2002). Misshandlung, Vernachlässigung und Missbrauch von Kindern. In R. Oerter & L. Montada (Hrsg.), Entwicklungspsychologie (5., vollständig überarbeitete Auflage, S. 800–817). Göttingen: Hogrefe.

Erikson, E. (1988). Der vollständige Lebenszyklus. Frankfurt: Suhrkamp.

Esser, G. & Gerhold, M. (1998). Entwicklungspsychopathologie. In Keller, H. (Hrsg.), Lehrbuch Entwicklungspsychologie (S. 615–646). Bern: Huber.

Ewert, U. (1982). Entwicklungspsychologie des Jugendalters. Stuttgart: Kohlhammer.

Faltermaier, T., Mayring, P., Saup, W. & Strehmel, P. (2002). Entwicklungspsychologie des Erwachsenenalters. (2. Auflage). Stuttgart: Kohlhammer.

Felser, G. (2007). Familie und Partnerschaft als Entwicklungskontexte. In J. Brandtstädter & U. Lindenberger (Hrsg.), Entwicklungspsychologie der Lebensspanne. Ein Lehrbuch (S. 446–482). Stuttgart: Kohlhammer.

Fend, H. (2000). Entwicklungspsychologie des Jugendalters: ein Lehrbuch für pädagogische und psychologische Berufe. Opladen: Leske + Budrich.

Filipp, S-H. & Doenges, D. (1983). Entwicklungstests. In K.-J. Groffmann & L. Michel (Hrsg.), Intelligenz- und Leistungsdiagnostik. Enzyklopädie der Psychologie. Reihe Psychologische Diagnostik (Band 2) (S. 202–306). Göttingen: Hogrefe.

Filipp, S.-H. & Schmidt, K. (1995). Mittleres und höheres Erwachsenenalter. In R. Oerter & L. Montada (Hrsg.), Entwicklungspsychologie: ein Lehrbuch (S. 439–486). Weinheim: Psychologie Verlags Union.

Filipp, S.-H. & Staudinger, U.M. (Hrsg.). (2005). Enzyklopädie der Psychologie: Themenbereich C Theorie und Forschung, Serie V Entwicklungspsychologie, Band 6 Entwicklungspsychologie des mittleren und höheren Erwachsenenalters. Göttingen: Hogrefe.

Flammer, A. (1988). Entwicklungstheorien. Bern: Huber.

Freud, A. (1958). Adolescence. The Psychoanalytic Study of the Child, 13, 255–278.

Freud, A. (1969). Adolescence as a developmental disturbance. In G. Caplan & S. Lebovici (Hrsg.), Adolescence: Psychosocial perspectives (S. 5–1). New York: Basic Books.

Freud, A. (1978). Das Ich und die Abwehrmechanismen. München: Kindler

Freud, S. (1900). Die Traumdeutung. Gesammelte Werke Band 2/3. Frankfurt: S. Fischer.

Freud, S. (1904). Zur Psychopathologie des Alltagslebens. Gesammelte Werke Band 4. Frankfurt: S. Fischer.

Freud, S. (1905). Drei Abhandlungen zur Sexualtheorie. Gesammelte Werke Band 5. Frankfurt: S. Fischer.

Freud, S. (1915a). Triebe und Triebschicksale. Gesammelte Werke Band 10. Frankfurt: S. Fischer.

Freud, S. (1915b). Die Verdrängung. Gesammelte Werke Band 10. Frankfurt: S. Fischer.

Freud, S. (1915c). Das Unbewußte. Gesammelte Werke Band 10. Frankfurt: S. Fischer.

Freud, S. (1923). Das Ich und das Es. Gesammelte Werke Band 13. Frankfurt: S. Fischer.

Freud, S. (1924). Der Untergang des Ödipuskomplexes. Gesammelte Werke Band 13. Frankfurt: S. Fischer.

Freud, S. (1933). Neue Folgen der Vorlesungen zur Einführung in die Psychoanalyse. Gesammelte Werke Band 15. Frankfurt: S. Fischer.

Freund, A.M. (2007). Selektion, Optimierung und Kompensation im Kontext persönlicher Ziele: Das SOK-Modell. In J. Brandtstädter & U. Lindenberger (Hrsg.), Entwicklungspsychologie der Lebensspanne. Ein Lehrbuch (S. 367–388). Stuttgart: Kohlhammer.

Fürntratt, E. (1974). Angst und instrumentelle Aggression. Weinheim: Beltz.

Garmezy, N. (1971). Vulnerability research and the issue of primary pervention. American Journal of Orthopsychiatry, 41, 101–116.

Garz, D. (1996). Lawrence Kohlberg zur Einführung. Hamburg: Junius.

Goldsmith, H.H. (1983). Genetic influences on personality from infancy to adulhood. Child Development, 54, 331–355.

Gräser, H. (2007). Entwicklungsberatung. In J. Brandtstädter & U. Lindenberger (Hrsg.), Entwicklungspsychologie der Lebensspanne. Ein Lehrbuch (S. 599–623). Stuttgart: Kohlhammer.

Grimm, H. (1995). Sprachentwicklung – allgemeintheoretisch und differentiell betrachtet. In R.Oerter & L. Montada (Hrsg.), Entwicklungspsychologie: ein Lehrbuch (3. Auflage, S. 705 –757). Weinheim: Psychologie Verlags Union.

Grimm, H. & Wilde, S. (1998). Im Zentrum steht das Wort. In Keller, H. (Hrsg.), Lehrbuch Entwicklungspsychologie (S. 445–473). Bern: Huber.

Hartung, J. (2000). Sozialpsychologie. Psychologie in der Sozialen Arbeit Band 3. Stuttgart: Kohlhammer.

Hasselhorn, M. (1998). Alter und Altern. In H. Keller (Hrsg.), Lehrbuch Entwicklungspsychologie (S. 423–442). Bern: Huber.

Hasselhorn, M. & Silbereisen, R.K. (2008). Enzyklopädie der Psychologie: Themenbereich C Theorie und Forschung, Serie V Entwicklungspsychologie,

Band 6 Entwicklungspsychologie des Säuglings- und Kindesalters. Göttingen: Hogrefe.

Havighurst, Robert, J. (1976). Developmental tasks and education. New York: McKay.

Heckhausen, H. (1974). Faktoren des Entwicklungsprozesses. In F.E. Weinert, C.F. Graumann, H. Heckhausen & M. Hofer (Hrsg.), Pädagogische Psychologie (S. 101–132). Frankfurt: Fischer.

Heckhausen, J. & Mayr, U. (1998). Entwicklungsregulation und Kontrolle im Erwachsenenalter und Alter: Lebenslaufpsychologische Perspektiven. In H. Keller (Hrsg.), Lehrbuch Entwicklungspsychologie (S. 399–422). Bern: Huber.

Heller, K. (1995). Schulleistungsprognosen. In R. Oerter & L. Montada (Hrsg.), Entwicklungspsychologie: ein Lehrbuch (3. Auflage, S. 983–989). Weinheim: Psychologie Verlags Union.

Hetzer, H., Todt, E., Seiffge-Krenke, I., & Arbinger, R. (Hrsg.). (1995). Angewandte Entwicklungspsychologie des Kindes- und Jugendalters. Heidelberg: Quelle & Meyer.

Hoff, E.-H. (1995). Frühes Erwachsenenalter: Arbeitsbiographie und Persönlichkeitsentwicklung. In R. Oerter & L. Montada (Hrsg.), Entwicklungspsychologie: ein Lehrbuch (S. 422–438). Weinheim: Psychologie Verlags Union.

Hoppe-Graff, S. (1998). Tagebücher, Gespräche und Erzählungen: Zugänge zum Verstehen von Kindern und Jugendlichen. In H. Keller (Hrsg.), Lehrbuch Entwicklungspsychologie (S. 261–294). Bern, Göttingen: Hans Huber.

Hurlock, E. (1971). Die Entwicklung des Kindes. (2. Auflage). Weinheim: Beltz.

Hurrelmann, K. (2005). Lebensphase Jugend. Eine Einführung in die sozialwissenschaftliche Jugendforschung (8. Auflage). Weinheim/München: Juventa.

Jungnitsch, G. (1999). Klinische Psychologie. Psychologie in der Sozialen Arbeit Band 2. Stuttgart: Kohlhammer.

Kagan, J. (1987). Die Natur des Kindes. München: Piper.

Keller, H. (Hrsg.), (1998). Lehrbuch Entwicklungspsychologie. Bern: Huber.

Knopf, M. (1998). Gedächtnisentwicklung im Verlauf der Lebensspanne. In Keller, H. (Hrsg.), Lehrbuch Entwicklungspsychologie (S. 517–545). Bern: Huber.

Kohlberg, L. (1996). Die Psychologie der Moralentwicklung. Frankfurt: Suhrkamp.

Kohlberg, L. & Turiel, E. (1978). Moralische Entwicklung und Moralerziehung. In G. Portele (Hrsg.), Sozialisation und Moral: neuere Ansätze zur moralischen Entwicklung und Erziehung (13–80). Weinheim: Beltz.

Köller, O. & Baumert, J. (2002). Entwicklung schulischer Leistungen. In R. Oerter & L. Montada (Hrsg.), Entwicklungspsychologie (5., vollständig überarbeitete Auflage, S. 756–786). Göttingen: Hogrefe.

Kracke, B. & Noack, P. (2008). Konflikte in Familien: Möglichkeiten der Prävention und Bewältigung. In F. Petermann & W. Schneider (Hrsg.), Enzyklopädie der Psychologie: Themenbereich C Theorie und Forschung, Serie V

Entwicklungspsychologie, Band 7 Angewandte Entwicklungspsychologie (S. 547–570). Göttingen: Hogrefe.

Krampen, G. & Reichle, B. (2002). Frühes Erwachsenenalter. In R. Oerter & L. Montada (Hrsg.), Entwicklungspsychologie (5., vollständig überarbeitete Auflage, S. 756–786). Göttingen: Hogrefe.

Kruse, A. (2002). Produktives Leben im Alter II: Der Umgang mit Verlusten und der Endlichkeit des Lebens. In R. Oerter & L. Montada (Hrsg.), Entwicklungspsychologie (5., vollständig überarbeitete Auflage, S. 983–995). Göttingen: Hogrefe.

Kruse, A. (2007). Präventions- und Trainingsansätze im höheren Alter. In J. Brandtstädter & U. Lindenberger (Hrsg.), Entwicklungspsychologie der Lebensspanne. Ein Lehrbuch (S. 624–655). Stuttgart: Kohlhammer.

Largo, R. (1987). Variabilität von Wachstum und Entwicklung. In J. Handloser (Hrsg.), Die junge Generation gestern, heute, morgen. (S. 21–30). Zürich: Verlag für Fachvereine Zürich.

Lehr, U. (1972). Psychologie des Alterns. Heidelberg: Quelle & Meyer.

Lewis, M. & Miller, S. (Hrsg.) (1990). Handbook of Developmental Psychopathology. New York: Plenum Press.

Lewin, K. (1982). Verhalten und Entwicklung als Funktion der Gesamtsituation. In C.-F. Graumann, F.E. Weinert & H. Gundlach (Hrsg.), Kurt-Lewin-Gesamtausgabe. Band 6. Psychologie der Entwicklung und Erziehung (S. 375–448). Bern: Huber.

Lewontin, R. (1986). Menschen. Genetische, kulturelle und soziale Gemeinsamkeiten. Heidelberg: Spektrum der Wissenschaft.

Liepmann, D. & Stiksrud, A. (1985). Entwicklungsaufgaben und Bewältigungsprobleme in der Adoleszenz. Sozial- und entwicklungspychologische Perspektiven. Göttingen: Hogrefe.

Lindenberger, U. (2002). Erwachsenenalter und Alter. In R. Oerter & L. Montada (Hrsg.), Entwicklungspsychologie (5., vollständig überarbeitete Auflage, S. 350–391). Göttingen: Hogrefe.

Lösel, F. & D. Bender (1994). Lebenstüchtig trotz schwieriger Kindheit: Psychische Widerstandskraft im Kindes- und Jugendalter. Psychoscope, Heft 7, S. 14–17.

Masten, A.S. (2001). Resilienz in der Entwicklung: Wunder des Alltags. In G. Röper, C. von Hagen & G. Noam (Hrsg.). Entwicklung und Risiko: Perspektiven einer klinischen Entwicklungspsychologie. (S. 192–219). Stuttgart: Kohlhammer.

Marcia, J. E. (1966). Development and validation of ego identity status. Journal of personality and Social Psychology, 531–558.

Marcia, J. E. (1980). Identity in Adolescence. In J.I. Adelson (Hrsg.), Handbook of adolescent psychology (S. 159–187). New York: Wiley.

Marcia, J. E. (1983). Some directions for the investigation of ego development in early adolescence. Early Adolescence, 3, S. 215–223.

Marcia, J. E. (1989). Identity diffusion differentiated. In M.A. Luszec & T. Netterbeck (Hrsg.), Psychological development across the life-span (S. 289–295). North-Holland: Elsevier.

Mayring, P. & Saup, W. (Hrsg.), (1990). Entwicklungsprozesse im Alter. Stuttgart: Kohlhammer.

Menzen K.-H. (1996) Kids' Problems: Ein Studienbuch zur kindlichen und jugendlichen Entwicklung. Neuwied: Luchterhand.

Mertens, W. & B. Waldvogel (Hrsg). (2000). Handbuch psychonanalytischer Grundbegriffe. Stuttgart: Kohlhammer.

Mietzel, G. (1989). Wege in die Entwicklungspsychologie: Kindheit und Jugend. München: Psychologie Verlags Union.

Mietzel, G. (1992). Wege in die Entwicklungspsychologie: Erwachsenenalter und Lebensende: eine Einführung. München: Quintessenz Verlag.

Mönks, F.J. & Knoers, A.M.P. (1996). Lehrbuch der Entwicklungspsychologie. München, Basel: Ernst Reinhardt.

Moffitt, T.E. (1993). Adolescence-limited and life-course-persistent antisocial behavior: a developmental taxonomy. Psychological Review, 100, S. 674–701.

Montada, L. (1987). Systematik der Angewandten Entwicklungspsychologie: Probleme der Praxis, Beiträge der Forschung. In R. Oerter & L. Montada, (Hrsg.), Entwicklungspsychologie: ein Lehrbuch (2. Auflage, S. 769 –788). München: Psychologie Verlags Union.

Montada, L. (1995a). Die geistige Entwicklung aus der Sicht Jean Piagets. In R. Oerter & L. Montada (Hrsg.), Entwicklungspsychologie: ein Lehrbuch (3. Auflage, S. 705–757). Weinheim: Psychologie Verlags Union.

Montada, L. (1995b). Moralische Entwicklung und moralische Sozialisation. In R. Oerter & L. Montada (Hrsg.), Entwicklungspsychologie: ein Lehrbuch (3. Auflage, S. 705–757). Weinheim: Psychologie Verlags Union.

Montada, L. (1995c). Entwicklungspsychologie und Anwendungspraxis. In Oerter, R. & Montada, L. (Hrsg.). Entwicklungspsychologie: ein Lehrbuch (3. Auflage, S. 895–914). Weinheim: Psychologie Verlags Union.

Montada, L. (1995 d). Delinquenz. In R. Oerter & L. Montada (Hrsg.), Entwicklungspsychologie: ein Lehrbuch (3. Auflage, S. 1024–1036). Weinheim: Psychologie Verlags Union

Mussen, P. (1986). Einführung in die Entwicklungspsychologie. (8. Auflage). Weinheim: Juventa.

Mussen, P.H., Conger, J.J., Kagan, J. & Huston A.C. (1999). Lehrbuch der Kinderpsychologie (2 Bände). Stuttgart: Klett-Cotta.

Nickel, H. (1979). Entwicklungspsychologie des Kindes- und Jugendalters: ein Lehrbuch für Studierende der Psychologie, Erziehungs- und Sozialwissenschaften. (2 Bände) Bern: Huber.

Oerter, R. (Hrsg.), (1978). Entwicklung als lebenslanger Prozess: Aspekte und Perspektiven. Hamburg: Hoffmann und Campe.

Oerter, R. (1995). Kindheit. In R. Oerter & L. Montada (Hrsg.). Entwicklungspsychologie: ein Lehrbuch (S. 249–309). Weinheim: Psychologie Verlags Union.

Oerter, R. (2002). Kindheit. In R. Oerter & L. Montada (Hrsg.), Entwicklungspsychologie (5., vollständig überarbeitete Auflage, S. 209–257). Göttingen: Hogrefe.

Oerter, R. & Dreher, E. (1995). Jugendalter. In R. Oerter & L. Montada (Hrsg.). Entwicklungspsychologie: ein Lehrbuch (3., vollst. überarb. und erw. Aufl., S. 310–395). Weinheim: Psychologie Verlags Union.

Oerter, R. & Dreher, E. (2002). Jugendalter. In R. Oerter & L. Montada (Hrsg.), Entwicklungspsychologie (5., vollständig überarbeitete Auflage, S. 258–318). Göttingen: Hogrefe.

Oerter, R. & Montada, L. (Hrsg.) (1995), Entwicklungspsychologie: ein Lehrbuch. (3., vollst. überarb. und erw. Aufl.). München: Urban und Schwarzenberg.

Oerter, R. & Montada, L. (Hrsg.). (2002). Entwicklungspsychologie (5., vollständig überarbeitete Auflage). Göttingen: Hogrefe.

Oerter, R., von Hagen, C., Röper, G. & Noam, G. (Hrsg.), (1999). Klinische Entwicklungspsychologie. Weinheim: Beltz.

Olbrich, E. & Brüderl, L. (1995). Frühes Erwachsenenalter: Partnerwahl, Partnerschaft, Elternschaft. In R. Oerter & L. Montada (Hrsg.), Entwicklungspsychologie: ein Lehrbuch (3. Auflage, S. 396–422). Weinheim: Psychologie Verlags Union.

Olbrich, E. & Todt, E. (Hrsg.), (1984). Probleme des Jugendalters. Neuere Sichtweisen. Berlin: Springer.

Pauls, H. & Johann, A. (1984). Wie steuern Kinder ihre Eltern? Psychologie in Erziehung und Unterricht, 31, S. 22–32.

Petermann, F. (1995). Methodische Grundlagen der Entwicklungspsychologie. In R. Oerter & L. Montada (Hrsg.), Entwicklungspsychologie: ein Lehrbuch (2. Auflage, S. 1147–1176). München: Psychologie Verlags Union.

Petermann, F. (Hrsg.), (2002). Lehrbuch der klinischen Kinderpsychologie und -psychotherapie. Göttingen: Hogrefe.

Petermann, F. & Warschburger, P. (1998). Agression. In Petermann, F., Lehrbuch der klinischen Kinderpsychologie: Erklärungsansätze und Interventionsverfahren (3. Auflage, S. 127–163). Göttingen: Hogrefe.

Petermann, F. & Windmann, S. (1993). Sozialwissenschaftliche Erhebungstechniken bei Kindern. In M. Markefka & B. Nauck (Hrsg.). Handbuch der Kindheitsforschung. (S. 125–139). Neuwied: Luchterhand.

Petermann, F. & Rudinger, G. (2002). Quantitative und qualitative Methoden der Entwicklungspsychologie. In R. Oerter & L. Montada (Hrsg.), Entwicklungspsychologie (5., vollständig überarbeitete Auflage, S. 999–1028). Göttingen: Hogrefe.

Petermann, F. & Macha, T. (2008). Entwicklungsdiagnostik. In F. Petermann & W. Schneider (Hrsg.), Enzyklopädie der Psychologie: Themenbereich C Theorie und Forschung, Serie V Entwicklungspsychologie, Band 7 Angewandte Entwicklungspsychologie (S. 19–59). Göttingen: Hogrefe.

Piaget, J. (1947). Psychologie der Intelligenz. Zürich: Rascher.

Piaget, J. (1975 a). Das Erwachen der Intelligenz beim Kinde. Gesammelte Werke Band 1. Stuttgart: Klett.

Piaget, J. (1975 b). Der Aufbau der Wirklichkeit beim Kinde. Gesammelte Werke Band 2. Stuttgart: Klett.

Piaget, J. (1980). Das Weltbild des Kindes. Frankfurt, Berlin, Wien: Ullstein.

Pinquart, M. & Silbereisen, R. (2007). Familienentwicklung. In J. Brandtstädter & U. Lindenberger (Hrsg.), Entwicklungspsychologie der Lebensspanne. Ein Lehrbuch (S. 483–509). Stuttgart: Kohlhammer.

Pinquart, M. & Silbereisen, R. (2008). Entwicklungsprobleme und Förderung Kinder und Jugendlicher mit Migrationshintergrund. In F. Petermann & W. Schneider (Hrsg.), Enzyklopädie der Psychologie: Themenbereich C Theorie und Forschung, Serie V Entwicklungspsychologie, Band 7 Angewandte Entwicklungspsychologie (S. 721–747). Göttingen: Hogrefe.

Piaget, J. (1986). Das moralische Urteil beim Kinde. München: Deutscher Taschenbuch Verlag.

Plomin, R., DeFries, J.C. & Loehlin, J.C. (1977). Genotype-environment interaction and correlation in the analysis of human behavior. Psychological Bulletin, 84, S. 309–322.

Rauh, H. (1995). Frühe Kindheit. In R. Oerter & L. Montada (Hrsg.), Entwicklungspsychologie: ein Lehrbuch (S. 167–248). Weinheim: Psychologie Verlags Union.

Rauh, H. (2002). Vorgeburtliche Entwicklung und frühe Kindheit. In R. Oerter & L. Montada (Hrsg.), Entwicklungspsychologie (S. 131–208). Göttingen: Hogrefe.

Remplein, H. (1961). Die seelische Entwicklung des Menschen im Kindes- und Jugendalter: Grundlagen, Erkenntnisse und pädagogische Folgerungen der Kindes- und Jugendpsychologie. 6. Auflage. München: Reinhardt.

Riegel, K.F. (1972). The changing individual in the chancing society. In Mönks, F.J., Hartup, W.W. & DeWitt, J. (Hrsg.), Determinants of behavioral development. S. 239–257. New York: Academic Press.

Riegel, K.F. (1975). Toward a dialectical theory of development. Human Development, 18, 50–64.

Röper, G., von Hagen C. & Noam, G. (Hrsg.), (2001). Entwicklung und Risiko: Perspektiven einer klinischen Entwicklungspsychologie. Stuttgart: Kohlhammer.

Rollett, B. (2002). Frühe Kindheit, Störungen, Entwicklungsrisiken, Förderungsmöglichkeiten. In R. Oerter & L. Montada (Hrsg.), Entwicklungspsychologie (5., vollständig überarbeitete Auflage, S. 713–739). Göttingen: Hogrefe.

Rossmann, P. (1996). Einführung in die Entwicklungspsychologie des Kindes- und Jugendalters. Bern: Huber.

Rothgang, G.-W. (1990). Muss Strafe sein? Anregungen für die Elternarbeit. kindergarten heute, 3, S. 48–51.

Rothgang, G.-W. (1994). Gefährdung von Jugendlichen durch strukturelle Gewalt. pro jugend, 1, S. 13–15.

Rutter, M. (1990). Psychosocial resilience and protective mechanisms, In J. Rolf, A.S. Masten, D. Cicetti, K.H. Nuechterlein & H.S. Weintraub (Hrsg.), Risk and protective factors in the development of psychopathology (S. 181–214). New York: Cambridge University Press.

Rushton, J.P. (1986). Differential K theory: The sociobiology of individual and group differences. Personality and Individual Differences, 6, S. 1192–1198.

Sarimski, K. (2008). Frühdiagnostik und Interventionen im Frühbereich. In F. Petermann & W. Schneider (Hrsg.), Enzyklopädie der Psychologie: Themenbereich C Theorie und Forschung, Serie V Entwicklungspsychologie, Band 7 Angewandte Entwicklungspsychologie (S. 61–90). Göttingen: Hogrefe.

Schenk-Danzinger, L. (1971). Entwicklungspsychologie. Wien: Österreichischer Bundesverlag.

Scherer, K.R. & Wallbott, H.G. (1995). Entwicklung der Emotionen. In H. Hetzer, E. Todt, I. Seiffge-Krenke & R. Arbinger (Hrsg.), Angewandte Enwicklungspsychologie des Kindes- und Jugendalters. Heidelberg: Quelle & Meyer.

Schermer, F. J. (1998). Lernen und Gedächtnis. Stuttgart: Kohlhammer.

Schermer, F. J. (2005). Grundlagen der Psychologie. Psychologie in der Sozialen Arbeit Band 1. (2. Auflage). Stuttgart: Kohlhammer.

Schmidt-Denter, U. (2002). Vorschulische Förderung. In R. Oerter & L. Montada (Hrsg.), Entwicklungspsychologie (5., vollständig überarbeitete Auflage, S. 740–755). Göttingen: Hogrefe.

Schmitz-Scherzer, R., Kruse, A. & Olbrich, E. (Hrsg.), (1990). Altern – Ein lebenslanger Prozess der sozialen Interaktion. Darmstadt: Steinkopff.

Schölmerich, A. & Weßels, H. (1998). Beobachtungsmethoden und Auswertungsverfahren in der Entwicklungspsychologie. In H. Keller (Hrsg.), Lehrbuch Entwicklungspsychologie (S. 243–260). Bern: Huber.

Schone, R., Gintzel, U., Jordan, E., Kalscheuer, M. & Münder, J. (1997). Kinder in Not. Vernachlässigung im frühen Kindesalter und Perspektiven Sozialer Arbeit. Münster: Votum.

Schumann-Hengsteler, R. & Trautner, H. M. (Hrsg.), (1996), Entwicklung im Jugendalter. Göttingen: Hogrefe.

Silbereisen, R.K. & Schmitt-Rodermund, E. (1998). Entwicklung im Jugendalter: Prozesse, Kontexte und Ergebnisse.

Skinner, B.F. (1938). The behavior of organism. New York: Appleton-Century.

Spitz, R.A. (1945). Hospitalism. An inquiry into the genesis of psychiatric conditions in early childhood. Psychoanalytic Study of the Child, 1, 53–74.

Staudinger, U.M. & Schindler, I. (2002). Produktives Leben im Alter I: Aufgaben, Funktionen und Kompetenzen. In R. Oerter & L. Montada (Hrsg.), Entwicklungspsychologie (5., vollständig überarbeitete Auflage, S. 955–982). Göttingen: Hogrefe.

Staudinger, U.M. (2008). Produktives Leben im Alter. In F. Petermann & W. Schneider (Hrsg.), Enzyklopädie der Psychologie: Themenbereich C Theorie und Forschung, Serie V Entwicklungspsychologie, Band 7 Angewandte Entwicklungspsychologie (S. 884–915). Göttingen: Hogrefe.

Steinberg, L. (1989). Adolescence. New York: Knopf.

Stiksrud, A. & Wobit, F. (Hrsg.), (1985). Adoleszenz und Postadoleszenz: Beiträge zur angewandten Jugendpsychologie. Eschborn: Fachbuchhandlung für Psychologie, Verlagsabteilung.

Stern, W. (1914). Psychologie der frühen Kindheit bis zum sechsten Lebensjahr (11. Auflage 1981). Darmstadt: Wiss. Buchgesellschaft.

Stone, L.J. & Church, J. (1978). Kindheit und Jugend: Einführung in die Entwicklungspsychologie. Stuttgart: Thieme.

Strehmel, P. (2008). Frühe Förderung von Kindern in Tageseinrichtungen. In F. Petermann & W. Schneider (Hrsg.), Enzyklopädie der Psychologie: Themenbereich C Theorie und Forschung, Serie V Entwicklungspsychologie, Band 7 Angewandte Entwicklungspsychologie (S. 205–236). Göttingen: Hogrefe.

Tesch-Römer, C. & Kondratowitz, J. von (2007). Entwicklung über die Lebensspanne im kulturellen und gesellschaftlichen Kontext. In J. Brandtstädter & U. Lindenberger (Hrsg.), Entwicklungspsychologie der Lebensspanne. Ein Lehrbuch (S. 569–598). Stuttgart: Kohlhammer.

Thomae, H. (1959). Entwicklungsbegriff und Entwicklungstheorie. In H. Thomae (Hrsg.), Handbuch der Psychologie (Bd 3: Entwicklungspsychologie) (S. 3–20). Göttingen: Hogrefe.

Trautner, H. M. (1991) Lehrbuch der Entwicklungspsychologie. Band 2. Göttingen: Hogrefe.

Trautner, H. M. (1992) Lehrbuch der Entwicklungspsychologie. Band 1. (2. Auflage). Göttingen: Hogrefe.

Trautner, H. M. (2003). Allgemeine Entwicklungspsychologie. 2., überarbeitete und erweiterte Auflage Stuttgart: Kohlhammer.

Trautner, H. M. (2006). Entwicklungsbegriffe. In W. Schneider & F. Willkening (Hrsg.), Enzyklopädie der Psychologie: Themenbereich C Theorie und Forschung, Serie V Entwicklungspsychologie, Band 1 Theorien, Modelle und Methoden der Entwicklungspsychologie (S. 59–89). Göttingen: Hogrefe.

Tyson, Ph. & Tyson, R.L. (2001). Lehrbuch der psychoanalytischen Entwicklungspsychologie. 2. Auflage Stuttgart: Kohlhammer.

Ulich, D. (1987). Krise und Entwicklung: Zur Psychologie der seelischen Gesundheit. München, Weinheim: Psychologie-Verlags-Union.

Walper, S. & Bröning, S. (2008). In F. Petermann & W. Schneider (Hrsg.), Enzyklopädie der Psychologie: Themenbereich C Theorie und Forschung, Serie V Entwicklungspsychologie, Band 7 Angewandte Entwicklungspsychologie (S. 571–606). Göttingen: Hogrefe.

Waterman, A.S. (1982). Identity development from adolescence to adulthood: An extenion of theory and a review of research. Developmental Psychology, 18, 341–358.

Watson, J.B. & Raynor, R. (1920). Condititoned emotional reactions. Journal of Experimental Psychology, 3, 1–14.

Wendeler, J. (1995). Retardierung der kognitiven Entwicklung. In H. Hetzer, E. Todt, I. Seiffge-Krenke & R. Arbinger (Hrsg.), Angewandte Entwicklungspsychologie der Kindes- und Jugendalters (3. Auflage). (S. 136–165). Heidelberg: Quelle & Meyer.

Wendt, D. (1997) Entwicklungspsychologie: eine Einführung. Stuttgart: Kohlhammer.

Weinert, F.E. (Hrsg.). (1998). Entwicklung im Kindesalter. Weinheim: Psychologie Verlags Union.

Wellhöfer, P.R. (1990). Grundstudium Allgemeine Psychologie. Stuttgart: Enke.

Whitbourne, S.K. & Weinstock, C.S. (1982). Die mittlere Lebensspanne. Entwicklungspsychologie des Erwachsenenalters. München: Urban & Schwarzenberg.

Wieczerkowski W. & zur Oeveste, H, (Hrsg.). (1982a). Lehrbuch der Entwicklungspsychologie (3 Bände). Düsseldorf: Pädagogischer Verlag Schwann-Pagel.

Wieczerkowski W. & zur Oeveste, H. (Hrsg.). (1982b). Konzepte, Modelle und Theorien der Entwicklung. In W. Wieczerkowski & H. zur Oeveste (Hrsg.). (1982a). Lehrbuch der Entwicklungspsychologie (Band 1). (S. 21–82) Düsseldorf: Pädagogischer Verlag Schwann-Pagel.

Wohlwill, J.F. (1977). Strategien entwicklungspsychologischer Forschung. Stuttgart: Klett-Cotta.

Ziegenhain, U. (2008). Erziehungs- und Entwicklungsberatung für die frühe Kindheit. In F. Petermann & W. Schneider (Hrsg.), Enzyklopädie der Psychologie: Themenbereich C Theorie und Forschung, Serie V Entwicklungspsychologie, Band 7 Angewandte Entwicklungspsychologie (S. 163–204). Göttingen: Hogrefe.

Stichwortverzeichnis

Franz J. Schermer

Grundlagen
der Psychologie

2., aktual. Auflage 2005
224 Seiten mit 18 Abb. und 10 Tab.
Kart.
€ 18,–
ISBN 978-3-17-018826-6
Psychologie in der Sozialen Arbeit,
Band 1

Fundierte allgemeinpsychologische Kenntnisse sind für die Praxis der Sozialen Arbeit unverzichtbar. Sie helfen bei der Analyse von Problemlagen und bestimmen das methodisch kontrollierte Handeln.

Hier setzt das Lehrbuch an. Systematisch führt es in die Denkweise der empirischen Psychologie ein. Es zeigt, wie die Psychologie an ihren Gegenstand herangeht und welche Ziele sie dabei verfolgt. Ausführlich behandelt der Autor die grundlegenden psychologischen Funktionsbereiche: Modellvorstellungen zu Wahrnehmung (Kognition), Lernen, Emotion und Motivation sind klar und prägnant beschrieben.

Besonderer Wert wird darauf gelegt, die praktische Umsetzung der mitgeteilten Befunde aufzuzeigen. Der Leser erfährt, wie er seine Handlungskompetenzen mit diesem Wissen optimieren kann. Beobachtung, Intervention, Emotionsbewältigung sowie Mitarbeitsmotivation dienen hierfür als Beispiele.

Professor Dr. Franz J. Schermer lehrt Allgemeine Psychologie und Klinische Psychologie im Studiengang Soziale Arbeit des Fachbereichs Sozialwesen/Pflegemanagement an der Fachhochschule Würzburg-Schweinfurt.

▶ **www.kohlhammer.de**

W. Kohlhammer GmbH · 70549 Stuttgart
Tel. 0711/7863 - 7280 · Fax 0711/7863 - 8430

Johanna Hartung

Sozialpsychologie

2., überarb. und erw. Auflage 2006
214 Seiten. Kart.
€ 19,–
ISBN 978-3-17-019175-4
Psychologie in der Sozialen Arbeit,
Band 3

Beziehungen gestalten, das Individuum im Spannungsfeld seiner sozialen Beziehungen verstehen und unterstützen sind Ziele sozialer und pädagogischer Arbeit. Dieses Lehrbuch bietet eine systematische, prägnante und lebendige Einführung in zentrale sozialpsychologische Theorien, aktuelle Befunde und fachlich fundierte Handlungsstrategien. Anhand von Themen wie Einstellungen, Vorurteile, Medieneinfluss, Kommunikation, Gruppe, Konflikt und Kooperation werden aktuelles fachliches Wissen, fachübergreifende Perspektiven und praxisrelevante Handlungskompetenzen verbunden.

„Ein gelungenes Buch, das erreicht hat, die Psychologie mit der sozialen Arbeit zu verbinden."

Ergotherapie und Rehabilitation

Professor Dr. Johanna Hartung lehrt Psychologie an der Fachhochschule Düsseldorf im Fachbereich Sozial- und Kulturwissenschaften.

▶ **www.kohlhammer.de**

W. Kohlhammer GmbH · 70549 Stuttgart
Tel. 0711/7863 - 7280 · Fax 0711/7863 - 8430

Kohlhammer

Franz J. Schermer/Angelika Weber
Arno Drinkmann/Georg Jungnitsch

Methoden der Verhaltens-änderung: Basisstrategien

2005. 232 Seiten mit 13 Abb. und 32 Tab. Kart.
€ 24,–
ISBN 978-3-17-017525-9
Psychologie in der Sozialen Arbeit,
Band 5

Im beruflichen Kontext von Sozialpädagogen wird heute erwartet, dass sie in der Lage sind, bei Klienten einen Veränderungsprozess zu initiieren, zu begleiten und zu evaluieren. Professionelle Sozialarbeit verlangt deshalb den kompetenten Einsatz effektiver Interventionsformen. In diesem Band werden empirisch bewährte Basisstrategien aus der Psychologie vorgestellt und für eine verhaltensorientierte Sozialarbeit nutzbar gemacht. Im Einzelnen handelt es sich um: Verhaltensdiagnostik, operante Strategien, Methoden der kognitiven Verhaltensmodifikation, Rollenspiel und Entspannungsverfahren.

Professor Dr. Franz J. Schermer und **Professor Dr. Angelika Weber** lehren an der Fachhochschule Würzburg-Schweinfurt, **Professor Dr. Arno Drinkmann** an der Evangelischen Fachhochschule Nürnberg und **Professor Dr. Georg Jungnitsch** an der Fachhochschule Regensburg. Alle vier Autoren vertreten das Fach Psychologie und besitzen die Approbation als Psychologischer Psychotherapeut.

▶ **www.kohlhammer.de**

W. Kohlhammer GmbH · 70549 Stuttgart
Tel. 0711/7863 - 7280 · Fax 0711/7863 - 8430